普通高等教育"十二五"规划教材

新课程中学物理实验技能训练

主　编　陈晓莉（西南大学）

副主编　宋艺华（昌吉学院）

参　编　（以姓氏笔画为序）

　　　　于承霖（山东省济钢高级中学）

　　　　李　杨（西南大学附属中学）

　　　　李　东（重庆市兼善中学）

　　　　张巧明（西南大学）

　　　　邱　清（西南大学附属中学）

　　　　杨峻一（西南大学附属中学）

　　　　徐　胜（重庆市兼善中学）

机械工业出版社

本书分为四篇，第一篇阐述了物理实验的地位与作用，回顾了新课程改革后物理实验教学及研究所取得的成果，展示了一些物理大家的实验观，综述了中学物理实验教学目标，介绍了物理量的测量、误差、数据记录与处理等相关知识，对中学物理实验教学评价给出了一些方法和建议。第二篇介绍了中学物理实验基本仪器。第三篇给出了中学物理各部分实验的基本特点与技术要领，编入了中学物理新课标教材（人教版）中的 61 个实验，有些实验项目提供了多种实验方案。第四篇内容涵盖实验设计理论、仪器制作技术，并给出了几个创新性实验设计案例。

考虑实验内容与方法的多样性，演示实验和学生分组实验采用不同的形式编写。演示实验从物理课题、演示目的、实验简介、演示要领几个方面编写。学生分组实验创新了编写形式，每个项目包含引言、实验、问题三部分。本书配有多媒体课件，用户可在机械工业出版社教育服务网（www.cmpedu.com）自行注册下载。

本书适用于大学物理学专业的中学物理实验课程，也可作为从事中学物理实验教学研究的专家、中学广大师生的参考资料。

图书在版编目（CIP）数据

新课程中学物理实验技能训练/陈晓莉主编. —北京：机械工业出版社，2015.8（2022.1 重印）
普通高等教育"十二五"规划教材
ISBN 978-7-111-50243-2

Ⅰ.①新… Ⅱ.①陈… Ⅲ.①中学物理课-实验-教学研究-高等学校-教材 Ⅳ.①G633.72

中国版本图书馆 CIP 数据核字（2015）第 134018 号

机械工业出版社（北京市百万庄大街 22 号 邮政编码 100037）
策划编辑：张金奎 责任编辑：张金奎 熊海丽
版式设计：赵颖喆 责任校对：张 薇
封面设计：张 静 责任印制：李 昂
北京捷迅佳彩印刷有限公司印刷
2022 年 1 月第 1 版第 4 次印刷
169mm×239mm·15.25 印张·292 千字
标准书号：ISBN 978-7-111-50243-2
定价：29.00 元

前　言

如果说物理学是一座大厦，那么物理实验就是其脊梁。实验是研究和学习物理的基础，所以中学物理教学离不开实验。中学物理教学改革制定了新课程标准，对物理实验提出了新的更高的要求。作为一名合格的中学物理教师，必须贯彻以实验为基础的思想，掌握必要的实验技术，具备良好的实验素养和从事实验教学研究的能力。

本书是根据全日制《义务教育物理课程标准》（2011 年版）和《普通高中物理课程标准》（实验）来编写的。本着物理实验教学应该时刻面对时代发展和学生特点的宗旨，基于改革、发展的教学理念，考虑教学内容与方法的多样性，并结合多年物理实验教学的实际情况，本书将演示实验和学生分组实验采用不同的形式编写，体现出发展、提高、创新的物理学实验教学思想。对于演示实验，从物理课题、演示目的、实验简介、实验要领几个方面编写，力图让学生在仔细阅读教材后，根据课题要求自己顺利完成。对于学生实验，在教材内容和组织结构上改变了传统实验教材的编写模式，采用新的编写形式，每个项目包含引言、实验、问题三部分，突出对物理学思想、方法的展现，激发和引导学生认真观察物理现象、探索物理问题，有利于训练和提高学生观察、判断、分析、综合的能力，培养学生的创新思维。在内容安排上注意到实验内容的拓宽，注意到物理图像的描述与分析，有利于学生个性的发展和优秀学生的培养。

本书分为四篇，第一篇阐述了物理实验的地位与作用，回顾了新课程改革后物理实验教学及研究所取得的成果，展示了一些物理大家的实验观，综述了中学物理的实验的教学目标，介绍了物理量的测量、误差、数据记录与处理等相关知识，对中学物理实验教学评价给出了一些方法和建议。第二篇介绍了中学物理实验基本仪器，包括力学、热学、电磁学、光学和现代实验技术基本仪器。第三篇给出了各部分实验的基本特点与技术要领，编入了中学物理新课标教材（人教版初、高中）中的 61 个实验，其中演示实验 35 个，学生分组实验 26 个，内容涵盖力学、热学、电磁学和光学，另外对应用现代实验技术的数字化实验和虚拟仿真实验做了介绍，并展示了几个案例。在编写的过程中，本书注重传统的实验内容、方法与手段和现代化的实验内容、方法与手段相结合，有些实验项目提供了多种实验方案。第四篇内容涵盖实验设计理论、仪器制作技术，并给出了几个创新性实验设计案例。

本书编写工作主要由陈晓莉（第一篇第二、三章，第三篇第五章及前四章中第一节内容，第四篇）、宋艺华（第一篇第四章，第三篇第三章，附录）、徐胜

（第三篇第一章高中部分）、李杨（第一篇第一章）、张巧明（第二篇第三、四、五章）、邱清（第二篇第一章，第三篇第四章高中部分）、杨峻一（第二篇第二章，第三篇第四章初中部分）、于承霖（第三篇第二章）、李东（第三篇第一章初中部分）等老师完成。本书由陈晓莉统稿整理并校稿。教材编写是一项集体工作，凝聚着全体实验教师和技术人员的智慧和劳动成果，本书在编写过程中还参考了其他高校的相关教材。在此，对参加编写的教师和其他院校同仁表示深深的感谢！

本书获重庆市人文社会科学重点研究基地重点项目"综合科学实验设计及其在教学中的应用研究"（项目号：12SKB015）和新疆师范大学自治区普通高校人文社会科学重点研究基地2013年度招标课题"新疆定向培养免费师范生实践教学体系的构建与实践研究"（XJEDU040513C03）资助。

由于我们水平有限，书中难免有不妥之处，望读者和同行们提出宝贵意见！

陈晓莉

2015 年 3 月

目　　录

第一篇
中学物理实验理论基础

第一章 走进新课程中学物理实验

第一节 物理实验在物理教学中的地位和作用

一、物理实验在物理教学中的地位

物理学本质上是一门实验科学，物理实验在物理教学中具有重要地位。

1. 物理实验是物理教学的重要基础

"物理，物理，以物论理"。在物理教学中运用实验给学生创造一个学习物理的良好环境，通过观察和实验，学生能主动地获取物理知识，掌握和运用物理知识，并发展他们的能力。同时，促进其科学品质和世界观的形成，掌握科学的方法和实验技能，形成良好的科学习惯。在物理教学中必须以实验为基础，这是由物理学本身的特点及实验在物理教学中的作用所决定的。

2. 物理实验是物理教学的重要内容

每个物理实验都蕴含了重要的物理思想、物理原理、物理方法、物理现象或物理结论，通过实验学生可以从中学到实验的基本知识、基本技术和基本方法，培养观察能力、实验操作能力、思维能力及探索能力，形成良好的实验素养。所以，在具有实验项目的教学中，我们要认真思考如何使学生理解这个实验，如何使学生会做这个实验等一系列问题，把实验作为重要的教学内容进行教学设计。

3. 物理实验是物理教学的重要方法

在物理教学中，教师教物理、学生学物理都要用到实验法。不用实验的方法是不可能学好物理的，就像不经过自己实际操作就绝对不可能学会开车一样，特别是学生的实验操作能力一定要自己动手实践才能实现，所以说实验是物理教学的一种重要方法。

4. 物理实验是物理教学的重要手段

要想达成教学目标，必须要有一定的方法，而方法的实现有赖于教学手段的运用。物理教学中可以应用实验引入课题、建立物理概念、探究物理规律，用实验巩固、复习、检查学生所学的知识。应用实验作为教学手段，突出了"物理，物理，以物论理"的哲理，使抽象的"理"通过"物"这个实体变得易于理解和接受。教学实践证明，实验是达到最佳教学效果的有力手段。

二、物理实验在物理教学中的作用

实验在中学物理教学中占有特殊重要的地位。它是知识的主要源泉，也是物理教学的基本研究方法和手段，它对物理学的发展始终起着决定性作用，同样它对物理教学也起着重要的作用。实验在物理教学中的作用可以体现在物理教学的各个环节中，贯穿于整个物理教学过程，主要表现在以下几个方面。

1. 激发学习兴趣，培养学习动机

学习兴趣是学生学习活动中最现实、最活跃的心理成分，是使学生乐于获得知识、技能和不断探索、发现客观规律的一种宝贵心理因素。它带有情绪色彩，影响着个体的认识过程和意志过程。学生对物理感兴趣时，他总是积极主动、心情愉快地去学习，而不会觉得那是一种沉重的负担；学习中遇到困难时，能克服困难，随着困难的克服，兴趣又会不断增强。这无疑会更增强学生继续努力学习的动力，从而激发起推动学生学习的动机。只有稳固的学习动机才能促进学生积极主动、自觉地进行学习，不断增长知识才干。培养学生的学习动机是教师的教学目标之一。

纸锅烧水实验

瓦碎蛋全实验

激发学生学习兴趣、培养学生学习动机是通过教师的主导作用实现的。在整个教学过程中，通过教学内容、教学方法、教学组织以及在整个教学活动中教师对学生的态度等方面来进行激发和培养。但没有什么能比实验更能使学生感到新颖、好奇、有趣，更具有吸引力了。尤其应注意的是要上好绪言课，绪言课是每学期开学物理课的第一堂课，有经验的教师会紧紧抓住这个时机，点燃学生学习兴趣的火花，通过一些实验及日常生活中常见的物理现象和问题，唤起学生的求知欲。如演示"纸锅烧水""瓦碎蛋全""探宝（磁铁）"等实验，激起学

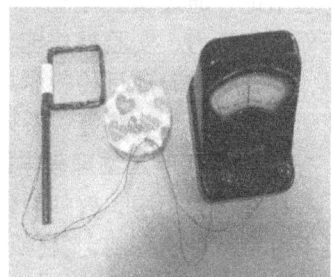
探宝（磁铁）实验

生探究科学奥秘和学习的兴趣。激发学生学习兴趣应贯穿于各个教学阶段，这样才能使学生逐渐产生稳固的学习动机。

2. 创设物理情境，启发学生思维

物理实验能够创造确实的、排除干扰的物理环境。学生在这种实验环境中，在教师的启发下，通过观察、比较、量度获得最典型的感性认识，再通过积极的思维活动建立概念、总结规律。例如，初中讲到电功率时，将"220V，100W"和"220V，15W"两个灯泡串联后接到220V电源上。①让学生观察这两个灯泡的亮度，建立起感性认识。②把灯泡从线路中取下，让学生观察灯丝粗细、长短，并

推断灯泡的阻值。③再根据公式 $R = \dfrac{U^2}{P}$ 的关系，从理论上求解结果：功率大的，电阻小。再与观察的结果相互比较。④提问学生，如何解释两个灯泡的亮度不同？⑤计算两灯串联接入电路中的实际功率，得出结论：白炽灯的亮度取决于电灯泡在电路中消耗的实际功率。

在中学物理实验教学中，创设物理情境、启发学生思维，教师要起主导作用。同时要注意发挥学生的主体作用，如果组织得当学生就可以逐步取得探索物理知识的主动权。

3. 形成物理图像，认识物理过程

物理图像是指以物理"图景"或"形象"为依托，以物理概念和规律为依据，与物理过程相关联的、清晰正确的动态情景。通过物理图像，可以使物理过程变得更为形象和清晰。对于启发学生思维，正确理解物理概念，分析物理问题也能起到良好的辅助作用。例如，演示水波的干涉，在波的叠加知识基础上，先让学生观察两列频率相同的波产生的干涉图样，然后再就两个相同波源发出的波的叠加示意图进行讲解：

① 某一时刻，图上波峰与波峰相遇的某一点及每过半个周期这点的振动情况和波的叠加情况，得出结论：振幅始终最大，振动总是最强。

② 振动最强点的分布情况。

③ 同一时刻，图上波谷与波谷相遇点及每过半个周期这点振幅变化的情况和波的叠加情况，得出结论：振幅始终为零，振动总是最弱。

④ 振动最弱点的分布情况。

⑤ 总体波的干涉图样的特点及变化规律。

分析完毕，再让学生观察水波干涉的演示实景。这样波的形成、干涉图样及变化过程和波干涉具有的特点就清晰明了地展现在学生面前。

物体的变化总是在空间、时间中进行的，描述物体运动的物理量有状态量、过程量，让学生认识物理变化过程无疑是非常必要的。实验是使学生形成物理图像的一种重要手段。

4. 建立物理规律，学会研究方法

物理规律是物理科学知识的核心，是自然界中物理客体本质属性的内在联系，反映了事物的发展和变化趋势，物理规律的教学是物理知识教学的最主要的内容之一。物理规律是在物理概念基础上对事物理性的高层次的认识产物。中学物理教学中，物理规律的建立和应用有助于学生对物理概念的理解。同时，在建立物理规律过程中让学生学会研究问题的方法。

在物理教学中，建立物理规律常用的实验方法有三种。

（1）实验探究法（又称实验归纳法）

它是一种由个别到一般的认识方法，是常常根据研究目的，人为控制实验条件，从大量的实验事实中找出普遍特征、形成规律的方法；也就是通过实验探究物体运动规律的方法。法拉第电磁感应定律正是在奥斯特电生磁的启发下，对磁生电进行了多年的实验研究而建立的，其过程就是采用了这种方法。

在中学物理教学中，教师也常常采用这种方法归纳总结得出物理规律。例如，牛顿第二定律的教学是在力、加速度、质量概念的基础上，通过实验探究物体质量不变的条件下，加速度和力的关系，得出 $a \propto F$；再使物体受力不变时，探索加速度和质量的关系，得出 $a \propto 1/m$；再通过归纳总结得出牛顿第二定律的内容：物体的加速度，跟作用力成正比，跟物体的质量成反比。再如欧姆定律、光的折射定律、楞次定律等都可以运用实验探究法得出。

实验探究法的特点是：实验在前，结论在后。它是物理教学中最常用的实验方法。

（2）实验验证法（又称实验演绎法）

它是在已有概念和定律的基础上，用数学工具推导出新的物理规律，再经实验验证的方法。这种方法的特点是推理判断在前，实验验证在后。它是与想象、推理、判断等思维形式紧密结合起来的方法，是人的认识能力充分发展的表现。物理学家在已知的理化或哲学思想的基础上，经过推理，做出假设和预言，再通过实验检验它的真实性，最后得出可靠的结论。例如，麦克斯韦建立的电磁场理论，是在库仑、高斯建立的静电场，安培建立的静磁场，奥斯特建立的电生磁，法拉第建立的变磁场产生变电场等实验的基础上，经过数学逻辑推导，把电、磁和光三个领域结合在一起，预言了电磁波的存在。光是一种电磁波，赫兹通过实验发现了电磁波，并证实它的传播速度正是光速，有力地证实了麦克斯韦电磁场理论的正确性。

中学物理教学中也常用实验验证法。例如，验证机械能守恒定律、验证动量守恒定律等。教学中用实验验证法与科学家验证所用方法是相同的，不同的是实验目的、实验者的心态。物理学家做的科学实验是验证假设、推理或预言的正确性，找出物体发展变化的规律。而实验教学是物理教学内容的一部分，它的结论对于学生来说是已知的、正确的，实验中学生对实验和科学方法的应用往往重视得不够。在课堂教学中，要重视科学方法和教学方法的重要作用，努力把验证性的演示实验和学生分组实验紧紧地与理论分析结合起来，构成推理、判断、验证这样一个合理的教学过程，就能使学生在掌握规律的同时，学到这种方法。

（3）理想实验法

理想实验是人们头脑中想象的实验，其结果是思维活动的产物，是建立在可靠的真实实验基础上，经过推理、判断得出理想化条件下的物理规律的方法。这种实验在实际中无法实现和完成，但它比真实实验更抽象、更概括、更深刻。例如，伽利略著名的无摩擦理想斜面实验；爱因斯坦在建立狭义相对论时设计的关于同时性的相对性实验，在建立广义相对论时设计的在自由下落的升降机里一束光因受引力作用发生弯曲的实验等。这些理想实验都以真实实验为基础，又高于真实实验，它更能深刻地反映现象的本质，揭示事物的内在联系，是人们认识能力高度发展的体现，在推动物理学的发展中起到了重要作用。

在中学物理教学中，也要用理想实验的方法建立起物理概念和物理规律。例如，匀速直线运动概念的建立，是在实验数据误差较小的情况下，把物体看成是做速度不变的直线运动；研究单摆的运动规律是把小球看成是质点，不考虑细线的伸缩，在摆角小于10°的条件下由实验获得的。运用理想化的方法可以发挥学生的想象力和逻辑推理能力。再者，以真实实验为基础，其可靠性令学生信服。

5. 培养学生能力，掌握实验技能

能力是顺利完成学习和其他活动任务的个性心理特征。中学物理课程标准在强调学生学习的同时，特别强调要加强对学生能力的培养，这是学习的需要，也是社会发展的需要。实验教学能培养多种能力，通过观察和实验可以培养他们的观察能力、实验操作能力，还可以培养学生的思维能力；学生在预习、了解实验目的和原理过程中，可以培养他们的自学能力、记忆能力；在实际操作中，学生在选择实验器材、装配实验仪器、排除实验故障过程中锻炼了动手能力，分析问题、解决问题的能力，运用知识的能力；在研究现象的原因、实验的结果和形成结论的过程中，要进行概括，通过分析、比较、推理、判断等过程培养学生的逻辑思维能力，发展学生的想象能力；在他们汇报实验结果的过程中，培养了他们概括总结、组织表达的能力。同样，在制作教具过程中，也需要思维、实验操作技能，发展了学生的想象力和创造能力。

实验能力必须通过学生亲自参加实验才能学到，不是单纯靠教师教就能学会的，必须在相应的实践活动中，才能得以发展和提高。靠背实验、看实验不会培养出具有实验能力的创造性人才，这与时代要求的培养创新精神、实践能力和适应社会发展的能力也是不相适应的。所以，在教学中教师要注意发挥实验教学的作用，培养学生的能力，使学生更好地掌握实验技能。

6. 提高科学素养，树立创新意识

科学素养指科学实验习惯、科学态度、科学作风和刻苦的精神。物理科学理论的建立和发展都离不开观察和实验，物理实验教学也是如此。科学的实验方法本身就要求具有实事求是、老老实实的态度和一丝不苟的精神。因此，在物理教学中，我们要严格要求学生实事求是地对待实验过程、实验数据，不随意涂改数据、编造数据，要尊重客观事实。要知道理论和实验总是存在着差异，有实验误差是必然的。我们的任务是如何减小误差，首先要尊重客观事实，再分析、探索实验结果产生误差的原因。不要主观臆断，要寻找减小误差的措施，力争使误差达到最小。

在实验教学过程中，有时会发现预料结果之外的现象。例如，快速摇动三相交流发电机，使它发电时发现线路中灯泡亮度反而减弱；做电磁感应现象实验时，虽然主、副线圈间没有相对运动，但电流计指针却在摆动；用示波器观察波形时，有时会出现畸变；两个标记着 N 极的磁铁会相互吸引；当带有较多电荷的带电体靠近带有异性电荷的静电计时，发现静电计指针张角反而变大了；用起电机使验电羽带电，验电羽羽毛不是逐渐张大，而是越"抱"越紧等。这些出乎人们预料的现象的出现都是有科学原因的。探索这些原因，能学到许多书本上没有的知识，使知识的视野更加开阔、知识更深化，更重要的是可以培养学生开拓探索的精神。德国物理学家伦琴正是偶然间才发现了 X 射线。丹麦物理学家奥斯特在课堂做实验时，偶然发现了通电导体旁的小磁针发生了偏转而发现电与磁之间的联系，开创了电磁学的繁荣时期。因此，在实验教学中，要引导学生留心观察目标之外的现象，多问几个为什么。解决问题的过程就是理论联系实际的过程，也可能是发现的过程。要给学生创造实验的条件，允许异常现象发生，有意识地培养学生严谨的科学作风。

科学需要严谨的科学态度和科学作风，通过实验可以提高学生素养，树立创新意识，培养学生的科学态度和科学作风，有利于学生形成科学的世界观，这对于一个人的成才很重要。正如钱三强所说："科学态度和科学作风是一个人优良品德的重要组成部分，对于一个人成就事业的重要性，丝毫不亚于他们的知识和能力，甚至可以说更重要。"

第二节　物理实验课的目的和要求

物理实验是物理学研究的基本方法，物理学规律的发现和理论的建立都必须以严格的物理实验为基础。通过实验和观察，我们能够深入掌握物理现象的本质，同时也能检验理论的正确性，使这门科学变得更为完整、严密。物理实验课的任务不能简单地看作是重复某些物理现象和验证书本里某些物理定律，把实验课变成理论的附属品。因为实验课有许多教学方面的要求是理论课所不能代替的，我们必须正确认识实验课的目的和任务。

中学物理实验是高师院校物理学师范生的一门专业课程，它将物理教育理论与实践紧密结合起来，研究中学物理实验中的常用仪器的构造及使用和基本技术及训练，其中包括演示实验、学生实验、课本上的"小实验"及课外活动有关实验的内容等；此外还应对一些重要的、较难的中学物理演示实验和学生实验进行探讨，为改进、创新做出努力，为中学物理教学改革做出应有的贡献。

一、物理实验（课）的目的

（1）掌握物理实验的基本知识、基本方法和基本技能，进一步加深对物理学知识的理解。

通过对实验现象的观察分析和对物理量的测量与数据处理，进一步掌握物理实验的基本知识、基本方法和基本技能；通过运用物理学原理对物理实验的现象、结果进行分析解释，加深对物理学知识的理解。

（2）进一步认识、掌握基本仪器的构造、使用方法，形成一定的实验技能。例如学生电源、演示电表、感应圈等。

（3）掌握演示实验常用仪器的结构及使用方法。例如静电起电机、弹簧秤、手摇抽气机及两用气筒、光具盘等。

（4）研究做好中学物理实验的条件，掌握做好中学物理实验的关键及一些基本技能。例如，如何做好静电实验。

（5）在进行操作训练的同时，考虑、研究中学物理实验的特点，考虑、研究怎样配合教学讲解进行演示、怎样指导学生做实验。

（6）培养和提高从事科学实验的素质。

科学实验的素质包括：理论联系实际和实事求是的科学作风；严肃认真的工作态度；不怕困难、主动进取的探索精神；遵守操作规程、爱护公共财物的优良品德以及在实验过程中同学间的相互协作、共同探索的合作精神。

（7）培养和提高实验能力。实验能力应包括如下几种：

自学能力——能够自行阅读实验教材和参考资料，正确理解实验原理和内容，在实验前做好准备。

动手实践能力——能够借助教材和仪器说明书，正确安装、调整和使用常用实验仪器。

思维判断能力——能够运用物理学知识选取实验条件，对实验现象进行分析，判断实验中出现的故障和审查实验数据等。

表达书写能力——能够正确记录和处理实验数据，绘制实验图表，分析实验结果，撰写合格的实验报告。

简单的实验设计能力——能够根据课题要求，阐述其实验原理，确定实验方法和条件，合理选择实验仪器，拟定具体的实验程序。

改进与维修仪器能力——能解决实验中的故障，能判断实验的科学性，能根据实验要求，对仪器进行维修与改进。

（8）了解物理实验与生活的紧密联系。如常用家电的使用等。

中学物理实验及所使用的仪器和操作方法有它自己的特点，虽然学习过普通物理实验课、近代物理实验课、电子线路实验及电工实验等，但它们都不能代替中学物理实验。

二、物理实验（课）的要求

要做好每个实验，就必须按照预习、操作、报告这三个程序进行。

1. 预习

这是能否顺利进行实验的关键，因此实验前必须做好预习。要求做到：

（1）详细阅读有关实验内容，明确实验目的，弄懂实验原理，了解实验方法；

（2）对实验仪器的性能和使用方法有初步认识，避免盲目操作，损坏仪器；

（3）根据实验要求，拟定实验方案和步骤，设计好记录数据的表格。

2. 操作

通过实验操作，对物理现象进行观察和研究，掌握实验知识，加强对理论的理解能力，提高实验技能。要求做到：

（1）遵守实验室规则和秩序；

（2）操作前要检查和认识实验仪器，了解仪器的性能和使用方法，做到正确使用；

（3）按照实验步骤进行操作，要有条不紊；

（4）将测量数据认真地填写在预习时已准备好的记录表格上，计算出必要的结果；

（5）实验完毕，整理仪器，保持清洁。

3. 报告

实验报告是进行实验的最终总结。要认真细致地对实验数据做出整理和计算，在对结果加以分析总结的基础上，写出清楚而简明的实验报告。实验报告要求有如下几方面的内容：

（1）实验题目

（2）实验目标

（3）实验器材

（4）简明的实验原理

（5）简要的实验步骤

（6）测量数据及计算结果。数据要填入表格内，记录实验时的环境条件，如室温、气压等，有的结果还要绘出曲线。

（7）结果的分析、讨论、总结，回答问题

实验课虽然是在老师的指导下的学习环节，但在实验课上学生是教学活动的主体，有较大的独立性。我们期望同学们以研究者的态度去组装实验装置，进行观测与分析，探讨最佳实验方案，从中积累经验，锻炼技巧和机智，为以后独立设计实验方案和解决新的实验课题创造条件。

三、学生实验注意事项

（1）缺席学生写出情况说明，需辅导员签字后，再安排补做实验；非特殊情况本次实验成绩按零分处理，不得补做。

（2）手机处于振动或关机状态，实验室内及过道不得接打手机。

（3）实验过程中一般不得离开实验室，若有特殊情况需离开实验室，要给教师打招呼。不得到其他实验室逗留。

（4）不得提前离开实验室，若有个别同学提前完成实验则可以思考些问题。

（5）实验室内不得做与本次实验不相关的事情（如看其他书籍、做其他作业、写实验报告等）。

（6）实验后仪器归位，做好清洁。不得将垃圾留在实验桌上或抽屉里。

（7）不得将水杯、食物带进实验室，不得穿拖鞋进入实验室。

（8）下雨天不得将伞具带进实验室内（应放在过道或指定的位置）。

第三节　新课程改革下中学物理实验教学回顾与展望

新世纪伊始，中国开展了旨在提高全民科学素养的新一轮课程改革。此次新课程改革倡导科学探究的教学思想，重在培养学生的创新意识和实践能力。就物理学科而言，几乎所有的改革理念都紧紧地联系着物理实验。物理实验作为物理教学中的重要组成部分同时也是物理科学探究的重要思想和方法，对培养学生的科学素养具有重要的意义。因此，怎样改革实验教学，培养学生的自主学习能力，培养科学探究的兴趣和能力成为课程改革的重点。十多年来物理教育工作者致力于物理实验及教学的研究，积累了许多宝贵的经验和成果。

一、新课程后中学物理实验教学回顾

1. 常规实验：由验证性向探究性转变

由验证性实验教学向探究性实验教学的转变是这一时期实验教学改革的一个重点，关于科学探究的若干要素如何渗透到实验教学中的研讨比较活跃。

谭崇宇对人教版高中物理课程标准实验教材必修和选修中的探究性实验做了系统研究，并针对部分有代表性的内容做了深入分析并给出了教学建议。曾路在《物理实验探究式教学案例分析》一文中通过具体案例介绍了物理探究式实验课教学的步骤。

广大教师遵循认知发展规律探索出一系列行之有效的实验探究教学模式，如杨仕明在《实验探究的教学模式》一文中介绍了实验-归纳探究、猜想-反驳探究、假说-演绎探究、问题-解决探究等探究模式及其应用案例。

同时，针对盲目探究、形式探究的问题，刘炳升在《新课程理念下物理实验创新的问题（三）——探究学习与接受学习的关系及实验教学设计》一文中辨析了探究学习与接受学习的辩证关系，并指出：实验是科学探究的重要思想和方法，中学物理实验教学的改革应当关注探究思想的介入，改变将实验的功能仅归于验证理论和培养动手技能的观点。但也必须看到，实验不是探究的唯一方法，理论探究也是不可少的，通常情况下实验、理论、教学需要相互结合起来。同时实验也不都是探究的，仪器使用、操作训练等类型的实验也是不可少的。

李珍臣在《验证性实验要改为探索性实验吗》一文中也对盲目探究提出质疑，

在分析了验证性实验、探究性实验和判决性实验三类实验的历史作用的基础上指出，要正确认识三类实验，根据学生的实际情况，结合教材内容合理安排中学物理实验。

2. 实验资源开发如火如荼，"非常规实验"崭露头角，低成本实验开发进入高潮

针对常规实验，张伟等人在《非常规物理实验：有待深入开发的重要物理课程资源》一文中，首次提出"非常规物理实验"的概念并对其特点及教育价值进行了初步的探讨，并在《"非常规"物理实验概念探讨》一文中对非常规物理实验的概念内涵及其意义做了进一步阐述。其后，在《论"非常规"物理实验的教学地位》一文中，基于生态化教学理念，指出"非常规"物理实验不是"可有可无"或"必要补充"，而是生态化物理教学的基础。

赵力红等人的《低成本，高智慧，深探究》系列文章将低成本实验资源的开发研究推向高潮。教师们开始注意利用身边物体做实验，激光笔、饮料瓶、注射器、电子打火机等被广泛应用于物理实验，并有专门文章论述儿童玩具的实验价值，真可谓是物理实验无处不在，真正体现了课程标准倡导的"从生活走向物理，从物理走向社会"。

3. 现代信息技术和现代实验技术的应用，推动了实验教学的发展

《基础教育课程改革纲要（试行）》指出：课程改革要"大力推进信息技术在教学过程中的普遍应用，促进信息技术与学科课程的整合，逐步实现教学内容的呈现方式、学生的学习方式、教师的教学方式和师生互动方式的变革，充分发挥信息技术的优势，为学生的学习和发展提供丰富多彩的教育环境和有利的学习工具"。用信息技术改造某些已有的实验，增加原来不能做的实验，这是大势所趋。现代信息技术和现代实验技术的应用，极大地推动了实验的发展，也极大地提高了实验教学的质量。传感器技术、计算机技术、摄影摄像技术、多媒体技术、网络技术等进入实验教学领域，已使或将使实验教学的面貌发生大的变化。

（1）数字化信息实验系统（Digital Information System Laboratory）大显身手。

该系统安装有传感器、数据采集器和软件，三者共同构成了数据采集的数字化和自动化、数据处理和数据分析的智能化的现代化实验教学平台。数字化信息实验系统，以其方便、迅速的数据采集功能和强大的数据处理功能，在实验探究中大显身手。它可以测定过去难以直接测定的物理量，也可以显示一些无法演示的物理过程，实时采集、处理数据，迅速得出结论，大大拓展了实验研究的视界，发挥出巨大的教育功能。

（2）常用软件（如 EXCEL 等）应用到实验数据处理环节。

早在 2003 年，北京四中的刘彬生老师即以系列文章，以讲座的方式，介绍了如何运用 EXCEL 处理实验数据，旨在通过浅显而又详细的讲解，帮助教师一步一步地学会使用通用的软件处理实验数据，然后再去指导学生。此后陆续有文章对

EXCEL 的数据处理功能应用于实验数据处理做进一步开发。

4. 实验教学功能被重新审视，学生能力培养受到高度重视

（1）随着新课程改革的深入，教师对实验的教学功能的认识不再局限于验证结论，获取知识，而是向全面培养学生各种能力的方向发展。

北京四中的刘长铭老师在《充分认识中学物理实验的教育功能》一文中指出，中学物理实验是以实际现象为起始的完整的研究和解决问题的过程。独立地完成一个实验相当于完成一项"微型工程"，从设计、实施，到最终的分析、评价、检验，涉及运用多种方法研究和解决各种各样的实际问题，其中包括处理不可预料的事件在内。因此，科学实验能力是综合能力，中学实验教学在培养学生的能力上是全方位的。实验教学中应注意培养学生运用综合的、系统的方法分析和解决问题的能力，统筹兼顾、全面规划的设计能力，严谨的科学态度，数值的感悟能力和速算能力，操作各种实验仪器的能力等。李桂福在《对物理实验教学在新课程中作用的再认识》一文中阐述了实验对于学生观察能力、操作能力、创造性思维能力和实践能力的提高的重要作用，等等。

（2）教师和教育工作者开始从学生的认知层面来研究实验。

易其顺教授相继发表了《从物理学习的认知过程看物理实验研究》《从物理学习的认知过程看阿基米德原理系列探究实验的设计》，为物理实验研究提供了崭新的思路。

5. 物理实验教学的评价策略的研究视角走向多元化，开始面向过程，注重学生表现

新课程标准明确提出评价方式多样化，并强调过程性评价。新课标的评价建议指出："强调评价在促进学生发展方面的作用；重视学习过程评价；把学生在活动、实验、制作、探究等方面的表现纳入评价范围；倡导客观记录学生学习过程中的具体事实；提倡评价的多主体；学生参与学习过程的评价。"随着新课程改革的深入，实验教学评价研究稳步推进，理论上建立起面向过程的实验教学评价体系。

杨宝山等人在《高中物理实验教学的评价策略》一文中将个人自评、小组互评和教师评价三方面有机结合，设计了关于物理实验探究活动的评价量表，并基于三维课程目标即知识与技能、过程与方法及情感态度与价值观三个角度做出关于实验操作能力评价的评分细则。

杨勇等人在《高中生物理实验能力评价体系的建构》一文中，以三维课程目标为依据，从高中物理实验教学出发，针对高中课堂上主要使用的实验教学方式——以教师设计为主的学生分组实验和探究性实验，建构起学生自我评价体系和教师评价体系。

李春密在《初中物理实验评价体系的构建》一文中，以追求客观性和科学化为目标价值取向，注重实验实施过程中师生共建的过程价值取向，兼顾学生在实验中的自我评价和创造性体验的主体价值取向这三者的有机结合,分别构建了学生自我评价和教师评价两个体系。每个体系均采用分级式评价的方式逐级明确实验目标和要求,具有极强的可操作性。

6. 国外中学物理实验教学的主要特点及发展趋势等得到应用和重视,为我国实验教学改革提供了有益启示

陈娴等人于《从改革后的新教材看美国中学物理实验教学的主要特点及发展趋势》一文中,在分析美国国家科学教育标准和随之编写与修订的五套初高中物理教材的内在联系的基础上,归纳总结了在科学教育改革后,美国中学物理实验教学的主要特点及发展趋势:实验目的规范化、实验过程活动化、实验方案微型化、实验内容人性化和实验评价行为化。

余利君等人在《国外物理教材中的模拟实验设计管窥》一文中介绍了几组选自美国著名的高中物理教材《物理原理与问题》中的模拟实验,指出,模拟实验作为学生实验的重要组成,同样可以肩负着培养学生实验能力、探究精神的重任,同时有助于物理学习兴趣的获得。作为学生进行实验的引导者,我国的学生实验教材有必要在选材上贴近学生的实际,采用多种"实验"手段,优化实验组合,通过实验调动物理学习的积极性。

二、反思与展望

1. 虚拟、仿真实验有待进一步开发

模拟实验作为学生实验的重要组成,同样可以肩负培养学生实验能力、探究精神的重任,同时有助于物理学习兴趣的获得。第一,对于中学物理实验室由于条件限制无法完成的实验,特别是一些近代物理实现,通过虚拟、仿真的手段予以呈现也不失为良策;第二,复习教学中引入仿真实验系统可以大大提高实验复习的效率,第三,通过仿真实验系统呈现违规操作带来的危害,有助于增强学生的规范意识、安全意识。目前对于虚拟、仿真实验的开发和利用仍处于起步阶段,有待于进一步探索。

2. 学生实验能力培养的实证研究有待加强

目前关于学生实验能力培养的研究多停留在理论层面,或是近于理想化的策略研究,实证研究相对较少,以实证研究的方法探寻培养学生实验设计、操作等诸方面能力的最佳途径的相对较少,值得我们深思。

3. 开放式实验室管理模式亟待建立

在大力提倡探究性教学的今天,中学实验室如何构建适应新课程要求的实验室管理新模式?学校教育装备资源如何在新课程背景下充分发挥作用?如何让学生可以不受时空的限制进实验室,可以自主选择实验内容、自主选择实验材料、自主进行实验设计和探究实践?这是值得我们深入探讨的课题。

第四节　"我"的物理实验观

在物理发展的历史长河中，一代代物理大家给我们展开一页页华丽的物理篇章，理论物理学家们演算着各种物理模型，实验物理学家们进行着一个个精妙的实验，这样的一幕幕场景在昨天、今天、明天重复着，也许它们就决定了世界的明天，改变了人类的未来。

在中学的教室里，黑板上密密麻麻推导着令人惊叹的物理公式，课桌上堆积着《五年高考三年模拟》类似的物理题海，物理教师进行着实验演示，学生默默地等待，亦或学生分组讨论，自主学习；物理实验课也会只出现在演示文稿 PPT 或者 Flash 动画中，或者干脆只出现在纸上和试题中；当然也有学生分组实验，分组探究的新课堂。

每一个物理教师对于物理课堂的设计不同，每一个物理教师都有自己的教学风格，每一个物理教师对于物理实验都有自己的观念。

在这个新课程改革深入的阶段，姑且让我们冷静下来，看看我们的物理大家们怎么想的，看看我们的物理教育大师们是怎么进行实践的，看看我们一线的物理名师们又是如何操作的，然后思考一下对于物理我们该教给学生什么，梳理一下你心中的物理实验观。

- 你小学科学课上做过实验吗？＿＿＿＿＿＿印象最深的实验活动是＿＿＿＿＿＿
- 你初中物理课上印象最深的实验是＿＿＿＿＿＿＿＿＿＿＿＿
- 你高中物理课上印象最深的实验是＿＿＿＿＿＿＿＿＿＿＿＿
- 你中学阶段最不相信的一条物理定律是＿＿＿＿＿＿＿＿＿＿＿＿

如果可以，你会用实验来讲授这条定律吗？＿＿＿＿＿＿

伽利略，意大利物理学家、数学家、天文学家，是近代实验科学的奠基人。他以系统的实验和观察推翻了纯属思辨传统的自然观，开创了以实验事实为根据并具有严密逻辑体系的近代科学。伽利略倡导实验与数学相结合的研究方法，这种研究方法是他在科学上取得伟大成就的源泉，也是他对近代科学的最重要贡献。

伽利略

"科学的真理不应该在古代圣人的蒙着灰尘的书上去找，而应该在实验中和以实验为基础的理论中去找。真正的哲学是写在那本经常在我们眼前打开着的最伟大的书里面的，这本书就是宇宙，就是自然界本身，人们必须去读它。"

艾萨克·牛顿，英国皇家学会会长，英国伟大的物理学家、数学家和天文学家，提出过万有引力定律、力学三大定律、白光由各色光组成的理论，并开创了微积分学，百科全书式的"全才"，著有《自然哲学的数学原理》《光学》等。

牛顿

"探求事物属性的准确方法是从实验中把它们推导出来。考察我的理论的方法就在于考虑我提出的实验是否确实证明了这个理论；或者提出新的实验去验证这个理论。"

阿尔伯特·爱因斯坦，伟大的物理学家。1900 年毕业于苏黎世联邦理工学院，入瑞士国籍。1905 年，获苏黎世大学哲学博士学位。爱因斯坦提出光子假设，成功解释了光电效应，因此获得 1921 年诺贝尔物理学奖，同年，创立狭义相对论。1915 年创立广义相对论。

爱因斯坦

"你要知道科学方法的实质，不要听一个科学家对你说什么，你要仔细看他在做什么。"

马克思·普朗克，德国著名物理学家，量子力学重要创始人，20 世纪最重要的物理学家之一。1874 年普朗克入慕尼黑大学攻读数学，后改读物理学。1877 年转入柏林大学，曾聆听亥姆霍兹和基尔霍夫教授的讲课，1879 年获得博士学位。大约 1894 年起，开始研究黑体辐射问题，发现普朗克辐射定律，并在论证过程中提出能量子概念和常数 h（后称为普朗克常量），成为此后微观物理学中最基本的概念和极为重要的普适常量，由此获得 1918 年诺贝尔物理学奖。

普朗克

"物理定律不能单靠"思维"来获得，还应致力于观察和实验。"

　　欧姆，德国物理学家，提出了经典电磁理论中著名的欧姆定律。为纪念其重要贡献，人们将其名字作为电阻单位。

　　欧姆在 1811 年以论文《光线和色彩》获得博士学位。欧姆的主要研究兴趣在于当时仍没有被普遍研究的电学，1833 年成为纽伦堡皇家综合技术学校的教授，1839 年起担任该校的校长。

欧姆

　　"不求知道一切，只求发现一件。"欧姆能够在中学教师的职位上发现著名的欧姆定律是由于他对实验的重视与执着。

　　欧姆有一手好手艺，木工、车工、钳工样样都能来一手。在进行的电流随电压变化的实验中，正是欧姆巧妙地利用电流的磁效应，自己动手制成了电流扭秤，用它来测量电流，才取得了较精确的结果。

　　丁肇中，实验物理学家。现任美国麻省理工学院教授，中国科学院大学（国科大）名誉教授。曾获得 1976 年诺贝尔物理学奖。他发现一种新的基本粒子，并以物理文献中习惯用来表示电磁流的拉丁字母 "J" 将那种新粒子命名为 "J 粒子"。

丁肇中

　　在获得诺贝尔物理学奖后，丁肇中对国人说过："自然科学理论不能离开实验基础，没有实验就没有现代科学。特别是，物理是从实验中产生的。我希望我的得奖，能提高中国人对实验的认识，能够唤起发展中国家的学生们的兴趣，而注意实验工作的重要性。"

　　钱临照，中国物理学家、教育家。我国金属晶体范性形变和晶体缺陷研究以及物理学史研究的奠基人之一，中国科学史事业的开拓者。

　　长期从事压电效应和金属晶体形变机理研究，在国内首先用电子显微镜研究单晶体形变，推动了全国晶体缺陷和电子显微学研究。抗日战争时期从事光学仪器研制，对我国仪器工业的发展做出了贡献。

钱临照

　　"实验课的目的首先是懂得做这个实验的物理思想是什么，把物理概念搞清楚。做好一个物理实验首先要透彻理解这个实验的物理概念，然后明白用什么手段，借助什么仪器和技巧去实现它。"

张文裕，我国宇宙线研究和高能实验物理的开创人之一。毕生致力于核科学研究和教学，有多项重要发明和发现，学术上最突出的成就是发现 μ 介原子。重视实验科学，重视实验基地的建设，为我国高能物理的发展、北京正负电子对撞机的建成奠定了坚实基础。

张文裕

他曾在第五届全国人民代表大会常务委员会会议上发言，强调"发展科学技术，必须加强科学实验，解决好科研、教育与工业三者的关系"。

在总结60年教学科研的体会时，以切身经历着重总结了对科学实验重要性的认识："科学实验是科学理论的源泉，是自然科学的根本"。

朱正元，中国物理教育家。毕生从事大学基础物理、实验物理和中学物理教学。在极困难条件下，以最简洁的方法进行直观的教学演示实验，提出"坛坛罐罐当仪器，拼拼凑凑做实验"，培养学生动手能力和创造精神，为我国培养了大批物理教师和优秀人才。

朱正元

"物理、物理，要以物论理，就物说理。"如何以物论理，就物说理呢？其实非常简单，朱老先生也给了我们答案，在他的教育观中有这样一句朴实的箴言："千言万语说不清，一看实验就分明。"

杨振宁、李政道因发现弱相互作用中宇称不守恒而获得诺贝尔物理学奖，在全世界家喻户晓。而实验物理学家吴健雄才是他们获奖的最大功臣。对于物理实验，杨振宁曾经说过："大家觉得不值得做的实验，其实是最应该做的实验。"清华大学物理系叶企孙先生对李政道更是有"理论课可免上，只参加考试；但实验不能免，每个必做"的要求。

在全球物理教育推进的时代演变中，物理科学大家、教育大家以及一线物理教师，对于物理实验都有自己的观点，毋庸置疑，这些物理实验观影响着一批又一批物理学子，乃至影响着我们整个物理世界的发展。

在物理课堂上，物理教师还会轻视物理实验吗？在新课程改革的进程中，中小学以及高校还能忽视物理实验器材的配备吗？物理教师和物理师范生的培养发展中，还能只讲理论而不动手实验吗？物理教育不能离开实验，实验教学应该在中学物理教学中占有更加重要的地位，形成正确的物理实验价值观，发掘物理实验的价值，创新物理实验，将物理实验在我们课堂中发挥最大的光和热就显得尤为重要了。

第二章　中学物理实验教学目标

　　物理实验教学目标的制订和实施，是中学物理教学改革的重要组成部分，也是中学物理教学由应试教育转向素质教育的重要改革实践。实验教学目标对实验教学起着导向、反馈和调节作用，它有利于实验教学目的明确化，实验能力培养的具体化；有助于提高实验考试的科学性，保证实验教学效果评价的客观性和有效性，从而有助于改进实验教学；有助于大面积提高实验教学质量，促使广大学生更好地达到课程标准的基本要求。实验教学目标既是实验教学的出发点和归宿，也是实验教学测量和评价的基本依据。因此，如何制订实验教学目标，如何对学生实验教学目标达到的程度进行测量和评价，是一个值得研究的重要课题。

第一节　初中物理课程标准中物理实验教学目标总要求

　　《义务教育物理课程标准》（2011 年版）中第二部分"课程目标"中关于物理实验的教学目标从知识与技能、过程与方法、情感态度与价值观三个维度都提出了要求。

一、知识与技能

　　有初步的实验操作技能，会用简单的实验仪器，能测量一些基本的物理量，具有安全意识，知道简单的数据记录和处理方法，会用简单图表等描述实验结果，会写简单的实验报告。

二、过程与方法

　　（1）通过参与科学探究活动，学习拟订简单的科学探究计划和实验方案，有控制实验条件的意识，能通过实验收集数据，会利用多种渠道收集信息，有初步的信息收集能力。

　　（2）经历信息处理过程，有对信息的有效性、客观性做出判断的意识，经历从信息中分析、归纳规律的过程，尝试解释根据调查或实验数据得出的结论，有初步的分析概括能力。

三、情感态度与价值观

　　有将科学技术应用于日常生活、社会实践的意识，乐于探究日常用品或新产品中的物理学原理，乐于参与观察、实验、制作、调查等科学实践活动，有团队精神。

总之，在课程标准"内容要求"中，凡是用"通过实验"这一措辞陈述的知识内容，都必须通过实验来学习，这些实验是必须做的，是课程标准对物理实验的基本要求。除此之外，为提高教学效果，教师还应尽量创造条件做一些其他力所能及的物理实验。

第二节　高中物理课程标准中物理实验教学目标总要求

高中物理课程旨在进一步提高学生的科学素养，从知识与技能、过程与方法、情感态度与价值观三个维度培养学生，为学生终身发展、应对现代社会和未来发展的挑战奠定基础。就其实验教学而言，目的是使学生较为深入地学习物理实验的有关理论、方法和技能；进一步提高学生的实验素养，激发学生实验探究的兴趣；增强学生的创新意识；培养学生实事求是、严谨认真的科学态度，养成交流与合作的良好习惯，发展学生的实践能力。

2003 年 4 月第 1 版《普通高中物理课程标准》（实验）中"物理实验专题"内容标准总要求是：

在本模块中，学生应完成不同难度的实验，原则上实验数量不少于 8 个。本模块的设计尤其注重从以下几个方面培养学生：

（1）经历实验探究过程；

（2）强化实验方案的自我设计；

（3）深入地对实验过程和实验误差进行分析；

（4）重视对实验方案和实验结果的评估。

具体要求内容为：

（1）通过典型实例，认识实验在物理学发展中的重要地位和作用。了解可重复性和可控制性是对物理实验的基本要求。

（2）通过实验认识测量的意义；理解系统误差与偶然误差、绝对误差与相对误差以及有效数字的概念；会用有效数字表达测量结果；知道精度和准确度的区别；能对实验误差进行初步分析。

（3）初步具有发现问题、提出实验研究课题的能力；能根据实验目的，设计并讨论实验方案，确定科学、合理的实验步骤。

（4）根据实验要求合理选择并安装实验器材，正确进行实验操作；对较复杂或没使用过的仪器，能读懂仪器说明书，并按说明书正确使用该仪器；具备用已有的知识和设备完成实验的判断能力；能排除实验中出现的一般故障。

（5）正确观察和如实记录实验现象和数据，养成实事求是的科学精神；会用正确方法处理实验数据，得出实验结论。

（6）在实验过程中能与他人合作交流；能够对实验方案和实验结果进行评估

和反思，具有对结果进行质疑、改进实验方案的意识；能够用科学语言，正确地写出实验报告。

第三节　中学物理实验教学目标分类与具体要求

物理实验教学是中学物理教学的重要组成部分。通过实验教学应使学生掌握实验的基本理论、方法和操作技能，并具备一定的科学素养，初步养成良好的实验习惯。根据课程标准，我们对中学物理实验教学目标提出如下的分类和要求。

一、知识与技能实验教学目标

有关实验原理、方法、步骤，实验仪器的工作原理和读数方法，误差分析和实验的设计等各项理论知识都属于认知领域。按照布鲁姆的教育评价体系，这一领域的教学目标又可分为四个层次。

1. 知道

"知道"指的是能记住学习过的实验内容。它是对实验内容、实验过程的回忆和识别，主要包括：

（1）知道基本仪器的用途、主要构造及各部件的作用。

（2）记述基本仪器的操作方法。

（3）记住测定基本物理量的实验目的、方法、简单的步骤和结论。

（4）知道实验中要观察的对象及基本现象，记住现象说明的基本问题。

2. 理解

"理解"指的是能初步理解实验的原理、步骤、方法、操作规程、注意事项以及要点，主要包括：

（1）懂得常用仪器的构造原理和读数方法。

（2）理解重要实验的原理。即明确实验中所运用的物理知识和所要观察的物理现象以及所要观测的物理量。知道观察和测量的方法。

（3）能够对观察的现象和测量的结果，运用所学的物理知识进行正确的判断、解释和分析。

3. 掌握

"掌握"指的是能运用学过的实验知识和方法去解决新情况下的简单问题。主要包括：

（1）会设计实验步骤，会选择实验仪器，并会用不同的方法进行实验。

（2）会通过观察、分析、计算得出结论，并用来解释其他有关简单的问题。

（3）会对实验结果进行分析，找出在教材范围内影响测量结果准确性的因素。

（4）能根据要求，写出完整的实验报告。

4. 评价

"评价"是指对有关的重要实验，掌握其设计思想，提出改进的方法，并能设计一些新的实验。主要包括：

（1）能够正确理解实验目的、原理、方法与步骤之间的关系。

（2）能对实验误差进行简单的分析。

（3）能够指出一个实验系统产生错误的原因。

（4）理解一个实验系统的局限性，并力求寻找改善的方法。

（5）根据实验的结果，提出新的假设，设计出新的实验方案。

二、过程与方法实验教学目标

这一部分是实验教学的重要部分，它既能考查学生的仪器使用、实验观察、实验操作技能，又能考查学生对实验真实环境的适应能力和动态反应能力，这正是学生实验技能的主要方面和重要特征。

这一部分的内容主要包括：会进行仪器的选择、调试、操作；会正确地进行仪器、器材的组装；会按照实验要求，正确、安全地进行实验操作；会观察对象、设计表格、记录数据、得出结论；会排除实验故障；实验完毕会对仪器、器材整理复原。这一领域的教学目标又可分为四个层次。

1. 模仿操作

模仿操作是指能在教师讲解或示范下进行的动作。这一层次的动作机械，协调性差，意识参与程度不深。主要包括：

（1）知道实验中所用基本仪器的名称和实验的操作方法，操作规程和读数方法，并能比较正确地读出测量的示数。

（2）能明确观察对象的主要特征及其变化的条件。

（3）能用适当的语言对观察到的现象进行描述。

（4）能重复教师的示范操作。

2. 意识操作

意识操作是指学生完全在独立意识控制下进行的操作。这一层次的操作，动作不够熟练，但能独立地完成操作过程，并在规定时间内完成实验任务。主要包括：

（1）能按照基本仪器的操作步骤和规程，对基本仪器进行调试和操作。即做到"会拿""会放""会调""会接""会读"。

（2）能按照实验目的和要求，正确地选择仪器和器材，对仪器和器材能进行正确的组装，并使仪器布局合理，便于观察、读数和操作。

（3）对组装好的实验装置，能按照实验内容和步骤，按一定的程序正确地调试和操作。

（4）会正确地选择观察目标，准确地观察、读数，独立地设计表格，认真无误地记录实验数据。

（5）能够排除简单仪器的故障，并了解产生故障的原因。

（6）实验完毕后，能对实验仪器和用具进行整理。

3. 定型操作

定型操作是指对重要的实验仪器和重要的实验经过，通过多次练习，达到比较熟练的操作程度。这一层次的操作，动作比较熟练，且操作过程时间短，质量高。

（1）能够熟练地调试和操作仪器。

（2）能在较短的时间内组装好仪器。

（3）能对组装好的仪器较为熟练地进行调试和操作。

4. 创新

创新是指在提高学生实验探究能力的基础上，要求他们有创新的意识。

（1）能改进实验装置和实验手段。

（2）能独立进行实验和实验设计。

（3）能根据实验的目的设计出新的实验方案，并能在操作过程中对原实验方案的合理性、科学性进行检验。

（4）在课外实验活动中，能应用在课堂物理实验中学到的物理知识，独立思考，以设计出新的实验方案，并动手操作。

三、情感态度与价值观实验教学目标

动机——知道做实验的意义，并有做好物理实验的强烈愿望。

态度——在实验过程中，具有尊重事实，专心致志，严肃认真，一丝不苟的科学态度。

习惯——良好的习惯会使人终身受益。学生要在实验前有预习的习惯，认识仪器的习惯，实验过程中有严格按规范操作的习惯，认真观察现象、记录数据的习惯，手脑并用、随时思考的习惯，爱护仪器、注意安全和整洁的习惯，并养成用实验手段研究物理问题的习惯。

兴趣——俗话说兴趣是最好的老师，学生应该热爱物理实验，对实验有浓厚的兴趣，强烈的追求，具有克服困难的坚强意志。

品格——树立为科学献身，为人类造福的远大理想，培养为科学真理奋不顾身，勇往直前的优良品格。

以上我们提出的物理实验教学目标的分类、分层次的要求，是对实验教学的总体要求。具体到每一个单元、每个实验不可能都达到这些要求，应当根据具体内容和学生可接受的程度，提出适当的明确具体的实验教学目标，且易于操作，便于实施。

需要指出的是，以上实验教学中前两个维度的教学目标的层次要求中，前三个层次是达标性的，是对学生实验能力的基本要求，最后一个层次是发展性、提高性的，是对实验能力的较高要求。至于情感态度与价值观教学目标，是对学生实验素质、实验素养提出的要求，这些要求是长期的，教师应当有意识地在每个实验中加以训练和培养。

第四节　中学物理实验教学的基本要求

物理学是一门以实验为基础的自然科学，而物理实验教学是以物理实验为主要内容进行的一种教学形式。通过物理实验全过程的教学，在获取和巩固物理知识的过程中，学生理解和掌握运用观察和实验手段处理物理问题的基本程序和技能，具有敢于质疑的精神，严谨、求实的态度和不断求索的精神，培养观察能力、思维能力和操作能力，提高对物理学习的动机和兴趣。对于即将走上讲台的准教师而言，必须明确并逐步达到物理实验教学的基本要求。

一、熟悉仪器使用

教学仪器是实验教学的物质基础和不可缺少的物质条件。作为一名中学物理教师，首先应该熟悉物理实验常用仪器，并掌握其使用方法。

1. 了解教学仪器的编号

目前，我国教学仪器分为九大类，每类又分为若干小类，涉及物理的部分如表 1.2.1 所示。仪器编号由四个阿拉伯数字组成：第一个数字是大类号，第一个数字加上第二个数字是小类号，第三、四个数字是仪器在同一小类中的序号。例如，低压电源的编号为"1201"，这里第一个数字"1"表示它是通用仪器；前两个数字"12"表示它是电源；后两个数字"01"表示它在电源系列中序号为 1 号。

国家教育委员会为促进我国教学仪器的标准化、通用化和系列化，制定并颁发了我国中学教学仪器的技术标准。凡国家教育委员会或教育部已颁布技术标准的教学仪器，都有型号和定型样机。

表 1.2.1　物理教学仪器分类编号

大 类 号	名 称	小 类 号	名 称
0	计量仪器	00	长度
		01	质量
		02	时间
		03	温度
		04	电表
1	通用仪器	10	一般
		11	支架
		12	电源

（续）

大　类　号	名　　称	小　类　号	名　　称
2	专用仪器	20	数学
		21	力学
		22	声学与热学
		23	静电与电流
		24	电磁与电子
		25	光学与原子物理
3	模型		
4	标本		
5	挂图	51	物理
6	玻璃仪器		
7	药品		
8	工具与材料	80	演示实验材料
		81	分组实验材料
		82	工具

由国家教育委员会命名的型号，是在编号前面加一个字母"J"。如 J2122 为滑轮组的型号。这些仪器都是按国家教育委员会颁布的技术标准和定型样机生产的。如果两种同类产品，其性能均能满足国家教育委员会的技术标准要求，但在结构上各有特色，便将其中一种命名为 J××××—1 型。如 J1202—1 型学生电源，就是在 J1202 型学生电源命名后将钮子开关改为刷型开关，并对其性能、指标做了改进后的新产品。

2. 认识常用量具仪表的精密度、准确度、精度和灵敏度

（1）量具仪表的精密度

精密度一般是指量具仪表的最小分度值。例如，米尺的最小分度值为 1mm，其精密度就为 1mm；水银温度计的最小刻度值为 0.2℃，其精密度就为 0.2℃。

（2）量具仪表的准确度

准确度也叫作精确度。它有两个含义：一是量具仪表的准确度，二是测量的准确度。量具仪表的准确度是指在规定的使用条件下工作时的基本误差（最大额定误差）。

（3）量具仪表的精度

量具仪器的精度是个泛指名词，它既包含着精密度，也包含着准确度。当量具仪表的系统误差起主导作用而随机误差可以略去时，精度就代表准确度，例如电表、停表、信号发生器、万用表、示波器等；当量具代表的随机误差起主导作用而系统误差可以略去不计时，精度就代表精密度，例如米尺、游标卡尺、量筒、水银温度计、福廷式气压计等。

但也有一些量具仪表的精度虽然与精密度和准确度有关，却又不同于这两个概念。天平就是一例，天平的精度等级是以其感量与称量之比来定义的。天平的精度级别共分十级。中学常用的十级天平就是感量为 100mg、50mg、20mg，称量为 1000g、500g、200g 的物理天平。

（4）量具仪表的灵敏度

灵敏度也是反映量具仪表性能的重要指标。仪表的灵敏度一般常用"指针"偏离 1 小格表示多大量值来表示，例如，天平的灵敏度用毫克每格表示。

3. 识别仪器

在使用物理实验仪器前，应根据有关知识和资料，对仪器的型号、符号、原理、结构、性能等进行了解，以达到正确使用仪器的目的。

4. 正确读数

通常把测量所得的带有一位估计数字的近似数字，叫作有效数字。它是仪器直接读出的数字，因此在读数时要注意有效数字，不能随便估读。实验中测量的数据取几位有效数字，决定于待测量和仪器的精确度。根据有效数字的概念，我们可以得出测量中的读数规则为：仪器读数最后一位也就是读数误差所在的一位。如仪器的刻度是准确的，那么最小分度以上可直接准确读出，最小分度以下为估读数，即产生读数误差的数字。

5. 掌握常用仪器的使用

对于常用仪器，教师应做到：了解仪器的基本结构，熟悉各主要部件的名称，懂得工作（测量）原理，掌握合理的操作方法，会正确读数，明确使用注意事项等。

二、分析实验原理

熟悉仪器的使用后，再进行实验的研究。要研究实验，首先要明确实验的目的、内容和要求，然后从分析研究实验原理入手。只有弄懂了实验原理，才能真正掌握实验的关键、操作的要点，才能合理地选择实验装置、器材和实验条件，才能正确地处理数据、估计误差、得出结论，才能正确地进行实验的设计、改进和自制教具工作等。如果说熟悉仪器使用是进行实验的前提，那么研究实验原理就是研究中学物理实验这一过程中最重要、最基本的一环，是其他各方面研究的基础。

1. 分析实验原理的基本方法

实验原理，一般是指实验目的中所要说明的物理道理。广义地讲，它应该是实验方法、实验装置和器材、实验过程、实验结果分析等所依据的物理道理。原理分析中所涉及的许多情况、因素和信息，往往在目的和内容中没有给出，而要靠自己去寻找、收集、探究、试验。原理分析时需要一定的"理想化"，需要略去一些次要的因素或做一定的简化和抽象，但其程度的把握是至关重要的。因此，进行物理实验，首先是明确实验的目的、内容和要求，接下来就是认真研究实验原理，从原理分析入手，才能确定实验成功的关键，并由此提出实验装置、器材和实验条件的要求，提出实验操作的具体要求和注意事项。而且，只有按照具体要求选择器材和操作，才能确保实验成功。

下面以电磁感应实验中"直导线切割磁力线产生感应电流"的演示实验为例进行分析，如图1.2.1所示。

（1）明确实验目的（略）和实验要求：当直导线切割磁力线时，电流计指针有明显的偏转，以清楚地表明感应电流的产生。

（2）分析实验原理：切割磁力线→产生感应电动势（$\varepsilon = Bvl\sin\theta$）→产生感应电流 $I = \varepsilon / (R+r)$→电流计指针偏转。

图1.2.1　导线切割磁力线产生感应电流的实验示意图

① 明确实验原理：要使电流计指针偏转明显，关键在于两个要素，即感应电流要大，电流计要灵敏、可见度要大。又感应电流是由 B、v、l、$\sin\theta$、R、r 六个因素决定的，因此，要使实验达到满意效果，关键在于对上面若干因素的控制。

② 提出对实验器材的要求：增大 B；增大 l；减小 R；减小 r；选择灵敏度高、可见度大的电流计。

③ 实验操作的要求：较快移动直导线切割磁力线；使直导线、运动方向和磁力线三者能互相垂直。

（3）按上述要求选择器材和操作，就能确保实验成功。

2. 分析实验原理的要求

分析实验原理，必须同时考虑其科学性和可行性。实验原理的科学性主要指物理原理是否正确、是否确切；实验原理的可行性主要指从仪器制作、器材选择、实验条件和操作方面来看实验能否成功，实验能否应用于实际教学过程、达到教学目的，整个教学过程是否会发生逻辑混乱。

（1）原理的正确性

要做到原理正确，首先需要注意的是不能虚伪，弄虚作假、制造假象欺骗学生是绝对不允许的；其次原理应该无错误，当然，错误不是误差，物理实验允许有误差，但实验原理的错误是不允许的。

（2）原理的确切性

要做到原理确切，就是原理与教学中需要说明的问题一致。实验中正是利用对实验现象本质（原理）的分析来说明教学的问题，如果两者对不上号，即原理不确切，这种情况也是不允许的。

（3）原理的可行性

在实验的设计中，有时设计的实验方案从原理上讲并没有错误，但在实验的实施过程中，常受到装置、器材、实验条件等方面的限制，以致成为理想化的实

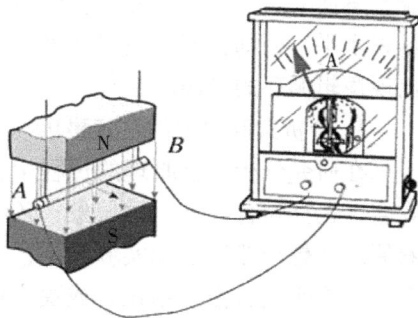

验方案而无法实施，这样的实验方案就不可行。还有，实验的原理应符合学生的认识水平，否则就不能较好地发挥应有的作用。还有，两个相互印证性实验不能出现逻辑循环的错误。

3. 分析实验原理的注意事项

在研究分析实验原理的过程中，要重视逻辑思维，不能只看原理与结果是否吻合，也许吻合只是一种假象；还有，不能只看现象而想当然地推知原理，或只看原理而想当然地推知实验结果；还有，进行实验研究不能迷信，凡事应该经过自己分析研究后做出结论，或决定取舍、决定承认与否；还有，对实验中的"偶然现象"，要善于抓住及分析，发现问题，深入研究，也许有"偶然中的必然"。

三、掌握实验方法

实验方法主要是指按照实验的目的，利用器材、设备、人为地控制研究对象，排除干扰，突出主要因素，突出实验的现象、过程及其特征，研究物理规律等过程中所采用的方法。

1. 分析归纳设计思想

要进行实验方法的研究，首先要善于分析、归纳实验的设计思想，找出实验中要解决的重点和难点以及解决的方法。设计思想是为了解决问题而思维的结果，分析设计思想首先要分析、判断设计所要解决的问题和所能解决的问题，我们不仅要分析整个实验的设计思想，而且还要注意分析实验中某一过程或某一方面的设计思想。实验设计思想中必然包含着对实验的要求和教学的要求。分析实验要求和教学要求，常常能激发灵感、产生设计思想的萌芽，以利于比较、选择或改进实验方法。

分析实验方法，可以从三个方面考虑：①物理原理；②教学要求或实用要求；③仪器制作或装置搭配中的一些工艺和选材等问题。其中，第③条最容易被忽视，而第①条最重要，如果没有弄懂物理原理，往往就不能正确地分析设计思想或判断设计思想正确与否。

2. 比较并选择实验方法

一个实验，往往有多种不同的实验方法，如何选择？下面以"微小形变的演示"为例进行说明：要观察物体受外力作用发生的微小形变，解决的办法就是设法放大。放大的方法有多种，如用力学的方法、电学的方法、光学的方法等。根据不同的实验条件，可以进行比较和选择。

方法一：简单易行的墨水瓶

实验装置如图1.2.2所示，一只椭圆截面的大墨水瓶（容积约1L），加个橡皮塞并穿进一段长约30cm、内

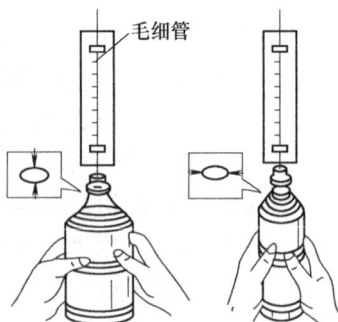

图1.2.2　毛细管法演示微小形变实验示意图

径约 1~1.5mm 的毛细管，并在玻璃管的一侧固定一白色的背景屏，玻璃瓶内装满红色的水，使红色水的液面位于玻璃管的中段，在背景屏上做好标记。

[**演示方法**]

演示 1：拿一可乐瓶，观察受压后瓶身发生的明显形变。

演示 2：拿出椭圆截面墨水瓶（未装水），用金属棒敲几下，使学生确信是玻璃瓶。

演示 3：装上红色水，用手沿短轴方向压，红色水柱明显上升。

演示 4：手与玻璃瓶间隔一木块，用手沿短轴方向压，红色水柱仍然明显上升。

演示 5：用手沿长轴方向压，红色水柱明显下降。

[**演示说明**] 演示 1、演示 2 是为了解释学生可能产生的思维错觉 1，即瓶子不是玻璃的、演示 4、演示 5 是为了解释学生可能产生的思维错觉 2，即水上升由热胀冷缩引起。

方法二：桌面微小形变演示

实验装置如图 1.2.3 所示，器材只要两块平面镜，一支激光笔。

[**演示方法**] 教材上的演示实验（略）。

方法三：显示桌面微小形变的改进实验装置

实验装置如图 1.2.4 所示，它主要是针对方法二中白天上课时需要较强的光源，有时效果不太明显而改进的。

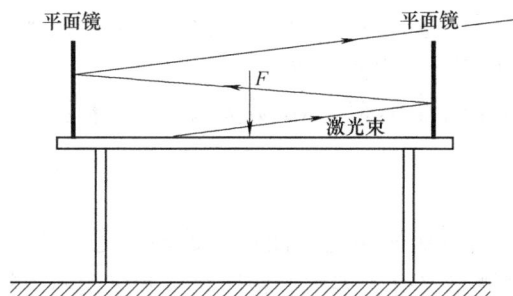

图 1.2.3 桌面微小形变实验演示示意图　　图 1.2.4 桌面微小形变改进实验示意图

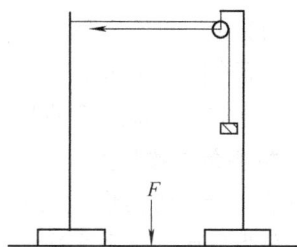

[**演示说明**] 当桌面受到压力产生微小形变时，两铁架台略向中间倾斜，稍长的支架把这微小的倾斜"放大"为两支架上端距离的减小，细小的滑轮又把这段距离的减小"放大"为一个转动的角度，较长的指针再把这个角度"放大"为指针末端运动的一段弧长。这样，经过三次"放大"，使此装置要比方法二的装置演示的灵敏度高得多，且设备简单、操作方便。

上面三种方法，由教师根据不同的条件和自己的实际情况进行选取。还可以选其他方法。

第三章　物理量的测量、误差、数据记录与处理

第一节　测　　量

一、测量

所谓测量是指为确定被测量的量值而进行的被测物与仪器相比较的实验过程。例如，一桌子的长度与米尺相比，得出桌子的长度为 1.248m；一铁块的质量与砝码相比，得出铁块质量为 31.85g。

二、测量分类

1. 按测量方式与性质分类

一般来说，对于一个待测物理量的测量方法，按测量方式与性质可分为直接测量和间接测量两种。

（1）直接测量：指被测物与测量工具、量具或仪器直接相比较就能得出被测量量值的测量。如天平称质量、米尺测长度、钟表测时间等。

（2）间接测量：指由一个或几个直接测得量经已知函数关系计算出被测物量值的测量。如重力加速度的测量、声速的测量等。

2. 按测量次数分类

对于一个待测物理量的测量方法，若按照所实施的测量次数多少进行分类，一般可分为单次测量和多次测量，多次测量又分为多次等精度测量和多次不等精度测量。

（1）单次测量：指把一次测量的量值作为测量结果的测量。如混合法测固体或液体的比热容，因平衡温度一瞬即过，所以无法多次测量。

（2）多次等精度测量：同一测量者，用同一仪器、同一测量方法，在同样的环境下，对同一物理量进行多次的重复测量，用算术平均值作为测量结果。

三、测量仪器

1. 什么是测量仪器

测量仪器指被用来直接或间接测出被测物量值的所有器具。如游标卡尺、物理天平、秒表、温度计、电流表等。

2. 测量仪器的选择

（1）选择恰当的测量范围。若测量值超过仪器的测量范围，对仪器要造成损伤，如温度计、电流表等；若量程过大，则读数不明显，会增大误差。

（2）选择恰当的准确度等级的仪器。一般在满足测量要求的条件下，尽量选择准确度等级低的仪器，以延长准确度等级高的仪器的使用寿命。

在测量过程中，常以仪器为标准进行比较而得到测量结果，因此要求仪器准确，不过由于测量的目的不同对仪器准确度等级的要求也不同。

第二节　误　　差

一、真值

各被测量在实验条件下均有不依赖人的意志为转移的客观真实大小，称此值为被测物的真值（理论值），用"a"表示。由于测量工具、技术方法、环境条件等多方面的原因致使实验结果带有不确定性，因此测量值（或实验值）和真值之间总是存在差异。

二、误差

1. 误差概念

测量值（实验结果）x 与真值 a 之间存在的偏差，称为误差，用"ε"表示，$\varepsilon = X - a$，ε 可正可负。

2. 误差来源

（1）理论上的近似、假设；　　　　（2）仪器的准确度；

（3）实验装置；　　　　　　　　　（4）实验条件的变化；

（5）观察者和监视器等。

例如，用单摆测重力加速度的实验中，误差来源可能有：①米尺和停表本身不准确，②对仪器操作不恰当，③读数不准确，④摆线质量不为零，⑤摆锤体积不为零，⑥摆角的大小不符合要求，⑦空气的阻力，⑧支点状态不理想，⑨支架震动，⑩摆球运动轨迹不在同一平面内，理论公式的近似等。

3. 误差分类

按对测量值影响的性质和产生的原因可分为系统误差和随机误差。

按计算的方法不同可分为绝对误差和相对误差。

（1）系统误差

在同一条件下，多次测量同一物理量时，误差的数值和符号总保持不变或按照一定的规律变化。

① 产生原因：

A. 仪器误差：仪器制造的缺陷、使用不当或未校准所造成的误差。例如，砝码的质量不准确、天平不等臂、电表的零点不准确等。

B. 理论和方法误差：测量原理或方法不完善，即理论公式的近似、实验条件和方法不完全满足要求所造成的误差。例如，忽略阻力、忽略散热、忽略电线和接触电阻等。

C. 装置误差：对测量装置和电路、光路布置、安装、调整不当而产生的误差。

D. 人为误差：测量者的不良习惯、心理或生理特点引起的误差。例如，按表过快或过慢、分辨能力低等。

② 减小办法：

首先要求改进实验仪器、修正理论公式、改善实验的环境和条件，然后要求提高实验技能、技巧和该进实验方法等。

（2）随机误差

在同一条件下，对某一物理量进行多次重复测量，测量结果并不相同，而是围绕某一值"跳动"，误差的数值和符号变化不定。

①特点：测量值和误差显现出统计规律——正态分布或高斯分布。

② 产生原因：由许多不可预料的偶然因素造成。例如，观测的目标物没有对准，实验环境的变化，电源电压的波动等原因造成的误差。

③ 减小办法：增加测量次数，取多次等精度测量列的算术平均值作为测量结果。

4. 百分误差计算

测量值减去理论值的绝对值与理论值的百分比值即为百分误差，表示为

$$\eta = \frac{|x_i - a|}{a} \times 100\%$$

注：对于多次等精度测量其测量值为多次测量的平均值。

三、测量的准确度、精密度与精确度

综上所述，系统误差与随机误差有着不同的产生原因和不同的性质。因此，它们对测量结果的影响也各不相同。通常用准确度这一术语来表征测量结果的系统误差的大小，即测量结果对真值的偏离大小；用精密度这一术语来表征测量结果随机误差的大小，即对同一物理量在相同的条件下多次测量所得的各测量值相互接近的程度；而用精确度这一术语来表征对准确度和精密度的综合评价。图1.3.1用射击打靶的结果进行类比，以说明这三个概念。图1.3.1a的弹着点明显偏离靶心，存在着较大的系统误差，是准确度低；但弹着点比较集中，离散程度不大，是精密度较高。图1.3.1b则相反，弹着点比较分散，因此精密度不高；但是从弹着点分布情况来看，并没有明显的固定偏向，平均弹着点比较接近靶心，因此可以认为它的准确度是较高的。图1.3.1c则不仅精密度高，而且准确度也高，

可以说这一结果精确度高。

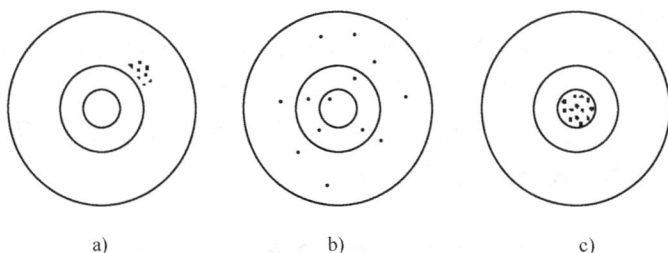

图 1.3.1 测量结果准确程度与射击打靶的类比

第三节 有效数字与实验数据记录

一、有效数字概念

在实验过程中总要记录、运算许多数字，对于直接测量量数据记录时取几位？对于间接测量量运算后应保留几位？我们必须有一个明确的认识。

对于一个物理量的测量而言，记录与运算后保留的数字应该是能传递出被测量实际大小信息的全部数字，这样的数字称为有效数字。一般来说，有效数字是指实际上能测量到的数值，对于没有估读的仪器该数值的最后一位也是准确数字，对于有估读的仪器该数值的最后一位是可疑数字，其余为准确数字。它的实际意义在于有效数字能反映出测量的精确程度。

二、仪器读数、实验数据记录

（1）实验过程中在记录仪器读数时，应读到仪器的最小分度，若有估读的仪器则必须估读一位。

例如，用直尺测量一本书的厚度为 1.12cm，则前两个 1 是准确读数，最后一位 2 是估读；实际测量中，不同的人估读的值可能不同，如另一个人的结果可能为 1.13cm。用游标卡尺测同一本书的厚度为 1.126cm，4 位数全是精确读数，没有估读（游标卡尺没有估读且 50 等分的游标尺测量的结果末位只能是偶数）。用螺旋测微器测同一本书的厚度则可能为 1.1261cm，前 4 位数字全是精确读数，末尾数字 1 是估读。

（2）在确定有效数字位数时，特别须注意"0"是不是有效数字。第一个非零数字前的"0"不是有效数字，如 0.0900、0.503 是三位有效数字；"0"在数字之间或末尾时，均属有效数字，如 9.80、9.00 也是三位有效数字。特别要提醒的是，**当仪器显示的最后一位或估读位是"0"时，则"0"必须记录。**

（3）在变换单位时，为了不改变有效数字的位数，一般采用科学记数法。

例如，$10.6\text{mm} = 1.06 \times 10^{-2}\text{m} = 1.06 \times 10^{-5}\text{km} = 1.06 \times 10^{4}\mu\text{m}$（写成$10\,600\mu\text{m}$则为 5 位有效数字）。

注意：有效数字位数的多少反映了我们对被测量了解的清晰程度。要将被测量的有效数字增加一位，在方法、仪器的改进等方面均要付出很大代价，有效数字一旦增加一位，会使我们了解到新的信息乃至发现新的规律。所以，**记录、运算时不能随意增加、减少有效数字位数**。

第四节　实验数据处理

物理实验除了对物理量进行测量外，有时还要研究几个物理量之间的相互关系以及变化规律，以便从中找出它们之间的内在联系和确定的关系。这样，对实验数据正确的记录、合理的分析、画出简单的图线以及由图线求出一些有用的参数将是非常必要的。为了达到这些目的，下面介绍一些常用的实验数据处理方法，包括列表法、作图法、逐差法等。

一、列表法

1. 列表法概念

把实验中测得的被测物理量的数值按照一定的顺序列成表格形式表示出来，并说明记录表的要求和主要内容，这种方法叫列表法。

列表是有序记录原始实验数据的必要手段，也是用实验数据显示函数关系的原始方法。在记录和处理实验数据时，常常将数据列成表格，这不但可以粗略地看出相关量之间的变化规律，还便于检查测量结果和运算结果是否合理，列表法亦是作图法的基础。

2. 列表要求

（1）在表格的上方写出表格的表序号和表题。

（2）项目栏内各物理量均应标注名称和单位。一般地，单位写在物理量后而不重复记在各个数值后，并且物理量和单位皆用规定的符号表示而不是用汉语名称。

（3）记入表体中的主要是原始实验数据且要正确反映测量值的有效数字，同一物理量多次测量的值小数点位数要对齐。

（4）必要时可以用表注来加以说明。

（5）表中的数据不能用铅笔记录。

二、作图法

1. 作图法概念

利用曲线表示被测物理量以及它们之间的变化规律，这种方法称为作图法。

它可形象直观地显示出物理量之间的函数关系，并可求出某些物理参数。一般在作图时，要首先整理出实验数据表格。

2. 作图步骤与要求

（1）选择种类合适的坐标纸（实验曲线必须用坐标纸绘制）。在基础物理实验中，基本都是选用直角坐标纸。

（2）坐标轴刻度和分度值的选择。

根据实验数据的有效数字位数来选择坐标纸的大小、坐标轴刻度的范围及分度值的比例，一般应使坐标纸上的最小格对应于实验数据有效数字最后一位可靠数。

（3）标明坐标轴名称及相关参数

在横、纵坐标轴的末端标以代表正方向的箭头且在箭头附近用符号注明物理量及其单位。

（4）描数据点

根据实验数据，在图上用"·""+""*""×""。"等符号标出各实验数据点（在同一坐标系下，不同曲线或不同物理量应用不同符号）。实验数据点应有适当的大小，不宜太大或太小，在绘出曲线后，这些点仍需保留在图上，不要擦掉。

（5）连点成线

根据实验点的分布，画出光滑曲线。由于各实验点代表测量得到的数据，具有一定误差，而实验曲线具有"平均值"的含义，所以，曲线并不一定通过所有的数据点，而应该使数据点大致均匀地分布在所绘曲线的两侧。要用直尺、曲线尺或曲线板等画图，所画图线必须光滑、整洁，不能随手作图。

（6）标出图序号、图名称和图注

在图线正下方中间位置写出图线的序号和图线的名称，在图中适当空白处注明实验条件及从图上得出的某些参数。

3. 绘制图线时注意的问题

（1）一般坐标的横轴为自变量，纵轴为因变量。一般是以被测量为变量，但有时为了使获得的图线是一条直线，而将被测量作某种变换后的数值作为变量，这种变换不仅是直线容易描绘，更重要的是直线的斜率和截距所包含的物理内容是我们所需要的。例如，利用单摆测重力加速度，$T = 2\pi\sqrt{\dfrac{l}{g}}$，$T^2 = 4\pi^2\dfrac{l}{g}$，若以 T^2 为纵坐标，l 为横坐标，直线的斜率为 $\dfrac{4\pi^2}{g}$，从而由直线的斜率求出 g 的大小。

（2）坐标的原点不一定和变量的零点一致，若变量 x 的变化范围是从 a 到 b，则将坐标原点取在 a 的附近即可，这样能充分显示所测数据，避免出现空白。

（3）坐标轴的分度要和测量的有效数字位数对应，坐标纸的一小格表示为被测量的最后一位的 1 个、2 个或 5 个单位比较好，避免用一小格表示 3、7、9 个单位。

（4）x 和 y 轴两变量的变化范围 $(x_1 - x_2)$、$(y_1 - y_2)$ 表现在坐标纸上的长度应该相差不大，最多不超过一倍。以免直线过陡或过平。如图 1.3.2、图 1.3.3、图 1.3.4 中，显然图 1.3.2 比较合适。

（5）要将图线纸粘贴在实验报告纸上。

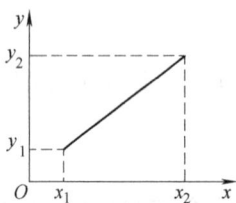
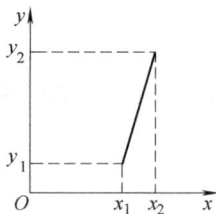
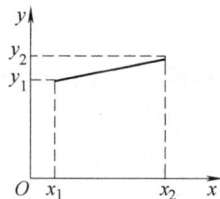

图 1.3.2　比例　　　　　图 1.3.3　x 轴分度　　　　图 1.3.4　y 轴分度
适当示意图　　　　　　　不当示意图　　　　　　　不当示意图

三、逐差法

前面介绍过通过一组实验点画一条直线的作图法，这种作图的方法有很大的任意性，因为它是靠目测观察实验点使之较均匀地分布在所画直线周围的，实际上这条直线带有一种粗略的平均性，并不很精确。下面介绍一种比作图法更精确的处理实验数据的初等解析方法——逐差法。

在物理实验中，测量量之间满足线性函数关系的情况经常遇到，有些虽不是线性关系，但经过数学变换可以化为线性关系。因此，正如前面所强调的，具有线性关系的测量量的实验数据处理是最基本、最重要的。对于线性关系函数式 $y = kx + b$，如果自变量 x 的变化是等间隔的，就可以用逐差法来处理实验数据。

（1）使用条件：测量量之间满足线性函数关系；自变量作等间距变化；测量偶数组数据。

（2）处理方法：把偶数组数据分成两大组，两大组对应数据相减，求和后取平均值。

（3）优点：充分利用测量数据，使测量值更准确，使用简单方便。

下面通过一个实例来说明逐差法的应用。

假设测得一弹簧的伸长量与所加砝码的质量关系如表 1.3.1 所示，试计算弹簧秤的劲度系数。

表 1.3.1 弹簧伸长量与所加砝码的质量关系数据

砝码质量/g		0	10	20	30	40	50
弹簧长度/cm	加	x_{01}	x_{11}	x_{21}	x_{31}	x_{41}	x_{51}
	减	x_{02}	x_{12}	x_{22}	x_{32}	x_{42}	x_{51}
	平均	x_0	x_1	x_2	x_3	x_4	x_5

分析：由 $F = kx$，有 $\Delta mg = k \cdot \Delta x$，要求得 k 的值，就要找到 Δx 对应的 Δm 值。首先，将伸长量 x 的测量值分为两组（要求测量数据个数为偶数），即 x 的低值组与高值组；其次，用高值组的数据分别减去低值组对应的值，然后求其平均值；再找出高值组与低值组对应的 Δm 值；最后将 Δx 和 Δm 的值代入公式求出斜率。

根据逐差法有，$\Delta x = \dfrac{(x_5 - x_2) + (x_4 - x_1) + (x_3 - x_0)}{3}$（cm），由于 x_5 与 x_2 之间砝码质量改变是 30g，即高值组与低值组对应的 Δm 改变量为 30g，所以计算时 $\Delta m = 30$g，故 $k = \dfrac{\Delta mg}{\Delta x \times 10^{-2}} = \dfrac{30 \times 9.8}{0.01\Delta x}$（N/m）。

第四章 中学物理实验教学评价

物理实验教学评价是指在新课程理念的指导下，依据一定的客观评价标准和工具，对中学物理实验教学过程及其效果进行客观衡量和科学判断的过程。通过实施实验教学评价，既能够促使学生重视物理实验，又可以促使教师改进实验教学。

课程标准提倡，在评价功能上，向促进学生的全面发展和可持续发展转变；在评价内容上，向重视多方位、多角度评价学生素质转变；在评价形式上，向综合运用多种评价方式转变；在评价主体上，向倡导学生积极参与评价转变。

第一节 评价的内容与要求

实验教学的评价内容和评价标准应该与课程目标趋向一致，着力培养学生用实验方法探索研究物理现象与物理规律的能力；在物理实验的基本知识、基本方法和技能等方面，学生受到较为系统的专业训练，加深对物理学中的基本概念和基本规律的理解与掌握，养成良好的科学素养，培养创新精神以及实践意识。

实验教学评价的内容包括实验技能、实验过程和实验习惯与态度，具体要求如下。

一、实验技能

根据《普通高中物理课程标准》（实验），将学生的物理实验技能分为独立完成操作、进行调整或改进、尝试与已有技能建立联系等不同水平，所用的行为动词为测量、测定、操作、会、能、制作、设计等。具体来说包括以下几个方面。

（1）实验观察技能。如识别常用实验仪器的结构、规格，观察实验现象，特别是观察实验中的计量读数等。

（2）实验操作技能。如常用实验仪器的使用，含实验装置的组装、有序操作、记录数据等。

（3）数据处理技能。如能将实验中的某些实录内容转换成相应的数据和图形，并进行分析和处理等。

（4）实验探究技能。如能根据要求设计实验方案，选择器材，并完成实验。

二、实验过程

重视对实验过程的要求与评价，既是新课程实施的要求，也是确保实验完成质量和习得实验技能的保障。

（1）实验设计：能够根据实验的目的，依据所学知识进行实验的设计。

（2）实验操作：能够根据实验操作步骤，规范地完成实验所需要的操作。

（3）数据处理：能将实验所获得的数据进行分析和处理等。

（4）课外实验：能参与教科书与《实验手册》中规定的部分课外实验，参与设计实验方案，选择器材，并完成实验。

三、实验习惯与态度

良好的实验习惯，既是每个学生应有的基本素养，也是每次实验应该达到的基本要求，因此实验习惯被列为实验操作考查的内容之一。具体要求如下。

（1）布置器材：指把有关的实验器材有序地安置在实验桌上合适的位置，便于实验操作。

（2）取放仪器：指取放实验仪器时，按操作规范动作，轻取轻放，爱护实验仪器。

（3）观察操作：指以严谨认真、实事求是的科学态度，有条不紊地进行实验操作。

（4）整理复原：指实验完毕后，将实验器材清点、整理、复原。

（5）遵守纪律：指进入实验室后不随便说话，不随意走动，不做与实验无关的事。

第二节　评价的类型与方法

物理实验评价采用实验过程与实验技能测评相结合的方式，着重评价学生对规定实验的开展情况和实验操作技能的掌握情况，同时也注意评价学生是否具有良好的实验习惯，实事求是、严肃认真的科学态度和实验探究能力等。

一、评价的类型

1. 诊断性评价

进行诊断性评价是为了摸清实验教学的基础，使教学适合学习者的需要。教师在实验教学前对学生所进行的诊断性评价是使教学更有针对性，而不是给学生贴标签，应根据诊断结果设计出一种可排除学习障碍的教学方案。另外，通过诊断可以辨认出哪些学生已经掌握了过去所学的内容，哪些还没掌握，已达到了什么程度，设计出适合不同学生学习的教学计划。

在教学过程中所做的诊断评价，其主要作用是确定学生对教学目标所掌握的程度，找出造成学习困难的原因。教师还需考虑学习上的困难是否可能涉及身体、情感、文化或环境影响等方面的原因。针对具体情况加以指导，使教学得以顺利进行。

2. 形成性评价

形成性评价的主要目的不是给学习者评定成绩或做证明，而是既帮助学习者也帮助教师把注意力集中在达到掌握程度所必须具备的特定知识上。

在进行形成性评价时不评定等级，只找出不足的原因和所犯错误的类型，要尽量缩减那些判断性见解。只有对评价不带有任何等级性的联想，被评者才不致害怕，而看作是一种帮助。为达到形成性评价的目的，往往要频繁地进行，每当一种新技能或新概念的教学初步完成时，就应进行形成性评价。在教学技能训练中所进行的评价就是形成性评价。只指出优点和不足，不评定成绩。

3. 终结性评价

一个学期、一个教程或一个学程结束的时候，都要进行评价，以便进行鉴定、评价进步，或对课程、学程以及教学计划的有效性进行研究，我们把这类评价称为终结性评价。在中学最常见的终结性评价在一门课程中要进行两三次，对学习或教学的效率，对学生、教师或教材做出判断。

终结性评价的目的，则是对整个教程或其中某个重要部分进行较为全面的评定，以评价学生对几种新技能或新概念掌握的情况。然后把给学生评定的成绩报告给家长或学校的管理人员。

二、评价的方法

由于评价内容和评价标准往往是多元的和综合的，那么相应的评价工具和评价方法就不应该是单一和孤立的，要注重它们的多样化和科学性，形成性评价尤其不可忽视。为达成全面了解和有效描述在实验教学过程中学生学习情况的终极评价目标，教师应当将形成性评价与终结性评价，以及定性评价和定量评价有机结合起来加以运用。具体的评价方法可以采用诸如档案袋评价法、测验法、观察法、学生自我评价法、学期和学年报告法等。

1. 知识技能评价方法

知识技能评价方法包括纸笔测验和自编测验。

（1）纸笔测验

从测验的目的内容和方法出发，纸笔测验具有教育、教养和发展功能。从测验的结果出发，纸笔测验具有导向、调控和选择功能。因此，我们要充分发挥纸笔测验的教育、教养、发展和导向功能，以发展人的全面素质为出发点，把考试作为一种测量和教育的手段，真正促进素质教育的实施。

从纸笔测验内容来说，以前的物理实验考试主要是考查学生对"基础知识与基本技能"的掌握情况以及基本仪器的记忆状况。而新课改后我们要全面考查学生的实际智力和能力水平。首先，考试的内容应与学生的生活实际经验相联系，重视考查学生分析物理实验中遇到的问题以及解决这些问题的能力。其次，物理实验考试的命题应依据物理课程标准，杜绝设置偏题、怪题的现象。物理实验教学的考试倡导多种题型，如选择、判断、简答、探究、调查、小论文等。同时在创设和使用多种题型的时候，应倡导综合开放的题型。

从纸笔测验的方式来说，物理实验的考试要减少计算、叙述等记忆性的题目，而应该增加一些实用性、真实性的题目。而且这些实用的题目要有丰富的指导语，能使学生其他能力得到发展。闭卷与开卷相结合，闭卷考试偏重于对概念的理解，对基础知识的综合应用，适用于对概念、规律的掌握。开卷则可更偏重于能力的考核，如实验操作技能、设计能力、分析能力等，可以综合地考查学生的综合素质水平。独立操作与分组操作相结合，分组操作完成的实验项目应该是比较富有创新性的问题，有一定难度；而独自操作完成则可能是一些操作简单、步骤简洁的实验项目。正规的常规考试与考场外考试完成相结合。除正规的常规考试外，也可以布置一些具有与现实生活相联系的实际性问题，由学生在考场外自己搜集资料，研究问题，完成任务。最后的成绩评定除了期末考试之外，可以结合平时考察或是布置的一些创新的小实验等考察。

（2）自编测验

学生自编试题测验，用以检测学生对知识的理解、掌握和运用程度，这是教师在教学工作中常用的方法之一。

自编测试题要体现情境选择的现实性，要注重知识的总体概括、试题中的条件体现开放性等。可以按一定的方法对知识重新编码和组合，因而是一种创造性学习活动。如学生根据生活经验产生问题：如何检查自己家中的用电器一个月的用电量，什么家电是最浪费电的，并通过实验去验证它。这样的测验不仅使原有的知识得到巩固，激发了学生的学习兴趣，而且使学生学得活、学得扎实，从中也激发出许多创造性的火花。

2. 过程与方法评价方法

（1）表现性评价

表现性评价的目的既可以是给学生评分，也可以是对学生的学习情况进行诊断，但重点在对学生学习情况的诊断；表现性评价的设计要确保任务能够反映学生负责的认知技能及应用。表现性评价与评价的目的也是高度相关的，而且评分规则是可靠、公平、有效的。相对于纸笔测验来说，表现性评价可以了解学生在真实情景下实际表现技能的水平，所以它是各种学习成就的真实评价。

（2）小论文

小论文是要求学生用一两段文字进行描绘、分析、解释、总结每次实验的结果或是实验中可疑的部分，用于学生思考实验的不足及可创新之处。这样的评价方法可以有效地评价学生对物理实验的理解程度。创作实验性的小论文需要学生具备分析、综合、批判思维的能力，进而可以培养学生的创新思维能力。

（3）调查评价

调查是学生评价中经常要求学生完成任务的一类表现任务。学生做的调查涉及自然科学和社会科学两大领域，活动的方式可以是实验调查，也可以是问卷调查；可以是实验室实验，也可以是自然情境下的实验。例如，学生可以调查某一地区的用电量或是当地的大气压等，任务可以由个人或小组进行。活动结束时，除了教师、小组成员和家长及自己的评价，我们可以聘请一些校外的专家进行指导和评价。

3. 情感态度与价值观评价方法

情感态度与价值观评价方法包括观察法、问卷调查法、谈话法、评语。情感教育是教育过程的一部分，它关注学生的态度、感受、信念以及情绪。这里包含着对学生的个人发展和社会发展及其自尊的关注。因此，情感教育的一个重要方面是关注学生个人与他人关系的有效性，从这个意义上讲，人际关系和社会技巧就被视为"情感教育"的核心。

（1）观察法

在教育教学过程中，观察法是一种常用的考评方法。新课程教学大纲中的许多要求，如学生使用仪器的技能及在小组活动中的技能表现都依赖于教师的观察来考评。在情感领域的发展中，学生总是表现在外部行为和习惯上。因而可用行为观察法来测评学生在物理实验中的情感发展水平。这种方法测量目标广，运用的计划多，也比较容易为广大物理教育工作者所掌握。它可以随时用来检查学生的行为，可在不影响正常教育、教学活动的情况下进行。学生的物理实验学习兴趣、科学态度等都可以用观察法来测评。

（2）问卷调查法

问卷调查法是情感领域物理实验教育目的的评价常用的一种方法。问卷法是以测评者精心设计的书面调查项目或问题为出发点，全面了解评价对象的态度、动机、兴趣、需要等主要的情况。这种问卷由测评者根据测评目的来设计题目，学生按照要求回答问卷所提出的问题，这些问题一般包括评价对象自己的行为、观点、看法等。测评者根据这些情况的报告，做出相应的统计，从而获得有关情感目标研究的信息。与其他评价方法相比较，问卷调查法的优点是可以节约时间，能够在短时间内调查大量学生，完成对学生的评价。

（3）谈话法

谈话法和问卷法一样也是通过问题来探测学生对物理实验的学习兴趣、观点、科学态度和其他内心活动。顾名思义，访谈具有双向交流的特点。它与问卷法同属基本的评价方法，但是访谈更适用于调查对象较少的场合。相比纸笔测验等其他方法，访谈法有许多的优点：简便易行，便于双向交流；实施程序比较灵活，便于控制；比较有人情味，能建立主客双方的融洽关系，消除顾虑；当学生对问题不够明确时，可以当场解释，不至于产生误解。

（4）评语法

评语法是用简洁明了的语言来定性评定学生实验的过程、结果等。评语可以用来弥补在框框架架的评分中的不足，或者对于难以用分数反映的一些问题可以用评语来评价。如学生的学习特点、兴趣爱好、主要优缺点、实验中的注意事项等，都可用评语来表述。评语无固定模式，但针对性强，它是教师、学生和自己根据具体情况及深入分析后做出的评定。评语宜简明扼要、具体，要避免一般化。

4. 综合评价方法

综合评价方法主要是档案袋评价。

档案袋评价方法兴起于 20 世纪 80 年代，是美国评价改革运动中所出现的一种主要的评价方法。档案袋，其英文 portfolio，有"代表作选辑"的意思，最初使用这种形式的是画家及后来的摄影师。档案袋评价最早应用于学生评价是记录学生在某一时期一系列的成长"故事"，是评价学生进步过程、努力程度、反省能力以及最终发展水平的方式，体现了"学习是过程，学习评价也应有过程"的思想。

美国南卡罗来纳大学教育学院教育心理学家、教授格莱德勒根据档案袋的不同功能标准提出五种相应的类型：理想型、展示型、评价型、文件型和课堂型；比尔·约翰逊则根据材料选取标准的不同，把档案袋评价分为最佳成果型、精选型和过程型。

第三节　评价的组织与实施

物理实验的评价应基于促进学生发展的基本理念。即注重从知识本位转向以学生的发展为本，面向全体学生，提高学生的物理实验能力和科学素养；倡导探究性学习，使学生在物理科学知识与技能、过程与方法、情感态度与价值观等多个维度得到全面发展。实验教学评价的对象一般包括学生和教师两个方面。

一、学生评价的组织与实施

在物理实验教学中要加强学生自我评价体系的建立。学生自我评价体系的指标在内容设计上涵盖了课程目标所要求的物理学知识、实验操作技能、科学探究能力以及情感态度与价值观等方面（见表 1.4.1）。

1. 学生自我评价体系的一级指标

根据学生准备实验的时间顺序将评价分为"实验准备"和"实验过程"两个部分。

2. 学生自我评价体系的二级指标

（1）"实验准备"中分别从知识准备和物质准备两个方面设计评价指标，分为"基础知识"和"检查实验材料"两级目标。

（2）"实验过程"则因实验内容和性质的不同而有所区别。对于探究实验，根据课程标准的建议，将二级指标分为提出问题、猜想与假设、制订计划、实施计划、得出结论、交流与讨论六个维度。而部分侧重于基本仪器的介绍、概念的建立和结论验证等方面的实验，其探究的成分较少，因此可以简化部分指标，保留实施计划、得出结论和交流与讨论几个部分。

3. 学生自我评价体系的三级指标

结合实验的具体内容和特点，对实验评价的二级指标所涵盖的各项内容，确定其具体的行为要求。三级指标要求简单易行，具有可操作性和较好的区分度。

4. 备注栏及总评说明

学生对实验进行反思，可在备注栏内做适当标记，最后在"收获与感想"总评栏内对实验整体做出自我总评。要求自评全面参考各项三级指标，认真、深刻地反思实验全过程。

表 1.4.1　中学物理实验学生评价体系

指　标			备　注
实验准备	基础知识	掌握与该实验相关的基础知识	
		熟练掌握实验所用基本仪器的构造和使用方法	
	检查实验材料	实验开始前，认真检查实验材料，理解该实验的目的和内容	
实验过程	提出问题	能在所给情景的提示下，积极提出科学探究的问题	
	猜想与假设	能独立地或在一定提示背景下，针对探究问题做出合理的猜想与假设	
	制订计划	能根据猜想，制订完整的计划。计划中充分考虑各种可能情况，合理、有效地利用提供的实验材料	
		会利用常用的科学方法（如控制变量法）制订计划	
		计划科学性鲜明，逻辑清楚，表述规范	
	实施计划	能根据实验计划，逐步开展实验，快速、正确地组装实验器材	
		能规范、熟练地使用实验仪器进行观察和测量	
		认真观察实验现象，及时、准确地记录数据和现象	
		操作过程中，注意保护实验仪器、节约能源，有一定环境保护的意识	
	得出结论	能独立设计符合实验要求的数据记录表，完整清晰地记录实验现象和数据	
		能根据实验要求做出规范的图形（如温度－时间图、电路图等）	
		在认真总结实验数据的基础上，得出概括性较强的结论	
	交流与讨论	积极参与讨论，能清楚地表述本小组实验结论，逻辑严密地论证结论的合理性	
		能虚心听取其他小组的结论和论证，积极总结各小组结论中的相同点和不同点，最终达成共识	
		能认真、深刻地反思实验各环节，找出努力方向	
		养成实验结束后主动整理实验仪器的好习惯	
通过本次探究活动你有什么收获和感想			

二、教师评价的组织与实施

1. 教师评价体系的一级指标

（1）确定一级指标的依据：包括知识与技能、过程与方法、情感态度与价值观三大领域。课程标准提示：应特别重视对学生探究能力和情感态度与价值观方面进行评价。见表1.4.2。

（2）一级评价指标的设计：根据物理课程标准中的评价建议，结合初中物理实验的总体目标和物理实验的特点，整合三维目标，将教师评价体系的一级指标确定为基础知识、技能和方法、情感态度与价值观。

2. 评价体系的二级指标

结合具体实验内容，明确物理实验评价的每项一级指标所涵盖的考核点，确定其具体的行为要求。评价指标要求简单易行，具有可操作性和较好的区分度。

3. 评定等级

对每一项三级指标，根据学生的完成情况，制订出 A（优秀）、B（良好）、C（及格）、D（不及格）这四个层次的具体评价标准。

对四个评定等级的说明：

A：优秀，能够有创建性地独立达成三级指标规定的评价标准；

B：良好，能够独立达成三级指标规定的评价标准；

C：及格，在老师的帮助下达成三级指标规定的评价标准；

D：不及格，不能完成三级指标规定的评价标准。

表1.4.2　中学物理实验教师评价体系

评价领域	考　核　点	评定等级			
		A	B	C	D
基础知识	理解实验目的，并能正确地运用实验原理完成实验				
	能够得出实验的结论，并明确知识目标与实验结论的关系				
	能够运用与实验相关的物理学知识解决和处理实验中的问题				
	能够运用与实验相关的其他学科的知识解决问题				
	能自觉地将日常生活、生产知识进行迁移，解决实验中的问题				
技能和方法	能根据实验目的和现有条件，正确地选择最佳的实验材料				
	了解所用实验仪器的功能、原理、构造，能准确说出各部分名称和作用				
	能规范、熟练地使用有代表性的物理实验仪器，如刻度尺、温度计、弹簧秤、滑轮、电流表等				
	能够正确使用物理实验室常见仪器，如天平、量筒、秒表等				
	能够根据需要适当改进或制作实验器材				

（续）

评价领域	考 核 点	评定等级			
		A	B	C	D
技能和方法	注重观察，并能够根据观察或生活经验发现问题				
	针对发现的问题，能够准确提出与实验课程要求相符的研究课题				
	能够明确问题与假设之间的关系，并根据提出的问题做出猜想				
	所做出的猜想必须具有一定的依据（来自各种资料或生活体验等）				
	能够明确实验要研究的因变量，并明确各自变量（主要变量和无关变量），能对各自变量进行有效的控制				
	能正确制订实验计划，有明确的实施步骤				
	按照操作计划，分步骤、流畅地进行实验操作				
	能够做出实验要求的图表，如数据记录表格、装置连接示意图、电路图等				
	能根据示意图，准确连接实验装置，并注意到实验细节，做到安全、规范操作				
	能够认真观察实验中的各种现象，在实验过程中及时、准确地收集有效信息（记录现象和数据、绘图等）				
	对实验中收集到的各种信息能够进行正确的处理（数据统计、图表转化等）				
	对收集处理的各种信息之间的关系能够进行推理及分析，并得出结论				
	对整个探究过程有明确的认识（问题、假设、预期，及实验过程中出现的问题等）				
	能够通过实验报告正确地表述，并通过口头表达与他人沟通				
情感态度与价值观	能够真实地记录实验中的各种现象和数据				
	能够正确地对待实验中的困难和失败，客观地进行自我评价				
	在提出问题、制订计划、得出结论等环节中能有根据地坚持自己独立的见解				
	在与他人合作中能够明确自己的责任，真诚地提出自己的意见并与他人沟通				
	能够尊重和欣赏其他同学，认真听取他人的观点				
	在实验中表现出对科学研究的强烈兴趣，有较强的探究主动性				
	爱护实验仪器，节约能源，具有环境保护的意识				
	能够正确认识和理解科学研究对人类生活和环境的影响				

第二篇
中学物理实验基本仪器

第一章　中学物理力学实验基本仪器

第一节　长度测量仪器

一、米尺

米尺是测量物体长度的工具，米尺的分度值一般为1mm。物理中的长度测量一般使用米尺，它是木制或塑料制，图 2.1.1 为教学用米尺。米尺是刻度尺的一种，用刻度尺测量长度是物理实验的基本技能，也是其他测量仪器正确读数的基础。

图 2.1.1　米尺

1. 使用步骤与方法

正确使用刻度尺，应做到"五会"：

（1）会认：对刻度尺必须有以下三点了解后才能使用。

① 零刻线的位置：如零刻线磨损，可选用其他清晰刻度作为测量起点。

② 量程：又称测量范围，即刻度尺一次能测量的最大长度，如果被测长度超过量程，可重复使用刻度尺或换用其他大量程的测量工具。

③ 分度值：又称最小刻度，刻度尺上两条相邻刻线间的距离，其值应包含数字和单位两部分。

（2）会放：使用时应将刻度尺放正，不要歪斜，要把刻度尺的刻度紧贴被测物。

（3）会看：读数时视线应经过被测物体末端与尺相交的位置并与尺面垂直。

（4）会读：根据刻度尺的分度值读出准确数值，并估读到分度值的下一位。

（5）会记：记录测量数据，应记录准确数字、估读数字和所记录数据的单位。

2. 使用注意事项

（1）使用前

做到三看，即首先看刻度尺的零刻度是否磨损，如已磨损则应重选一个刻度值作为测量的起点。其次看刻度尺的测量范围（即量程）。原则上测长度要求一次测量，如果测量范围小于实际长度，势必要移动刻度尺测量若干次，则会产生较大的误差。最后应看刻度尺的最小刻度值。最小刻度代表的长度值不仅反映了刻度尺不同的准确程度，而且还涉及测量结果的有效性。量程和最小刻度值应从实际测量要求出发兼顾选择。

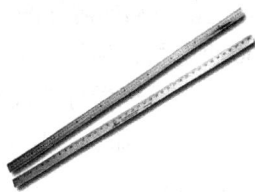

（2）使用时

注意正确放置和正确观察。尺边对齐被测对象，必须放正重合，不能歪斜；尺的刻面必须紧贴被测对象，不能"悬空"。正确观察的关键是视线在终端刻度线的正前方，视线与尺面垂直，看清大格及小格数。正确记录测量结果，一般情况下应估读到最小刻度值的下一位。如学生用三角尺最小刻度是 mm，用它测量长 2cm 的长度，若正好对准刻度线，正确记录应为 2.00cm，其中 2.0cm 是尺面准确读出的数，由于估读数为 0，需在毫米的 10 分位后加"0"。注意，记录测量结果时必须写上相应的单位。

二、游标卡尺

游标卡尺是一种测量长度、内外径、深度的量具。游标卡尺由主尺和附在主尺上能滑动的游标两部分构成。主尺一般以毫米为单位，而游标上则有 10、20 或 50 个分格，根据分格的不同，游标卡尺可分为 10 分度游标卡尺、20 分度游标卡尺、50 分度游标卡尺等，游标为 10 分度的长 9mm，20 分度的长 19mm，50 分度的长 49mm。游标卡尺的主尺和游标上有两副活动量爪，分别是内测量爪和外测量爪，内测量爪通常用来测量内径，外测量爪通常用来测量长度和外径。

1. 结构及使用

（1）结构（见图 2.1.2）

（2）使用（见图 2.1.3 ~ 图 2.1.5）

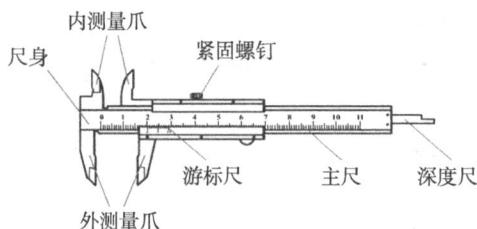

图 2.1.2　游标卡尺结构示意图

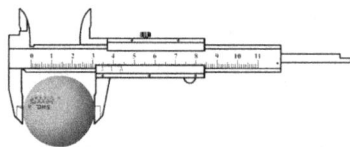

图 2.1.3　测量工件外径示意图

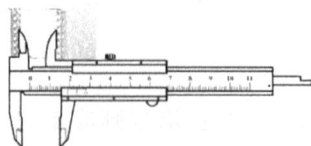

图 2.1.4　测量工件内径示意图

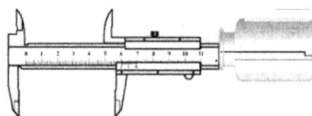

图 2.1.5　测量工件深度示意图

2. 游标卡尺的测量方法（测外径）

步骤一：将被测物擦干净，使用时轻拿轻放；

步骤二：松开固紧螺钉，校准零位，向后移动外测量爪，使两个外测量爪之间距离略大于被测物体；

步骤三：一只手拿住游标卡尺的尺身，将待测物置于两个外测量爪之间，另一只手向前推动活动外测量爪，至活动外测量爪与被测物接触为止；

步骤四：旋紧紧固螺钉；

步骤五：读数。

注意：（1）测量内孔尺寸时，量爪应在孔的直径方向上测量。

（2）测量深度尺寸时，应使深度尺杆与被测工件底面相垂直。

3. 游标卡尺的读数

如图 2.1.6 所示，游标卡尺的读数主要分为三步。

（1）看清楚游标卡尺的分度，10 分度的精度是 0.1mm，20 分度的精度是 0.05mm，50 分度的精度是 0.02mm；

（2）为了避免出错，要用 mm 而不是 cm 做单位；

（3）看游标卡尺的零刻度线与主尺的哪条刻度线对准，以此读出毫米的整数值；

（4）再看与主尺刻度线重合的那条游标刻度线的数值 n，则小数部分是 $n \times$ 精度，两者相加就是测量值；

（5）游标卡尺不需要估读。

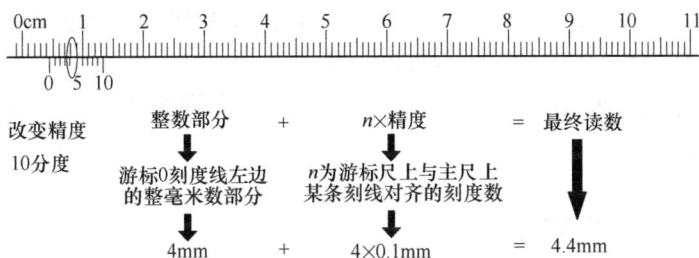

图 2.1.6　游标卡尺读数示意图

4. 使用注意事项

（1）不要把卡尺当作卡钳、扳手或其他工具使用；

（2）卡尺使用完毕必须擦净上油，两个外量爪间保持一定的距离，拧紧紧固螺钉，放回到卡尺盒内；

（3）不得放在潮湿、湿度变化大的地方。

三、螺旋测微器

螺旋测微器用于测量长度及外径，精度较高，可以测量千分之一毫米，所以又称千分尺（micrometer）。螺旋测微器是比游标卡尺更精密的测量长度的工具，用它测长度可以准确到 0.01mm，测量范围为几个厘米。它的一部分加工成螺距为 0.5mm 的螺纹，当它在固定刻度 B 的螺套中转动时，将前进或后退，可动刻度 E

和测微螺杆 F 连成一体，其周边等分成 50 个分格。螺杆转动的整圈数由固定刻度上间隔 0.5mm 的刻线去测量，不足一圈的部分由可动刻度周边的刻线去测量，最终测量结果需要估读一位小数。

1. 结构（见图 2.1.7）

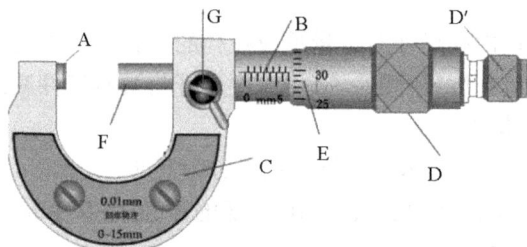

图 2.1.7　螺旋测微器结构示意图

A—测砧　B—固定刻度　C—尺架　D—粗调旋钮

D′—微调旋钮　E—可动刻度　F—测微螺杆　G—止动旋钮

2. 测量方法

（1）刻线原理

测微螺杆右端螺纹的螺距为 0.5mm。当可动刻度转一周时螺杆就移动一个螺距，即为 0.5mm。可动刻度圆柱面上的刻线将其分为 50 格，因此将活动套管转动一格测微螺杆就移动 0.01mm。即 0.5mm/50 = 0.01mm。

固定刻度上有两组刻线，同一组中两条线之间的距离为 1mm，每两条线之间的距离为 0.5mm。

（2）操作方法

① 使用前应先检查零点。

缓缓转动微调旋钮 D′，使测微螺杆 F 和测砧 A 接触，到棘轮发出声音为止，此时可动刻度上的零刻线应当和固定刻度上的基准线（长横线）对正，否则有零误差。

② 使用时的操作。

左手持尺架 C，右手转动粗调旋钮 D 使测微螺杆 F 与测砧 A 间距稍大于被测物，放入被测物，转动微调旋钮 D′ 到夹住被测物，直到棘轮发出声音为止，拨动止动旋钮 G 使测微螺杆固定后读数。

3. 读数方法（见图 2.1.8）

（1）先读固定刻度；

（2）再读半刻度，若半刻度线已露出，记作 0.5mm；若半刻度线未露出，记作 0.0mm；

（3）再读可动刻度（注意估读），记作 $n \times 0.01$mm；

（4）最终读数结果为固定刻度 + 半刻度 + 可动刻度 + 估读；

（5）螺旋测微器需要估读到千分位。

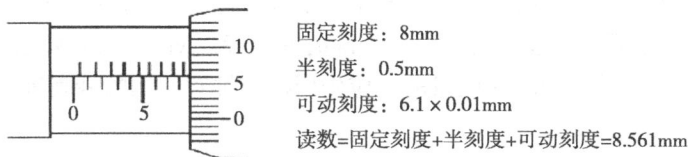

固定刻度：8mm
半刻度：0.5mm
可动刻度：6.1×0.01mm
读数=固定刻度+半刻度+可动刻度=8.561mm

图2.1.8　螺旋测微器读数示意图

4. 使用注意事项

（1）测量时，注意要在测微螺杆快靠近被测物体时停止使用旋钮，而改用微调旋钮，避免产生过大的压力，这样既可使测量结果精确，又能保护螺旋测微器。

（2）在读数时，要注意固定刻度尺上表示半毫米的刻线是否已经露出。

（3）读数时，千分位有一位估读数字，不能随便丢掉，即使固定刻度的基准线正好与可动刻度的某一刻度线对齐，千分位上也应读取为"0"。

（4）当测砧和测微螺杆并拢时，可动刻度的零点与固定刻度的基准线不相重合，将出现零误差，应加以修正，即在最后所测长度的读数上去掉零误差的数值。

第二节　时间测量仪器

秒表是中学常用的一种测时仪器，又可称"机械停表"，由暂停按钮、发条柄头、分针等组成。

一、机械秒表

1. 构成

机械秒表简称秒表，它分为单针和双针两种。单针式秒表只能测量一个过程所经历的时段，双针式秒表能分别测量两个同时开始不同时结束的过程所经历的时间。

图2.1.9所示的秒表是一种单针式秒表。秒表有各种规格，一般的秒表有两个针，长针为秒针，每转一圈是30s（也有60s、10s和3s）；短针为分针，每转一圈是15min或60min（即测量范围为0～15min或0～30min）。表面上的数字分别表示s和min的数值。

使用机械秒表测量所产生的误差可分为两种情况。①短时间

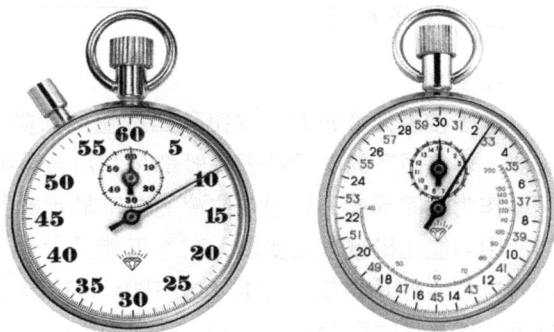

图2.1.9　单针式秒表

的测量（几十秒内），其误差主要是按表和读数的误差。②长时间的测量（1min以上），其误差主要是秒表走动快慢与标准时间之差。对不同的秒表，这种误差有所不同。因此，在进行长时间测量前，应先用标准钟对使用的秒表进行校准。

2. 使用步骤与方法

机械秒表的一般使用方法如下。

（1）使用秒表前，先检查发条的松紧程度，若发条已经松弛，应旋动秒表上端的按钮，上紧发条，但不宜过紧。

（2）测量时按下按钮，指针开始运动；再按按钮，指针停止运动；再按一次按钮，指针便会回到零点位置。

大圈为秒，小圈为分。

若大圈是30分格（表盘顶上写的是30，也可能有60格，表明精度到半秒），小圈里一分钟就分为两小格，读完整的几分，若过了一小格，就在大圈秒数上加半分钟，若没过，直接读大圈秒数。

3. 使用秒表的注意事项

（1）使用前先上紧发条，但不要过紧，以免损坏发条；使用前一定要进行验表，主要看按钮是否有问题，记录的时间是否准。

（2）使用时，用拇指指关节或用食指第二指关节扣住按钮，并将秒表靠住自己的胸部，不在任何的摆臂动作中完成按动动作。按表时不要用力过猛，以防损坏机件。

（3）回表后，如秒针不指零，应记下其数值（零点读数），实验后从测量值中将其减去（注意符号）；按动时尽量用正确的角度和适合的力量，不要按在按钮的边缘或斜角度按，避免卡住或损坏按钮。

（4）计时开启后不要将秒表挂在脖子上或放在口袋内跑动，防止跑的过程中秒表按钮与身体相撞，造成意外的停止或开启。

（5）要特别注意防止摔碎秒表，不使用时一定将表放在实验桌中央的盒中。

二、电子秒表

1. 结构

电子秒表又可分为三按钮和四按钮两大类。电子秒表是一种较先进的电子计时器，目前国产的电子秒表一般都是利用石英振荡器的振荡频率作为时间基准，采用6位液晶数字显示时间。电子秒表的使用功能比机械秒表要多，它不仅能显示分、秒，还能显示时、日、月及星期，并且有1/100s的功能。一般的电子秒表连续累计时间为59min 59.99s，可读到1/100s，平均日差±0.5s。

电子秒表配有三个按钮，如图2.1.10所示，S_1为秒表按钮，S_2为功能变换按钮，S_3为调整按钮，基本显示的计

图2.1.10　电子秒表
结构示意图

时状态为"时""分""秒"。

2. 使用步骤与方法

电子秒表的基本使用方法如下：

（1）在计时器有显示的情况下，将按钮 S_1 按住 2s，即可出现秒表功能，如图 2.1.11a 所示。按一下按钮 S_1 开始自动计秒，再按一下 S_1 按钮停止计秒，显示出所计数据，如图

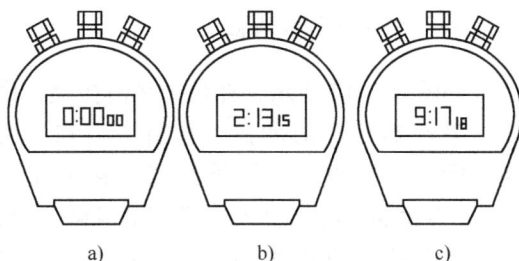

图 2.1.11　电子秒表使用示意图

2.1.11b 所示。按住 S_3 两秒则自动复零，即恢复到图 2.1.11a 所示状态。

（2）若要记录甲、乙两物体同时出发，但不同时到达终点的运动，可采用双计时功能。即首先按住 S_2 两秒钟，秒表出现如图 2.1.11a 所示的状态。然后按一下 S_1，秒表开始自动计秒。待甲物体到达终点时再按一下 S_3，则显示甲物体的计秒数停止，此时液晶屏上的冒号仍在闪动，内部电路仍在继续为乙物体累积计秒。把甲物体的时间记录下后，再按一下 S_3，便显示出乙物体的累积计数。待乙物体到达终点时，再按一下 S_1，冒号不闪动，显示出乙物体的时间。这时若要再次测量就按住 S_3 两秒，秒表出现图 2.1.11a 所示的状态。若需要恢复正常计时显示，可按一下 S_2，秒表就进入正常计时显示状态，在图 2.1.11c 中显示出 9h 17min 18s。

（3）若需要进行时刻的校正与调整，可先按住 S_2，待显示时、分、秒的计秒数字闪动时，松开 S_2，然后间断地按 S_1，直到显示出所需要调整的正确秒数时为止。如还需校正分，可按一下 S_3，此时，显示分的数字闪动，再间断地按 S_1，直到显示出所需的正确分数时为止。时、日、月及星期的调整方法同上。

3. 使用注意事项

（1）保持电池的定期更换，一般在显示变暗时即可更换，不要等电子秒表的电池耗尽再更换。

（2）电子秒表平时放置的环境要干燥、安全，做到防潮、防震、防腐蚀、防火等工作。

（3）避免在电子秒表上放置物品。

（4）没有把握的情况下，不要随意打开电子秒表私自维修，应送专业人士进行维修。

第三节　质量测量仪器

中学物理质量测量仪器主要是托盘天平，精度一般为 0.1g 或 0.2g，荷载有 100g、200g、500g、1000g 等。

一、托盘天平结构

如图 2.1.12 所示，托盘天平由托盘、横梁、平衡螺母、刻度尺、指针、刀口、底座、标尺、游码、砝码等组成。它由支点（轴）在梁的中心支着天平梁而形成两个臂，每个臂上挂着或托着一个盘，其中一个盘（通常为右盘）里放着已知重量的物体（砝码），另一个盘（通常为左盘）里放待称重

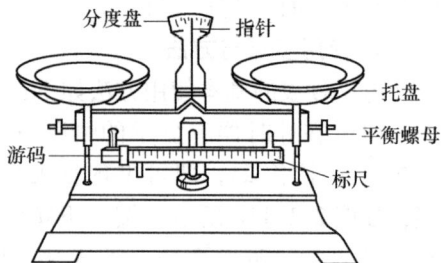

图 2.1.12　托盘天平结构示意图

的物体，游码则在刻度尺上滑动。固定在梁上的指针在不摆动且指向正中刻度时，或左右摆动幅度较小且相等时，砝码重量与游码位置示数之和就指示出待称重物体的质量。

二、托盘天平工作原理

天平依据杠杆原理制成，是一个等臂杠杆，在杠杆的两端各有一小盘，一端放砝码，另一端放要称的物体，杠杆中央装有指针，两端平衡时，两端的质量（重量）相等。

三、使用步骤

1. 放置
放置在水平的地方。

2. 零点调节
游码要放在 0 刻度线处，调节平衡螺母（天平两端的螺母）直至指针对准中央刻度线。（平衡螺母向相反方向调，使用口诀：左高端，向左调。）

3. 称量
左托盘放称量物，右托盘放砝码。添加砝码应从估计称量物的最大值加起，逐步减小。托盘天平只能称量到 0.1g。加减砝码并移动标尺上的游码，直至指针再次对准中央刻度线。

4. 读数
物体的质量 ＝砝码的总质量＋游码在标尺上所对的刻度值。

5. 复原
称量完毕，取下砝码放在砝码盒中，把游码移回零点。

四、使用注意事项

（1）砝码不能用手拿，要用镊子夹取，使用时要轻放轻拿。在使用天平时游码也不能用手移动。

（2）过冷或过热的物体不可放在天平上称量，应先在干燥器皿内放置至室温后再称。

（3）称量干燥的固体药品时，应在两个托盘上各放一张相同质量的纸，然后把药品放在纸上称量；易潮解的药品，必须放在玻璃器皿（如小烧杯、表面皿）里称量。

（4）砝码若生锈，测量结果偏小；砝码若磨损，测量结果偏大。

（5）加砝码应该从大到小，以便节省时间。

（6）在称量过程中，不可再碰平衡螺母。

（7）若砝码与要称重物体放反了又使用了游码，则所称物体的质量比实际的大，应用砝码质量减去游码质量。若没使用游码，则称的质量与实际相等。

（8）使用完毕，将实验仪器放回到固定位置。

第四节　气垫导轨

一、仪器描述

气垫导轨是 20 世纪发明的一种新型的力学实验仪器，它主要由一个长约 1.5m 的空腔导轨和滑块等组成。导轨的表面是有若干个透气孔的光滑表面，导轨上装有光电门，在通气时，可放置滑块。导轨下面装有可调节的支脚，用来调节气垫导轨水平，如图 2.1.13 所示。

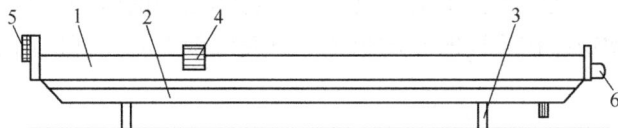

图 2.1.13　气垫导轨结构示意图

1—导轨面：采用铝合金制成，长约 1500mm 或 1800mm，宽 50mm，两平面光滑，夹角 90°，每面有
　　两排 0.5mm 的喷气孔，孔心距约 20mm。

2—底座：采用铝合金铸成的空心体。

3—支脚：采用三点结构，一端单脚，另一端双脚，下有可调螺栓。

4—滑块：采用铝合金铸成，内表面光滑，与轨面吻合，上面可放置挡光片，两端可安置弹簧片等。

5—滑轮：转动灵活。

6—进气口：外接实验用气源。

二、使用及注意事项

在使用时，先把气源、通气管和导轨连接好，然后打开气源，给导轨送气，导轨上的通气孔喷出 1 大气压左右的气体。这时，可把实验用的滑块放置在导轨上，滑块在气体的作用下悬浮在导轨上，此滑块即为力学实验的运动体。由于气垫导轨上的实验利用气体作为摩擦介质，所以极大地减小了运动体所受的滑动摩擦力，可使实验结果更接近于无摩擦时的理论值。

（1）导轨勿震动或重压，以免变形。

（2）轨面及滑块不得磕碰，滑块应轻拿轻放，严防滑块失落而致使损坏变形。

（3）轨面及滑块内表面应保持干燥、清洁，不得用手擦摸，定期用无水酒精清洗。

（4）实验时，必须先开气源，给导轨送气，然后再把滑块轻轻放在轨面上。实验完毕后，一定要先取下滑块放好，再关闭气源。

严禁在不通气时放置滑块或使滑块在轨面上移动！

（5）送入导轨内的压缩空气必须经过干燥、滤清，严禁水汽、油污和杂质进入，以免堵塞小孔，损坏导轨。

（6）在导轨用完后应用塑料布盖好，防止灰尘进入小孔或附着在导轨表面。

（7）当发现小孔堵塞时，应在通气时用 0.5 ~ 0.8mm 的钢丝投通，并用无水酒精清洗。

第五节　打点计时器与电火花计时器

打点计时器是一种计时与定位结合的测量工具。如果运动物体带动的纸带通过打点计时器，在纸带上打下的点就记录了物体运动的时间，纸带上的点也相应地表示出了运动物体在不同时刻的位置。研究纸带上各点间的间隔，就可分析物体的运动情况。

一、结构与原理

1. 电磁打点计时器

电磁打点计时器的结构如图 2.1.14 所示，它是利用电磁感应原理打点计时的一种仪器。当通过 4 ~ 6V 低压交流电时，在线圈和永久磁铁的作用下，振片便上下振动起来，位于振片一端的振针就跟着上下振动而打点。这时，如果纸带运动，振针就在纸带上打出一系列点，当交流电源频率为 50Hz 时，它每隔 0.02s 打一次点，即打出的纸带上每相邻两点间的时间间隔为 0.02s。

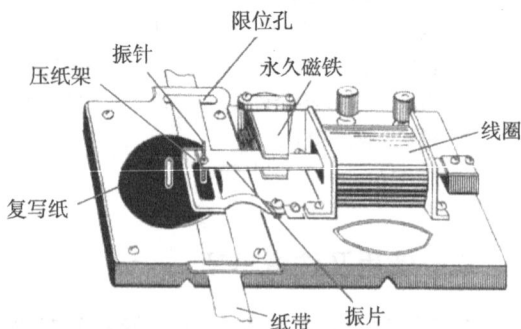

图 2.1.14　电磁打点计时器结构示意图

2. 电火花计时器

电火花计时器如图 2.1.15 所示，它是利用火花放电在纸带上打出小孔而显示点迹的计时仪器。当接通 220V 交流电源，按下脉冲输出开关时，计时器发出的脉冲电流经接正极的放电针、墨粉纸盘到接负极的纸盘轴，产生火花放电，于是在运动纸带上就打出一系列点迹。当电源频率为 50Hz 时，它也是每隔 0.02s 打一次点，即打出的纸带上每相邻两点间的时间间隔也是 0.02s。

图 2.1.15　电火花计时器

二、使用

（1）把计时器固定在桌子上，检查墨粉纸盘（或复写纸）是否已经正确地套在纸盘轴上，检查两条白纸带是否已经正确地穿好，墨粉纸盘（或复写纸）是否在两条纸带之间。

（2）把计时器上的电源插头接在 220V（或 6V）交流电源上。按下脉冲输出开关（或打开电源开关），用手水平地拉动两条纸带，纸带上就打上一系列小圆点。

三、利用纸带计算速度

1. 计算平均速度

（1）取下纸带，从能看得清的某个点数起，数一数纸带上共有多少个点。如果共有 n 个点，点的间隔数则为（$n-1$）个，用 $t=0.02(n-1)$ 计算出纸带的运动时间 t。

（2）用刻度尺测量一下，打下这些点，纸带通过的距离 s 有多长。

（3）利用公式 $\bar{v}=s/t$ 计算纸带在这段时间内的平均速度。

2. 计算瞬时速度

选取一条点迹清晰便于分析的纸带进行数据分析。从能够看清的某个点开始，每隔 0.1s 取一个点，在纸带上用数字 0，1，2，…标出这些"测量点"，测量包括每个点的一段位移 Δx，记录在表中，同时记录相应的时间，以测量该点的瞬时速度。

四、注意事项

（1）认清楚你使用了哪种类型的打点计时器，电磁打点计时器要使用 6V 以下的交流学生电源；而电火花计时器则直接使用 220V 的交变电源。

（2）保证手每一次都"水平地拉动纸带"，打点计时器打点结束时要及时切断电源。

（3）选择纸带时应选择一条点迹清晰的，适当舍弃点数密集部分，适当选取计数点，并弄清楚所选时间间隔 T 等于多少秒。

（4）测量各段位移时，不要分段测量，要尽可能地一次测量完毕，即一次性测量出各计数点到计数起点 0 之间的距离。过小的间距会增大测量误差，一般测量点要每隔 0.1s 选一个。

第二章　中学物理热学实验基本仪器

第一节　温湿度测量仪器

测量温湿度的仪器种类很多，各有其特点及适用范围，使用方法也不同。这里主要介绍中学物理实验中常用的玻璃液体温度计和干湿球湿度计。

一、玻璃液体温度计

以水银、酒精、煤油或其他有机液体为测温物质的玻璃柱状温度计统称为玻璃液体温度计。这类温度计在日常生活中最常见，如水银温度计，酒精温度计等。其工作原理是基于液体在玻璃外壳中的热膨胀作用。当储液泡的温度发生变化时，玻璃管内液柱随之升高或降低，通过温度标尺可以读出温度值。

由于水银具有不浸润玻璃，热传导性能良好，随温度上升而均匀地膨胀，容易净化，在 1 标准大气压下可在 $-38.87℃$（水银凝固点）~ $356.58℃$（水银的沸点）较广的温度范围内保持液态等优点，因此被广泛用来制作精密液体温度计——水银温度计。下面以水银温度计为例介绍这类温度计的结构和使用方法。

1. 结构

水银温度计的结构如图 2.2.1 所示。在一个内径均匀的毛细管下端，连接一个内盛水银的液泡。根据热胀冷缩原理，受热后，毛细管中的水银液柱升高，反之，毛细管中的液柱降低。从管壁的标度可读出相应的温度值。

2. 使用与注意事项

（1）用眼睛直接观测读数时，视线必须与温度计垂直，这样可避免因视差而产生读数误差。

（2）水银温度计的储液泡必须与被测物体接触良好。

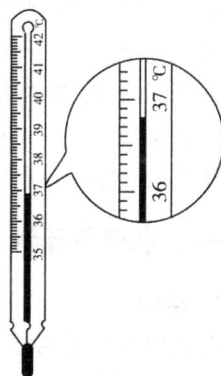

图 2.2.1　水银温度计

（3）水银温度计上部毛细管的内径很小，因此水银柱升降过程时常产生滞留现象。特别是在下降过程中，滞留现象特别显著，所以使用水银温度计应尽量采取升温的方式进行测量，同时还要避免超量程使用。

二、干湿球湿度计

1. 结构

干湿球湿度计由两支并排放置的温度计 T（干）和 T′（湿）构成，将 T′ 的球部包上湿布（见图 2.2.2），由于水蒸发时要从周围吸收热量，因此 T′ 的示值较温度计 T 的示值要低一些，其温差由水的蒸发速度，即大气中现存水蒸气的多少而定，在相同温度下，环境空气的湿度小，水蒸发就快，吸取的热量就多，两支温度计示值差就大。相反，环境空气湿度越大，水蒸发就越慢，吸收的热量就越少，两支温度计示值差就越小。因而根据两温度计的示值就可求出当时的湿度。

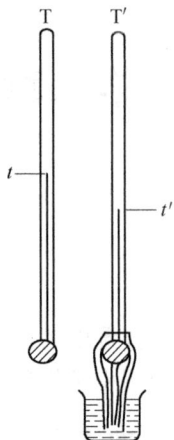

图 2.2.2　干湿球温度计

2. 使用方法

通常，在干湿球湿度计上都附有湿度数值表，在读取"干""湿"两温度计示值后，根据温度计"干"示值及两支温度计示值差查表即可获得相对湿度值。

第二节　气压计

气压计是根据托里拆利实验原理而制作，用以测量大气压强的仪器。气压计的种类有水银气压计及无液气压计，其用途如下：①可预测天气的变化。气压高时天气晴朗；气压降低时，将有风雨天气出现。②可测高度。每升高 12m，水银柱即降低大约 1mm，因此可测山的高度及飞机在空中飞行时的高度。

一、水银气压计

1. 结构

在水银气压计中，大气压强由水银柱的压强所平衡，测出水银柱的高，便可得出大气压之值。实验室常用的福廷式水银气压计如图 2.2.3 所示。其中，图 a 为其整体图，图 b 为上、下部分的断面图。水银槽的上部为玻璃圆筒 A，下部为水银囊 R，螺旋 S 可调节水银槽中

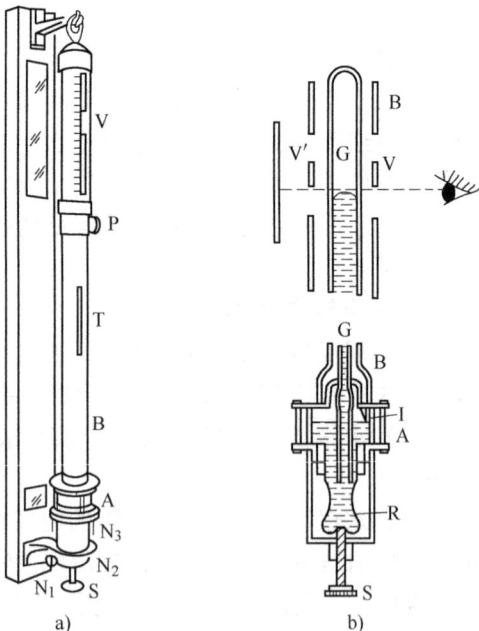

图 2.2.3　福廷式水银气压计

水银面的高低。水银槽的盖上有一向下的象牙尖 I，测气压时和定零点时必须使象牙尖 I 和水银面刚好接触。装水银的玻璃管 G 置于黄铜筒 B 中。在 B 的上部窗口露出一部分玻璃管，用以测量水银面的位置。转动 P 可上下移动游标 V、V′。当 V、V′的下沿连线和水银柱顶端相切时，从游标读出的标尺读数，为水银面上水银柱的高度，即大气压强。T 为温度计，测量室温时用。

2. 使用步骤

（1）读出气压计上温度计 T 的数值。

（2）松开气压计下部的三个螺旋 N_1、N_2、N_3，使气压计自由下垂，在保持气压计沿铅直方向不变的条件下，重新将三个螺钉拧紧。

（3）用 S 调节水银面的位置达到和象牙尖 I 刚好接触为止。可通过观察 I 和 I 在水银面中的像去判断。这一步骤对测准气压值很重要，要仔细检查。这时，气压计标尺的零点刚好在水银面上（实际上象牙尖的尖端为标尺的零点）。

（4）旋动 P 慢慢下移游标，直至 V、V′的连线与水银柱凸面的顶端相切。

（5）从游标上读出水银柱的高度值。

二、无液气压计

无液气压计是气压计的一种，最常见的是金属盒气压计。

如图 2.2.4 所示，无液气压计主要部分是一种波纹状表面的真空金属盒。为了不使金属盒被大气压所压扁，用弹性钢片向外拉着它。大气压增加，盒盖凹进去一些；大气压减小，弹性钢片就把盒盖拉起来一些。盒盖的变化通过传动机构传给指针，使指针偏转。从指针下面的刻度盘上的读数，可知道当时大气压的值。

它使用方便，便于携带，但测量结果不够准确。如果在无液气压计的刻度盘上标的不是大气压的值，而是高度，就制成了航空及登山用的高度计。

图 2.2.4　无液气压计

第三节　酒精灯

一、结构

酒精灯结构如图 2.2.5 所示，由 1 灯帽、2 灯芯管、3 灯壶、4 灯芯、5 酒精组成。灯壶内的酒精要适量，一般不少于灯壶容积的 1/4，也不能超过其容积的 2/3。酒精灯的火焰分为 1 外焰、2 内焰和 3 焰心三部分，外焰温度最高，如图 2.2.6 所示。

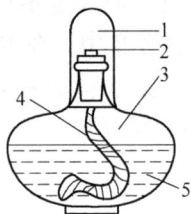

图 2.2.5　酒精灯结构示意图

图 2.2.6　酒精灯火焰示意图

二、使用及注意事项

（1）使用酒精灯时应注意安全，防止火灾。

（2）点燃酒精灯时，左手扶灯壶，右手提起灯帽并放在灯的右边，划火柴点燃酒精灯芯。

（3）不允许用酒精灯去火焰上引燃，以免酒精溢出造成火灾。

（4）用酒精灯加热物体时，要使用它的外焰。

（5）熄灭酒精灯时，要用灯帽去盖，然后提一下灯帽，再盖上，以防止下次不易打开灯帽（见图2.2.7）。

图 2.2.7　酒精灯使用示意图

第三章　中学物理电磁学实验基本仪器

第一节　电　　源

一、稳压直流电源

稳压直流电源，是电路中形成稳恒电流的装置。直流电源有正、负两个电极，其中，正极的电势高，负极的电势低。当两个电极与电路连通后，能够使电路两端之间维持恒定的电势差，从而在外电路中形成由正极到负极的电流。直流电源是一种能量转换装置，它把其他形式的能量转换为电能供给电路，以维持电流的稳恒流动。

稳压直流电源型号繁多，外形各异，但结构大体相同，都是由变压器、晶体管、电阻器、电容器等电子元器件按一定的线路构成的。在使用过程中，直流稳压电源一般是将电网 220V 交流电源经降压、整流、稳压之后获得稳定的直流电压，它可将市电 220V 交流电压变成连续可调的直流电压。使用稳压电源时，应注意防止过流供电和输出短路。输出电流一旦超过最大电流，电源自行断开，这时须将电源开关置于"关"，然后检查线路，排除故障，再将开关置于"开"，使电源重新供电。

二、交流电源

随时间按正弦规律变化的电压和电流分别称为正弦电压和正弦电流，其瞬时值表达式为

$$u(t) = U_m \sin(\omega t + \theta), \quad i(t) = I_m \sin(\omega t + \theta)$$

式中，U_m、I_m 为瞬时值中的最大值（指绝对值），称为正弦量的振幅值，又称峰值。振幅值表示正弦量瞬时值变化的范围或幅度。$(\omega t + \theta)$ 称为相位角或电工角，简称相位或相角。正弦量在不同的瞬间，有着不同的相位，因而有着不同的状态（包括瞬时值和变化趋势）。所以，相位反映了正弦量的每一瞬间的状态或变化的进程。相位的单位一般为弧度（rad）。

常用的交流电源是电网电源，其频率为 50Hz，相电压为 220V，线电压为 380V。实验中使用的仪器大都采用电网电源供电。交流电的电压一般指的是有效值，其峰值与有效值的关系为 $\sqrt{2}U_{有效值} = U_{峰值}$。

有些精密仪器（如测量仪器、计算机等）在使用电网电源时，还需配置交流

稳压器以保证电源电压的稳定。此外，在一些重要实验室还配备有逆变电源作为交流电源，它可在电网停电的情况下，将蓄电池的直流电逆变为交流电来使用。根据实验的不同要求，有时还需要不同的低压交流电源，一般低压交流电源是将电网电源经变压器或调压器（自耦变压器）的调节来实现的。

对人体而言，小于36V的电压才是安全电压。因此在使用220V交流电源时，应注意人身安全。

三、蓄电池

蓄电池是电池中的一种，它的作用是把有限的电能储存起来，在合适的地方使用。它的工作原理就是把化学能转化为电能。蓄电池具有可反复充放电、内阻小、功率大和输出电压稳定等特点。

常用的蓄电池有酸性蓄电池（如铅蓄电池）和碱性蓄电池（如镍镉电池）两种。一般碱性蓄电池不需要维护，而对于酸性蓄电池则在它的输出电压降到一定值（单格电压比额定值低0.2V左右）时，应及时充电，而且即使搁置不用也要每隔2~4周充电一次。

铅酸蓄电池经过百余年的发展与完善以其成本低、电压高、原材料丰富、制造工艺简单在二次电池领域获得了最广泛的应用。铅酸蓄电池正极活性物质是二氧化铅，负极活性物质是海绵铅，电解液是稀硫酸溶液，其放电化学反应为二氧化铅、海绵铅与电解液反应生成硫酸铅和水，Pb（负极）$+ PbO_2$（正极）$+ 2H_2SO_4 = 2PbSO_4 + 2H_2O$（放电反应）；其充电化学反应为硫酸铅和水转化为二氧化铅、海绵铅与稀硫酸，$2PbSO_4 + 2H_2O = Pb$（负极）$+ PbO_2$（正极）$+ 2H_2SO_4$（充电反应）。铅酸蓄电池单格额定电压为2.0V，一般串联为6V、12V用于汽车、摩托车启动照明使用。

四、干电池

干电池属于化学电源中的原电池，是一种一次性电池，它的主要优点是使用方便，适用于在经常移动的仪器中使用。缺点是内阻大，功率小，不能提供较大的电流。因为这种化学电源装置的电解质是一种不能流动的糊状物，所以叫作干电池，这是相对于具有可流动电解质的电池说的。干电池不仅适用于手电筒、半导体收音机、收录机、照相机、电子钟、玩具等，而且也适用于国防、科研、电信、航海、航空、医学等国民经济中的各个领域，十分好用。普通干电池大都是锰锌电池，中间是正极碳棒，外包石墨和二氧化锰的混合物，再外是一层纤维网。网上涂有很厚的电解质糊，其构成是氯化氨溶液和淀粉，另有少量防腐剂。最外层是金属锌皮做的筒，也就是负极，电池放电就是氯化氨与锌的电解反应，释放出的电荷由石墨传导给正极碳棒，锌的电解反应是会释放氢气的，这气体会增加电池内阻，而和石墨相混的二氧化锰就是用来吸收氢气的，化学方程式为$Zn + 2MnO_2 + 2NH_4Cl = ZnCl_2 + Mn_2O_3 + 2NH_3 + H_2O$。但若电池连续工作或是用得太久，二氧化锰就已近饱和，没能力再吸收氢气了，此时电池就会因内阻太大而使输出电流过小，从而失去作用。但此时若将电池加热，或放置一段时间，它内部聚集的氢气就会受热放出或缓慢放出，二氧化锰也得到了还原恢复，那电池就又可以使用了。

五、使用电源时的注意事项

（1）不能使电源短路，即不能把电源两极接通，以防损坏电源，发生意外；

（2）使用电源不得超过额定电流；

（3）使用直流电源时，注意正、负极不能接反，即电流只能从正极流出，经外电路由负极流回。

第二节　电阻器

电阻器（简称为电阻）有固定电阻和可变电阻两类。电阻器由电阻体、骨架和引出端三部分构成（实心电阻器的电阻体与骨架合而为一），而决定阻值的只是电阻体。对于截面均匀的电阻体，电阻值为 $R = \rho \dfrac{L}{S}$。式中，ρ 为电阻材料的电阻率（$\Omega \cdot m$）；L 为电阻体的长度（m）；S 为电阻体的截面积（m^2）。

一、固定电阻

常见的固定电阻有碳膜电阻和金属膜电阻，其允许误差一般是 5% 或 10%，承受功率一般为 0.1 ~ 5 W。碳膜电阻的温度系数较大，金属膜电阻的温度系数较小。特殊用途的精密固定电阻是用经过热处理的锰铜线绕制而成的，它只在测量仪器中和实验中作为标准电阻使用。这里对常用固定电阻不做过多描述，着重介绍标准电阻器的结构和使用方法。

标准电阻器的结构如图 2.3.1 所示，一般是用温度系数低、电阻率及稳定度高的锰铜合金丝（片）绕在黄铜或其他材料的骨架上而成的，绕好的电阻线圈放入铜制的外壳内。外壳和骨架通常焊在一起，把电阻丝密封起来，以减少大气湿度、气压等因素的影响。电阻绕成后需经退火处理，以消除绕制过程中产生的机械应力，从而改善其稳定性。标准电阻器的引线经密封的陶瓷绝缘子引出，与装在面板上的端钮相接。

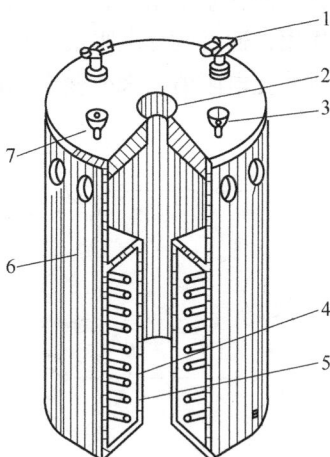

图 2.3.1　电阻器的结构示意图
1—电流端钮　2—温度计插孔
3—电位端钮　4—骨架
5—电阻线　6—外壳　7—绝缘上盖

二、滑动变阻器

滑动变阻器可以通过移动滑片的位置来改变自身的电阻，从而起到控制电路的作用。在电路分析中，滑动变阻器既可以作为一个定值电阻，也可以作为一个变值电阻。滑动变阻器的构成一般包括接线柱、滑片、电阻丝、金属杆和瓷筒等部分。

滑动变阻器电阻丝的材料一般为康铜丝或镍铬合金丝，将康铜丝或镍铬合金丝绕制在绝缘筒上，两端用接线柱 A、B 接出，如图 2.3.2a 所示。在陶瓷筒上端有一平行铜杆，铜杆安有可动电刷 D，D 与陶瓷管上的电阻丝保持良好的接触，铜杆的端部用一接线柱 C 接出，滑动变阻器在电路中的代表符号如图 2.3.2b 所示。显然，AC 与 BC 之间的电阻值随电刷的位置不同而变化。

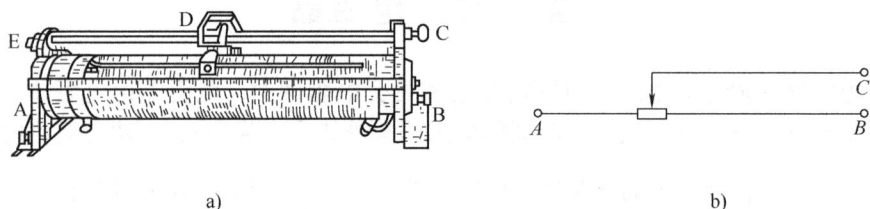

图 2.3.2　滑动变阻器示意图

a）滑动变阻器　b）变阻器在线路中的符号

滑动变阻器在电路中主要用来控制电路中的电流和电压，它在线路中有限流和分压两种基本用法，如图 2.3.3 所示。图 2.3.3a 中滑动变阻器在电路中起到限流作用，通过改变电阻值，控制电路中的电流；在图 2.3.3b 的电路中起分压作用，通过改变电阻值，来改变电源加在外电路上的电压，从而起到了分压作用。

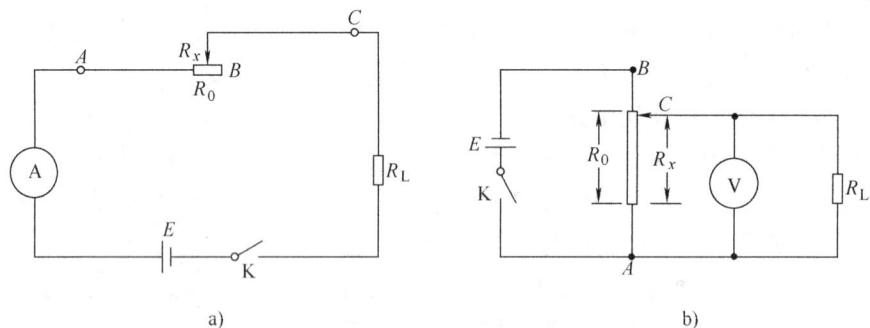

图 2.3.3　滑动变阻器在电路中的两种接法

a）限流接法　b）分压接法

滑动变阻器的参数主要有两个：①全电阻阻值，②额定电流。这些参数都标在铭牌上，使用时要选用合适的规格。选择时，滑动变阻器的全电阻阻值（最大阻值）要大于或等于具体问题中需要的阻值，而电路中的电流不能大于它的额定电流，否则将烧坏滑动变阻器。

三、电阻箱

电阻箱是实验室常见的具有较高精度的仪器。一般可用作分流、分压电阻及附加电阻的替代元件。电阻箱是由若干个精密的固定电阻元件，按照一定的组合方式接在特殊的转换开关装置上构成的，电阻箱的内部结构如图2.3.4所示，面板如图2.3.5所示。改变电阻箱上的旋钮，在其接线柱的两端可以准确地得到不同的电阻值，其阻值的大小为各旋钮上的数字与对应倍率（如0.1，×1，…，×10 000等）的乘积之和，其最大阻值为99 999.9Ω。这种电阻箱有四个接线柱，分别表示为"＊、0.9Ω、9.9Ω、99 999.9Ω"。当使用电阻小于0.9Ω时，接"＊"和"0.9Ω"两端；当使用电阻在0.9～9Ω或9.9～99 999.9Ω时，分别接"＊"和"9.9Ω"两端，或"＊"和"99 999.9Ω"两端。精度级别高的电阻箱还可以用作任意阻值的标准电阻。

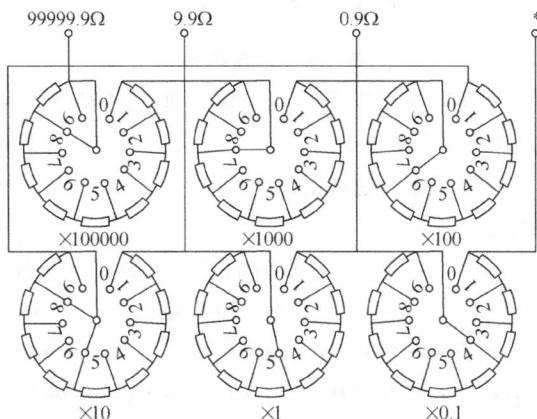

图2.3.4　电阻箱内部线路示意图

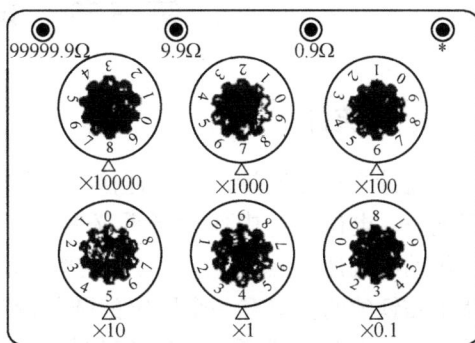

图2.3.5　电阻箱面板图

1. 电阻箱的主要规格参数

总电阻及步进电阻值：电阻箱上各个旋钮都放到最大值时对应的阻值为总电阻。最小分度阻值为步进电阻值（也称为最小步进值）。

额定功率：电阻箱内电阻的功率额定值。

精度级别：电阻箱的仪器误差示限与其精度等级有关。对于不同型号的电阻箱，按误差大小，其精度 α 可分为0.02级、0.05级、0.1级、0.2级、0.5级五个级别。其极限误差计算公式为

$$\Delta_{\text{仪}} = \alpha\% \cdot R + \text{系数}\% \cdot m$$

式中，R 为电阻箱示值；m 为不为零的十进旋钮数目；系数随精度定，当 α 为0.02、

0.05、0.1、0.2、0.5 时，对应的系数为 0.1、0.1、0.2、0.5、1。

2. 使用电阻箱的注意事项

（1）通过电阻箱的电流不能超过额定电流。额定电流 $I = \sqrt{P/R}$，其中 P 为额定功率，R 为某档中最大的电阻。在同一档中，额定电流都相同。显然，电阻值越大的档，允许通过的电流越小，过大的电流会使电阻发热使电阻值不准确，甚至烧毁。

（2）在调整电阻箱阻值时，不要让电阻箱出现零欧姆，以免损坏其他仪表。例如，当遇到 90Ω 变到 100Ω 时，应先将 ×100 档拨至 1，再将 ×10 档拨至 0。

（3）在使用中，如果只需要 0.1～0.9Ω（或 9.9Ω）的阻值变化，则应将导线接到 "＊" 和 "0.9Ω"（或 "9.9Ω"）两接线柱上。这种接法可以避免电阻箱其余部分的接触电阻对低电阻带来的不可忽略的误差。

第三节　电　　表

一、电流计

电流计又称检流计，是一种检测微弱电流用的高灵敏度的机械式指示电表，用于电桥、电位差计中作为指零仪表，也可用于测微弱电流、电压以及电荷等。最常用的电流计为磁电系电流计，其构造及工作原理如图 2.3.6 所示。在磁性很强的蹄形磁铁的两极间有一个固定的圆柱形铁心，铁心外面套一个可以绕轴转动的铝框，铝框上绕有线圈，铝框的转轴上装有两个螺旋弹簧（游丝）和一个指针。线圈的两端分别接在这两个螺旋弹簧上，被测电流就是经过这两个弹簧通入线圈的。蹄形磁铁和铁心间的磁场是均匀地辐向分布的，不管通电线圈转到什么角度，它的平面都跟磁力线平行，因此磁场使线圈偏转的力偶矩 M_1 不随偏角而改变。另一方面，线圈的偏转使弹簧扭紧或扭松，于是弹簧产生一个阻碍线圈偏转的力矩 M_2。线圈偏转的角度越大，弹簧的力矩 M_2 也越大。当 M_1 跟 M_2 平衡时，线圈就停在某一偏角上，固定在转轴上的指针也转过同样的偏角，指到刻度盘的某一刻度。

设电流表通电线圈的匝数为 N，则线圈受到的力偶矩 $M_1 = NBIS$。一方面由于 NBS 为定值，所以 M_1 跟电流 I 成正比，设 $K_1 = NBS$，则 $M_1 = K_1 I$。另一方面，弹簧产生的力矩 M_2 跟偏角 θ 成正比，即 $M_2 = K_2 \theta$，其中 K_2 是一个比例恒量。M_1 和 M_2 平衡时，$K_1 I = K_2 \theta$，即 $\theta = KI$，其中 K

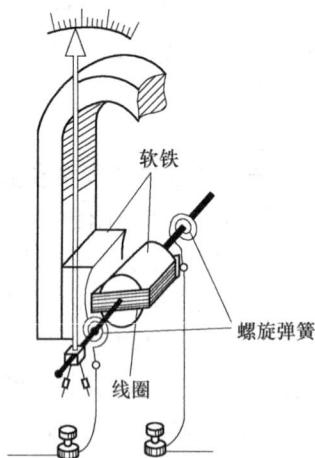

图 2.3.6　磁电系电流计结构示意图

$=K_1/K_2$ 也是一个恒量。可见，测量时指针偏转的角度跟电流成正比，也就是说，电流计的刻度是均匀的。这种利用永久磁铁来使通电线圈偏转的仪表叫作磁电系仪表。这种仪表的优点是刻度均匀，准确度高，灵敏度高，可以测出很弱的电流；缺点是对过载很敏感，如果通入的电流超过允许值，就很容易把它烧掉，使用时要特别注意。

其他的电流计还有圈转电流计、冲击电流计等。圈转电流计是利用永久磁铁的磁场对载流线圈作用的原理制成的一种电流计。冲击电流计的结构原理与圈转电流计相同，可用来测量微小短暂的脉冲电流所迁移的电荷量。

二、电压表

电压表（也叫伏特表）是测量电压的一种仪器，常用电压表的符号为 V。大部分电压表都分为两个量程。电压表必须与被测电路并联。电压表是个相当大的电阻器，理想情况下可认为电压表支路是断路状态。常用的电压表分为直流电压表和交流电压表。

1. 直流电压表

直流电压表是在电流计上串联一个附加的高电阻而构成的，附加的高电阻起着限流作用，这种电压表最低量程为十几毫伏。根据所串联电阻的阻值不同，可改装成不同规格的电压表，如毫伏表（mV）、伏特表（V）、千伏表（kV）等。电压表有一个调零螺口，其目的是在不通电情况下若指针不在零位置，可通过调节该螺口使指针指零。为了避免电压表的接入过多影响原工作状态，要求电压表有较高的内阻。用几个电阻组成的分压器和测量机构串联，可形成多量程电压表。使用时，电压表并联在待测电路的两端，并将电压表的正端接在电势高的一端，负端接在电势低的一端。

2. 交流电压表

交流电压表包括整流系电表、电磁系电表、电动系电表和静电系电表等。除静电系电压表外，其他系电压表都是用小量程电流表与分压器串联而成的。也可用几个电阻组成的分压器与测量机构串联而形成多量程电压表。这些系的交流电压表难于制成低量程的，最低量程在几伏到几十伏之间，而最高量程则为 1～2kV。静电系电压表的最低量程约为 30V，而最高量程则可很高。电力系统中用的高压电压表是由额定量程为 100V 的电磁系电压表，结合适当电压变比的电压互感器组成的。由于受测量机构线圈电感的限制，电磁系电压表、电动系电压表的使用频率范围较窄，上限频率低于 1～2kHz，电动系略优于电磁系。静电系和热电系电压表的使用频率范围都较宽。整流系电压表的上限使用频率约几千赫，但要注意，仅当交流电压为正弦波形时，整流系电表读数才是正确的。

三、电流表

电流表是由电流计并联一个分流电阻构成的，其工作原理与电流计相同。电流表可分为直流电流表和交流电流表。

1. 直流电流表

直流电流表表头结构采用磁电系，它的外形如图 2.3.7a 所示，内部线路如图 2.3.7b 所示。

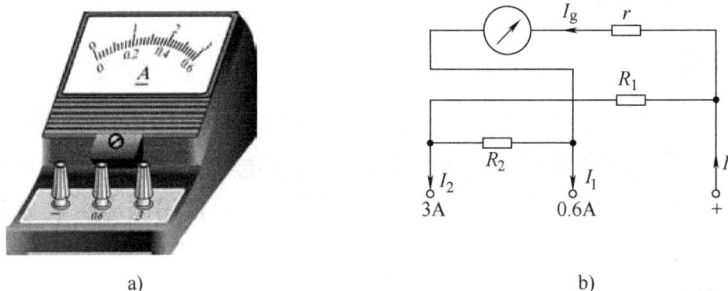

图 2.3.7 直流电流表的外形和内部线路图

直流电流表由电流计和一低电阻并联而成。电流表也有一个调零螺口，可通过调节该螺口使在不通电情况下指针指零。电流表必须与待测电路串联，保证电流从" + "接线柱流入，从" − "接线柱流出。电流表常有两种用法，即电流表的内接法与外接法，当待测电阻阻值较大（远大于电流表内阻）时采用内接法，当待测电阻的阻值较小（远小于电压表的内阻）时采用外接法，线路如图 2.3.8 所示。

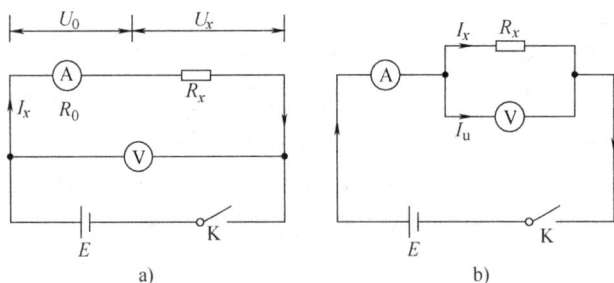

图 2.3.8 电流表的两种接线法
a）内接法线路 b）外接法线路

注意事项：

（1）电流表要与用电器串联在电路中，否则会短路，烧毁电流表。

（2）电流要从" + "接线柱入，从" − "接线柱出，否则指针反转，容易把针打弯。

（3）被测电流不要超过电流表的量程（可以采用试触的方法来看是否超过量程）。

（4）绝对不允许直接将电流表连到电源的两极上。电流表内阻很小，相当于一根导线。若将电流表连到电源的两极上，轻则指针打歪，重则烧坏电流表、电源、导线。

2. 交流电流表

交流电流表在小电流中可以直接使用（一般在5A以下），但现在的工厂电气设备的容量都较大，所以大多与电流互感器一起使用。选择电流表前要算出设备的额定工作电流，再选择合适的电流互感器，最后选择合适的电流表。例如，设备为一台30kW的电机，大概额定电流为60A，这样我们就要选择75/5A的电流互感器，则电流表就要选择

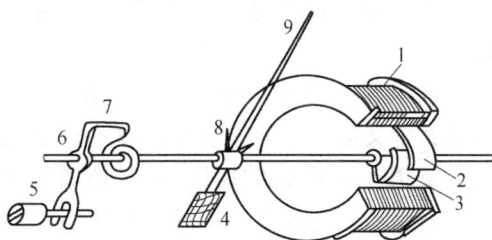

图2.3.9　电磁系交流电表表头的结构
1—固定线圈　2—固定铁片　3—可动铁片
4—空气阻尼器　5—调零器　6—转轴
7—游丝　8—平衡重锤　9—指针

量程为0~75A，75/5A的电流表。交流电流表可用磁电系表头加整流装置构成，也可使用电磁系（动铁系）表头。电磁系表头的结构如图2.3.9所示。

交流电流表使用的注意事项：

（1）正确接线。测量电流时，电流表应与被测电路串联。

（2）大电流的测量。测量大电流时，必须采用电流互感器。电流表的量程应与互感器次级的额定值相符。

（3）量程的扩大。当电路中的被测量大小超过仪表的量程时，可采用外附分流器或分压器，但应注意其准确度等级应与仪表的准确度等级相符。

直流电流表和交流电流表区别很大，不能交换测量，而且也没有办法交换测量，对大量程电流表来说，直流电流表相当于一个几十毫伏的直流电压表（测量的是分流器上的毫伏电压），而交流电流表的内阻很小（测量的是互感器次级的短路电流）。对小量程电流表来说，虽然外面看不到分流器或互感器，但内部基本结构和大量程的是一样的。

四、万用电表

1. 仪器描述

万用表又称为复用表、多用表、三用表、繁用表等，是电力电子等部门不可缺少的测量仪表，一般以测量电压、电流和电阻为主要目的。万用表按显示方式分为指针万用表和数字万用表，是一种多功能、多量程的测量仪表。一般万用表可测量直流电流、直流电压、交流电流、交流电压、电阻和音频电平信号等，有

的还可以测交流电流、电容量、电感量及半导体的一些参数（如 β）等。

图 2.3.10 所示为指针式万用表。表盘是电流表、电压表、欧姆表等的合成，用一转向开关 F 可转到所需的线路上。刻度盘上标有"Ω"的非等分刻线是测量电阻的刻度；标有"—"或"DC"的刻线是测直流电流、直流电压的刻度；标有"～"或"AC"的刻线是测量交流电流和交流电压的刻度。万用表有两个常用旋钮，一个是 F，用来选择类别和量程，另一个是 C，用来调节电阻档的零点。在测量电阻部分一般有若干档，使用时应根据被测电阻的大小，选择适当的档位。

数字万用表（见图 2.3.11）是目前常见的万用表，它用液晶屏显示测量值，在线路中又加上了整流装置，以便用来测量交流电流和交流电压。数字万用表不仅具有指针万用表的功能，而且还增加了用以检查线路通断的蜂鸣器档、低功率法测电阻档。有的仪表还具有电感档、信号档、AC/DC 自动转换功能，电容档自动转换量程功能。数字万用表大多增加了下述新颖实用的测试功能：读数保持（HOLD）、逻辑测试（LOGIC）、真有效值（TRMS）、相对值测量（REL△）、自动关机（AUTO OFF POWER）等。

图 2.3.10　指针式万用表

图 2.3.11　数字万用表

2. 示限误差（极限误差）

万用表的仪器误差限视它作为仪表的类别而定，如作为电流表，其与电流表的误差示限相同；若作为电压表，其示限误差与电压表的相同。电流表、电压表、万用表的仪器示限误差均为 $\Delta_{仪} = A_m \cdot N\%$ ，其中，A_m 是所用仪表的量程，N 是仪表的精度等级。

3. 使用注意事项

（1）万用表面板上有一转换开关。在开关周围标有 V、A、Ω 等符号，使用时根据待测量及其大致数值来正确选择开关位置，绝对不能选错，以免损坏电表。

（2）直流电压档和直流电流档的使用，可参阅电压表和电流表的注意事项。

（3）档次的选择与交直流的区别。不可误用直流档测交流量或用电流档测电压以及用电阻档测电流和电压，以免烧坏万用表。

（4）在使用欧姆档前，应将两表棒短路，同时调节欧姆调零旋钮，使指针恰在欧姆档标尺的零线上，使用不同倍率量程时需要重新调整。

（5）要注意欧姆表两棒的极性，一般指针式万用表黑表棒接高电势，红表棒接低电势，它们分别与表内电池的正负极相连接。在用万用表欧姆档判断晶体二极管的正负极性时，这一点要特别注意。

（6）欧姆档测电阻时，要断开电源。要先放电后测量，欧姆档不能测额定电流极小的电阻（如表头内阻）。用低量程测量时要缩短测量时间。

（7）在测量过程中不能转换档次，以免接触点产生电弧而使其氧化变质。

（8）使用完毕，应将量程转换开关拨离欧姆档，一般应旋到最大交流电压档（或 OFF 档）。

第四节　学生信号发生器

一、仪器描述

信号发生器如图 2.3.12 所示，是能产生所需参数的电测试信号的仪器。按信号波形可分为正弦信号、方波信号、脉冲信号和随机信号发生器等四大类。信号发生器又称信号源或振荡器，在生产实践和科技领域中有着广泛的应用。各种波形曲线均可以用三角函数方程式来表示。能够产生多种波形，如三角波、锯齿波、矩形波（含方波）、正弦波

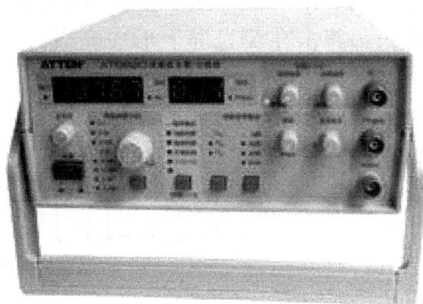

图 2.3.12　信号发生器

的信号发生器被称为函数信号发生器（其内部构造与原理较复杂，此处不做叙述）。

二、使用方法

（1）开启电源，开关指示灯亮。

（2）选择合适的信号输出形式（方波或正弦波）。

（3）选择所需信号的频率范围，按下相应的档级开关，适当调节微调器，此时微调器所指示数据同档级数据倍乘为实际输出信号频率。

（4）调节信号的功率幅度，适当选择衰减档级开关，从而获得所需功率的信号。

（5）从输出接线柱分清正、负，再连接信号输出插线。

第五节　学生示波器

如图 2.3.13 所示，示波器是一种用途十分广泛的电子测量仪器。它能把肉眼看不见的电信号变换成看得见的图像，便于人们研究各种电现象的变化过程。传统的模拟示波器利用狭窄的、由高速电子组成的电子束，打在涂有荧光物质的屏面上，就可产生细小的光点。在被测信号的作用下，电子束就好像一支笔的笔尖，可以在屏面上描绘出被测信号瞬时值的变化曲线。利用示波器能观察各种不同幅度信号随时间变化的波形曲线，还可以用它测量各种不同的量，如电压、电流、频率、相位差、幅度等。

常用的电子示波器，其核心部件是示波管，示波管由电子枪、偏转电极和荧光屏组成，如图 2.3.14 所示。管内抽成真空，电子枪产生高速电子束，电子束经过互相垂直的两对偏转电极时发生偏转，最终击在荧光屏上形成亮斑。

图 2.3.13　学生示波器

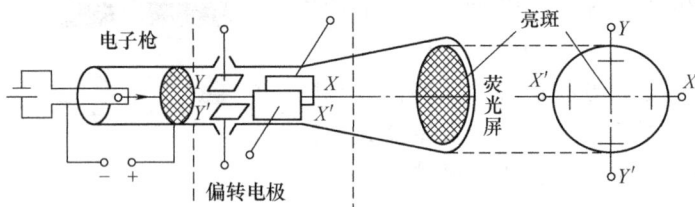

图 2.3.14　示波管的组成

当两个偏转电极都没加上电压时，电子束沿直线传播，击中荧光屏产生亮斑。若只在一对偏转电极 XX'（或 YY'）上加上直流电压，则电子束在荧光屏上产生的亮斑在水平方向上（或竖直方向上）会有偏移；若在偏转电极 XX' 上加一随时间周期性变化的（电压图像如图 2.3.15 所示）扫描电压，由于此电压周期短，电压变化快，则在荧屏上形成一条水平的亮线。若在 XX' 偏转电极上加上扫描电压，同时又在 YY' 偏转电极上加按正弦规律变化的信号电压，在荧光屏上就显示出正弦曲线。

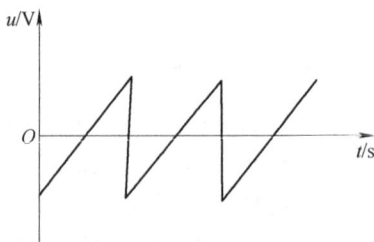

图 2.3.15　扫描电压

第六节　韦氏感应起电机

韦氏感应起电机（见图2.3.16）由于静电感应而使箔片带上电荷，并连续取得从而积聚较多的电荷，而箔片上的电荷又通过尖端放电的途径使莱顿瓶不断地积累电荷，达到获得较高电压的目的。

一、结构

1. 前后绝缘转盘

盘上贴有许多导电铝箔片，工作时前盘沿顺时针方向转动，后盘沿逆时针方向转动（相对于操作者而言）。

2. 导电刷

连接在固定于转轴的电刷杆的两端，分别与前后盘软性接触，两杆互成90°且与水平线的夹角为45°。圆盘转动时，电刷依次将中心对称的两张箔片接通。

图2.3.16　韦氏感应起电机

3. 集电梳

呈针状，位于圆盘水平直径左右两端，其尖端与盘面相对。

4. 莱顿瓶

实际上就是两个电容器，其内壁电极分别与左右电梳相连，外壁电极通过底板上的导电连杆彼此相通。

5. 放电杆与放电球

与电梳和莱顿瓶的内壁电极相连。

二、使用注意事项

（1）摇转起电机时，必须顺时针方向摇，如果逆转将不能起电。

（2）摇转起电机时，速度要由慢至快，转速不可太高，否则会影响电刷和箔片的接触，反而不能起电。

（3）转动圆盘后，须注意放电球的极性，略微分开两个放电球，慢慢转动手柄，则带负电的放电球上出现微弱的紫色光，带正电的放电球上出现小火花。

（4）如果要用起电机使其他静电器带电，可以用导线金属夹或验电器电杆把静电仪器和放电杆连接起来。

（5）调节放电球的距离时，只能操作绝缘柄。当停止起电实验时，必须先将放电杆直接接触，放电后才能触摸各种部件。

（6）每次起电前须对起电机做好清洁干燥处理，否则，可能影响起电效果。

第四章　中学物理光学实验基本仪器

第一节　光　　源

物理学上光源指能发出一定波长范围的电磁波（包括可见光与紫外线、红外线、X 射线等不可见光）的物体，通常指能发出可见光的发光体。凡物体本身能发光者皆称作光源，又称发光体，如太阳、恒星、灯以及燃烧着的物质等。光源可以分为自然（天然）光源和人造光源。此外，根据光的传播方向，光源可分为点光源和平行光源。

一、中学物理常用光源

1. 太阳光

太阳光是最重要的自然光源，光强较强。由于距离较远，实验时可以当作平行光源使用，如图 2.4.1 所示。

2. 蜡烛

蜡烛是人造光源，其主要原料是石蜡，石蜡是用石油的含蜡馏分经冷榨或溶剂脱蜡而制得的。当蜡烛中棉芯点燃后，放出的热量使石蜡固体熔化，再汽化，生成石蜡蒸气，石蜡蒸气燃烧发出光。

3. 白炽灯

利用物体受热发光原理和热辐射原理而实现的复色光源，它以高熔点

图 2.4.1　太阳光作光源

的钨丝为发光体，钨丝通电后温度约 2500K 时达到白炽而发光。玻璃泡内抽成真空，充惰性气体，以减少钨的蒸发。白炽灯的光谱是连续光谱，即白光，由红、橙、黄、绿、蓝、靛、紫色光混合而成，可作为白光光源和一般照明用。

4. 汞灯

利用汞放电时产生汞蒸气获得可见光的电光源。汞灯可分为低压汞灯、高压汞灯和超高压汞灯三种。低压汞灯点燃时汞蒸气气压小于一标准大气压，此时汞原子主要辐射波长为 253.7nm 的紫外线。常用的"荧光灯"灯管内壁涂以卤磷酸钙荧光粉，再将紫外线转变为可见光。节能型荧光灯内壁涂有稀土荧光粉，发光效率更高。高压汞灯点燃时汞蒸气气压为 2～5 标准大气压，内管用石英玻璃。高压汞灯辐射的紫外线光谱加宽，且偏蓝绿，可用于光化反应、光刻机、紫外线探伤及荧光分析等。

5. 钠光灯

它是一种光学仪器。常将钠双线 589.0nm、589.6nm 光谱线作为标准波长用于波长标定，也可作分辨率高的标准检测设备。实验中取其平均值 589.3nm 作为钠光灯波长值，是实验室常用的近似单色光源，工作原理类似低压汞灯。玻璃泡用抗钠玻璃制成，里面充有金属钠和惰性气体（如氖气）。通电后，先是氖气放电呈现红色，待钠滴受热蒸发产生低压钠蒸气后，钠蒸气即取代氖气放电，几分钟后就发出稳定的强烈黄光。钠光灯的玻璃泡和玻璃外壳之间是真空，以减小外界温度变化对发光的影响。

二、激光器

激光器又称激光振荡器，是利用受激辐射原理，使激活物质产生相干光放大而辐射激光的一类新型光源，激光的颜色有多种，如图 2.4.2 所示，最常用的是红色和绿色激光。激光器的种类很多，随着生产和科学技术的发展，新的激光器还在不断涌现。现在，激光器的波长已从 X 射线一直扩展到了远红外，最大连续功率输出达 10^5 W，最大脉冲功率输出达 10^{14} W。激光器可以按工作物质的不同分为固体激光器、气体（原子、离子、分子、准分子等）激光器、液体激光器、半导体激光器以及自由电子激光器等；按激励方式的不同可

图 2.4.2　激光光源

分为光泵式激光器、电激励式激光器、化学激光器和核泵浦激光器等；按运转方式的不同可分为连续激光器、脉冲激光器、调 Q 激光器、稳频激光器和可调谐激光器等。此外，还可以按输出波段分为远红外直到 X 射线的激光器等。

1. 氦氖激光器

氦氖激光器是以氖为工作物质、氦为辅助气体的激光器。激光器一般由三个部分组成。①能实现粒子数反转的工作物质。氦氖激光器中，通过氦原子的协助，使氖原子的两个能级实现粒子数反转。②光泵：通过强光照射工作物质而实现粒子数反转的方法称为光泵法。例如红宝石激光器，是利用大功率的闪光灯照射红宝石（工作物质）而实现粒子数反转。③光学共振腔：最简单的光学共振腔是由放置在氦氖激光器两端的两个相互平行的反射镜组成。当一些氖原子在实现了粒

子数反转的两能级间发生跃迁，辐射出平行于激光器方向的光子时，这些光子将在两反射镜之间来回反射，于是就不断地引起受激辐射，很快地就产生出相当强的激光。这两个互相平行的反射镜，一个反射率接近100%，即完全反射；另一个反射率约为98%，激光就是从后一个反射镜射出的。

2. 固体激光器

这类激光器所采用的固体工作物质，是把具有能产生受激发射作用的金属离子掺入晶体而制成的。在固体中能产生受激发射作用的金属离子主要有三类：金属离子（如 Cr^{3+}）；大多数镧系金属离子（如 Nd^{3+}、Sm^{2+} 等）；锕系金属离子（如 U^{3+}）。用作晶体类基质的人工晶体主要有：刚玉（$NaAlSi_2O_6$）、钇铝石榴石（$Y_3Al_5O_{12}$）、钨酸钙（$CaWO_4$）、氟化钙（CaF_2）等，以及铝酸钇（$YAlO_3$）、铍酸镧（$La_2Be_2O_5$）等。用作玻璃类基质的主要是优质硅酸盐光学玻璃。晶体激光器以红宝石（Al_2O_3：Cr^{3+}）和掺钕钇铝石榴石（简写为 YAG：Nd^{3+}）为典型代表。玻璃激光器则是以钕玻璃激光器为典型代表。

第二节　面　　镜

面镜是利用光的反射原理成像的光学仪器，面镜包括平面镜和球面镜。

一、平面镜

反射面是平面的反射镜称为平面镜。平面镜不改变光束的性质，由它反射所成的像与原物大小相等、左右相反而且关于镜面对称，它对实物成虚像。常用平面镜反射来改变光线的传播方向。

如图2.4.3所示，由物体任意发射的两条光线，由平面镜反射，射入眼睛。人眼则顺着这两条光线的反向延长线看到了两条线的交点，即我们在平面镜中看到的像，但是平面镜后面是没有物体的，所以物体在平面镜里成的是虚像；像与物大小相等，它们的连线跟镜面垂直，它们到镜面的距离相等，上下相同，左右相反，即成的是正立等大的虚像。无论物体与平面镜的距离如何变化，它在平面镜中所成的像的大小始终不变，与物体的大小总是一样。但由于人在观察物体时都有"近大远小"的感觉，当人走向平面镜时，视觉确实觉得像在"变大"，这是由于人眼观察到的物体的大小，不仅仅与物体的真实大小有关，而且还与"视角"密切相关。从人眼向被观察物体的两端各引一条直线，这两条直线的夹角即为"视角"，如果视角大，人就会认为物体大；视角小，人就会认为物体小。当人向平面镜走近时，像与人的距离小了，人观察物体的视

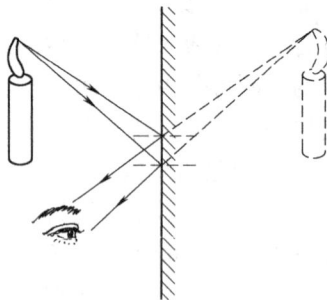

图2.4.3　平面镜成像原理图

角也就增大了，因此所看到的像也就感觉变大了，但实际上像与人的大小始终是相等的，这就是人眼看物体"近大远小"的原因。

二、球面镜

反射面是球面的反射镜称为球面镜，其中球心与受光面不在同一侧的称为凸面镜，在同一侧的称为凹面镜。凸面镜对光束起发散作用，平行光束经凸面镜反射后将发散，其反向延长线交于一点，此点为凸面镜的虚焦点；凹面镜对光束起会聚作用，平行光束经凹面镜反射后将会聚于一点，此点为凹面镜的实焦点。凸面镜常用作汽车上的观察镜等，凹面镜常用作幻灯机和放映机等的聚光镜。

1. 凸面镜

平行光线投射到凸面镜上，反射的光线将成为散开光线，如果顺着反射光线的相反方向延伸到凸面镜镜面的后面，可会聚并相交于一点，这一点就是凸面镜的主焦点（F），属虚焦点。从物体的某一点（A）作一与主轴平行的直线为入射光线，入射光线到达球面镜镜面时，发生反射，反射光线的反向延长线必然通过主焦点（F）。从物体的同一点（A）引出的通过镜面曲率中心（C）的线为副轴，此副轴与上述通过主焦点的反射光线相交的点（A'），即为该物体成像之处，如图2.4.4所示。

2. 凹面镜

凹面镜的原理也是反射成像，如图2.4.5所示。凹面镜起聚光作用，根据物距不同成像也不同。

成像规律：当物距小于焦距时成正立、放大的虚像，物体离镜面越远，像越大。当物距大于1倍焦距小于2倍焦距时，成倒立、放大的实像，当物距等于2倍焦距时，成倒立、等大的实像，当物距大于2倍焦距时，成倒立、缩小的实像，物体离镜面越远，像越小。成的实像与物体在同侧，成的虚像与物体在异侧。

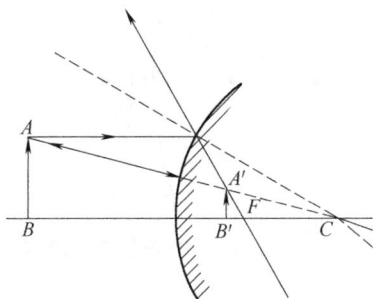

图2.4.4 凸面镜成像原理图

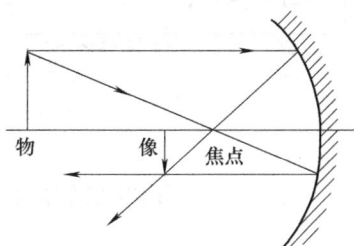

图2.4.5 凹面镜成像原理图

第三节　薄透镜

一、凸透镜

凸透镜是根据光的折射原理制成的。凸透镜是中央较厚，边缘较薄的透镜。凸透镜包括双凸透镜、平凸透镜和凹凸透镜（弯月透镜）等。它们的厚度从中央到边缘是递减的，都属于会聚透镜。平行入射光经过会聚透镜后，出射光线会聚于一点，此点称为凸透镜的实焦点。

如图 2.4.6 所示，物体放在焦点之外，在凸透镜另一侧成倒立的实像，实像有缩小、等大、放大三种，物距越小，像距越大，实像越大；物体放在焦点之内，在凸透镜同一侧成正立放大的虚像，物距越大，像距越大，虚像越大；在焦点上时不会成像；在 2 倍焦距上时会成等大倒立的实像。

二、凹透镜

凹透镜亦称为负球透镜，镜片的中间薄，边缘厚，呈凹形，所以又叫凹透镜。凹透镜包括双凹透镜、平凹透镜和凸凹透镜（负弯月透镜）等，它们都属发散透镜。平行入射光经过发散透镜后，出射光线发散，其反向延长线将交于一点，此点称为凹透镜的虚焦点。

如图 2.4.7 所示，凹透镜所成的像总是小于物体的、正立的虚像，凹透镜主要用于矫正近视眼。近视眼主要是由于晶状体的变形，导致光线过早地集合在了视网膜的前面，凹透镜则起到了发散光线的作用。凹透镜成一个正立、缩小的虚像，使像距变长，恰好落在视网膜上。

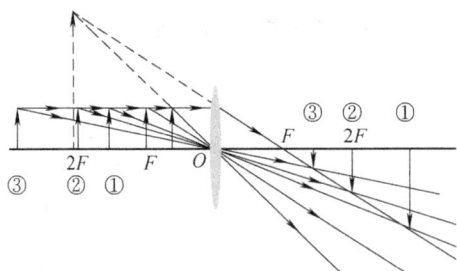

图 2.4.6　凸透镜成像原理图　　　　图 2.4.7　凹透镜成像原理图

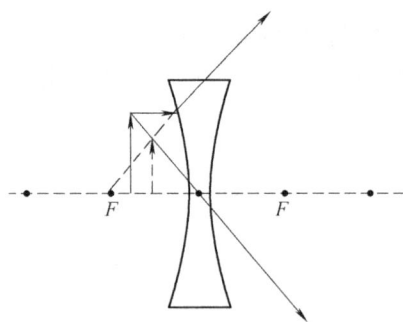

第四节　光具座

光具座是一根钢制直导轨，要求有较高的平直度。做光学实验或进行光学测量时，将光学元件置于可沿导轨移动的滑座上，用来进行精密的光学共轴调节和测量。光具座的导轨与滑座均采用高强度的铝合金一次成型，表面经极化处理，结构精良、轻便直观、经久耐用、造型美观。

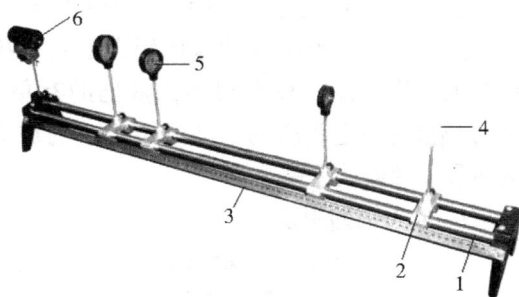

图 2.4.8　光具座结构示意图
1—导轨　2—滑座　3—导轨刻度标尺
4—白色像屏　5—光学元件　6—光源

光具座及其附件结构示意图如图 2.4.8 所示，它主要由以下部分组成。

1. 导轨

使用时将导轨置于平整的工作台上（标尺面为正向），调节两端的升降螺杆，使导轨呈水平状态。

2. 滑座

使用时人面向滑座标尺，松开滑座的紧固旋钮，再平移到适当位置（红色标线表示滑座中心），并对准导轨标尺定位后，旋动紧固旋钮予以锁定。

3. 导轨刻度标尺

导轨刻度标尺实际上就是米尺，最小分度为 1mm，用来读出光学元件之间的距离。

4. 白色像屏

用来显示光学元件所成的实像。

5. 光学元件

主要是面镜和透镜。

6. 光源

标准配置中主要是白炽灯泡或蜡烛，也可自行安置氦氖激光器等其他光源。

光具座配置透镜、面镜等成像元件，可用于学习几何光学原理、观察与演示透镜的成像规律或像差现象，测定透镜或透镜组的焦距等。

光具座配置棱镜、窄缝、光栅、偏振片、有色玻片等分光元件，可以形成光谱，用于观察光的干涉、衍射、色散等现象；测定光波波长、光强分布、光栅常数；研究光波传播的各种规律等。

第五节　助视仪器简介

一、放大镜

放大镜如图 2.4.9 所示，是一种帮助人眼观察物体微小细节的、焦距不大的简单光学仪器，是由一个或几个透镜组成的会聚透镜。微小物体置于放大镜焦点以内，通过放大镜在人眼明视距离处成正立、放大的虚像，它在人眼睛视网膜上成的像比用人眼睛直接观察得到的像要大。放大镜的种类很多，常见的有单透镜放大镜、由两个相隔一定距离的平凸透镜组成的放大镜、非晕放大镜和消像散放大镜等。

图 2.4.9　放大镜

1. 放大镜的用途

（1）电子行业各项操作的检查、加工、安装及修理。

（2）美容行业的脸部皮肤、毛孔观察，修甲、采耳等。

（3）艺术品的雕塑和鉴赏。

（4）照相机、钟表等的检查及修理。

（5）平时人们阅读时使用，特别适用于老年人、学生等在光线暗淡下的阅读。

（6）牙医、裁缝、刺绣等的工作。

（7）鉴定集邮、珠宝、印刷、农业等产品特性。

2. 使用注意事项

（1）不要将放大镜直接暴露在阳光之下，不要用眼睛对准焦点，避免眼珠被灼伤。

（2）太阳直射的时候，不要在焦点之下放置易燃物品。

二、望远镜

望远镜如图 2.4.10 所示，是帮助人眼对远处物体进行观察的一种光学仪器。它所成的像对人眼的视角远大于原物体对人眼的视角，因此给人以"物体被拉近了"的感觉，使人能更清楚地看到物体的细节。望远镜由物镜和目镜这两部分光学系统组成。物镜的第二焦点和目镜的第一焦点重合。远

图 2.4.10　望远镜

处物体经物镜在目镜的第一焦点处成实像，再经目镜在无限远处成放大的虚像。望远镜的放大能力用视角放大率来表示，它由系统的结构参数决定，其值等于物镜的第二焦距与目镜的第一焦距之比。望远镜的最小分辨角为

$$\theta = 1.22\frac{\lambda}{D}$$

式中，λ 为入射光波长；D 为物镜的通光孔的直径。

三、显微镜

显微镜是由一个透镜或几个透镜的组合构成的一种光学仪器，主要用于放大微小物体使人的肉眼能看到所观察物体。

显微镜放大倍率的极限即有效放大倍率，显微镜的分辨率是指能被显微镜清晰区分的两个物点的最小间距。分辨率和放大倍率是两个不同但又互有联系的概念。当选用的物镜数值孔径不够大，即分辨率不够高时，显微镜不能分清物体的微细结构，此时即使过度地增大放大倍率，得到的也只能是一个轮廓虽大但细节不清的图像，称为无效放大倍率。反之，如果分辨率已满足要求而放大倍率不足，则显微镜虽已具备分辨的能力，但因图像太小而仍然不能被人眼清晰视见。所以，为了充分发挥显微镜的分辨能力，应使数值孔径与显微镜总放大倍率合理匹配。

显微镜分光学显微镜和电子显微镜。中学物理中用到的是光学显微镜，图2.4.11a 为单目显微镜，图2.4.11b 为双目显微镜。光学显微镜一般由载物台、聚光照明系统、物镜、目镜和调焦机构组成。目镜和物镜都是凸透镜，焦距不同，物镜相当于投影仪的镜头，物体通过物镜成倒立、放大的实

a)

b)

图 2.4.11　光学显微镜

像。目镜相当于普通的放大镜，该实像又通过目镜成正立、放大的虚像。反光镜用来反射光线，照亮被观察的物体。反光镜一般有两个反射面，一个是平面，在光线较强时使用；一个是凹面，在光线较弱时使用。现在的光学显微镜可把物体放大 1600 倍，分辨的最小极限达 $0.1\,\mu m$。载物台用于承放被观察的物体。利用调焦旋钮可以驱动调焦机构，使载物台作粗调和微调的升降运动，使被观察物体通过调焦清晰成像。它的上层可以在水平面内作精密移动和转动，一般都把被观察的部位调放到视场中心。

第六节　分光镜

分光镜是一个可以将一束光分成两束的光学装置。它通常由一个立体型的光学玻璃镀膜而成。根据分光镜所利用的色散元件不同，分为棱镜式分光镜和光栅式分光镜。

一、棱镜式分光镜

它是由透明材料做成的截面呈三角形的光学仪器,也叫"三棱镜"。

光从棱镜的一个侧面射入,从另一个侧面射出,出射光线将向底面(第三个侧面)偏折,偏折角的大小与棱镜的折射率、棱镜的顶角和入射角有关。因为同一种介质对各种单色光的折射率不同,所以通过三棱镜时,各单色光的偏折角不

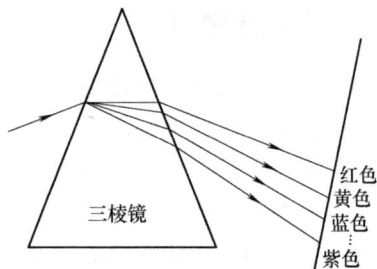

图2.4.12　三棱镜分光示意图

同。因此,白色光通过三棱镜会将各单色光分开,形成红、橙、黄、绿、蓝、靛、紫七种色光即产生色散现象,如图2.4.12所示。

二、光栅式分光镜

具有空间周期性的衍射屏,一般都可以称为衍射光栅,简称光栅。它通常是在一块玻璃板或金属板上刻划一系列等宽、等间隔的平行狭缝或平行槽纹而制成。前者为透射光栅,后者为反射光栅。此外,晶体内部周期性排列的原子或分子,也构成了天然的三维光栅。

光栅式分光镜的结构包括衍射光栅、棱镜、透镜。结构如图2.4.13所示。

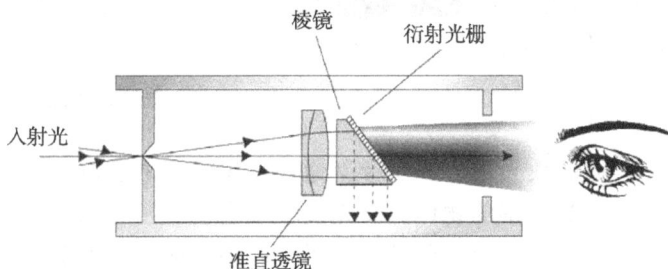

图2.4.13　光栅式分光镜结构图

第五章　现代实验技术基本仪器

第一节　投影仪

投影仪又称投影机，分实物投影仪和数码投影仪两类。

一、实物投影仪

实物投影仪（见图 2.5.1）又名多媒体实物展示台，由一个投影机加上一个实物展示台（实物展示台主要用来展示一些实体的图片、实物、负片、正片等）构成。最大优点是能把较小的实物投影到大屏幕上，提高展示的可见度，增强展示效果。

二、数码投影仪

数码投影仪（见图 2.5.2）是一种可以将图像或视频投射到幕布上的设备，可以通过不同的接口同计算机、VCD 机、DVD 机、游戏机和 DV 等相连接以播放相应的视频信号。根据工作方式不同，有 CRT、LCD、DLP/DMD 等不同类型。

图 2.5.1　实物投影仪　　　　　　　　图 2.5.2　数码投影仪

1. CRT 投影机

CRT 投影机又名三枪投影机，它主要由三个 CRT 管组成。CRT（Cathode Ray Tube）是阴极射线管，主要由电子枪、偏转线圈及管屏组成。为了使 CRT 管在屏幕上显示图像信息，CRT 投影机把输入的信号源分解到 R（红）、G（绿）、B（蓝）三个 CRT 管的荧光屏上，在高压作用下使发光信号放大、会聚在大屏幕上显示出彩色图像。

2. LCD 投影机

LCD 投影机是被动发光从而成像的，其核心部件为 LCD 液晶板。分为液晶板投影机和液晶光阀投影机两类。液晶是介于液体和固体之间的物质，本身不发光，工作性质受温度影响很大，其工作温度为 $-55℃ \sim +77℃$。投影机利用液晶的光电效应，即液晶分子的排列在电场作用下发生变化，影响其液晶单元的透光率或反射率，从而影响它的光学性质，产生具有不同灰度层次及颜色的图像。

液晶板投影机的成像器件为液晶板，成像需利用外光源金属卤素灯和 UHP（冷光源）。按照液晶板的片数，LCD 投影机还可分为三片机和单片机。

液晶光阀投影机采用 CRT 管和液晶光阀作为成像器件，是 CRT 投影机与液晶光阀相结合的产物。一般的光阀主要由三部分组成：光电转换器、镜子、光调制器。它是一种可控开关。通过 CRT 输出的光信号照射到光电转换器上，光信号转换为持续变化的电信号；外光源产生一束强光，投射到光阀上，由内部的镜子反射，通过光调制器改变其光学特性，紧随光阀的偏振滤光片，将滤去其他方向的光，而只允许与其光学缝隙方向一致的光通过，这个光与 CRT 信号相复合，投射到屏幕上。它是目前为止亮度、分辨率最高的投影机，亮度可达 6000 流明，分辨率为 2500 像素 ×2000 像素，适用于环境光较强，观众较多的场合，如超大规模的指挥中心、会议中心及大型娱乐场所，但其价格高、体积大、光阀不易维修。对追求高分辨率、高亮度、大画面的用户，液晶光阀投影机是他们的首选。

3. DLP/DMD 投影机

DLP（Digital Lighting Processing）即数据光处理。DLP 投影机的核心部件为 DMD（Digital Micromirror Device）即数据微镜装置，其他的部件还有氙灯泡、光学棱镜和投射镜头。其工作原理是：当光线经过棱镜分解为 R、G、B 三原色后，投射到 DMD 芯片上。DMD 芯片由很多微小的镜片组成（如果分辨率是 800 像素 × 600 像素，则 DMD 芯片上有 48 万个小镜片），每个小镜片均可在 $+10°$ 与 $-10°$ 之间自由旋转并且由电磁定位。信号输入后，在经过处理后作用于 DMD 芯片，从而控制镜片的开启和偏转。入射光线在经过 DMD 镜片的反射后由投影镜头投影成像。DLP 投影机根据 DMD 芯片的数量又分为单片、双片和三片 DMD 投影机。

DLP 投影机是一种继 LCD 投影机后发展起来的投影显示技术，它的一些显著特点是：由于采用的是反射成像方式，因而光的利用率非常高，所以亮度可以做到最高。另外 DLP 投影机的色彩和亮度一致性也不错。在分辨率方面，部分机型也达到了 1280 像素 ×1024 像素。可以说 DLP 投影机正处于一个不断发展完善的过程。

第二节　照相机

照相机是用于摄影的光学器械，是一种利用光学成像原理形成影像并使用底片记录影像的设备。很多可以记录影像的设备都具备照相机的特征，如医学成像设备、天文观测设备等。被摄景物反射出的光线通过照相镜头（摄景物镜）和控制曝光量的快门聚焦后，被摄景物在暗箱内的感光材料上形成潜像，经冲洗处理（即显影、定影）构成永久性的影像，这种技术称为摄影术。照相机分为胶片照相机和数码照相机两类。

一、胶片照相机

胶片照相机（见图 2.5.3）是通过镜头使景物成倒像聚焦在胶片上（见图 2.5.4）。为使不同位置的被摄物体成像清晰，除镜头本身需要校正好像差外，还应使物距、像距保持共轭关系。为此，镜头应该能前后移动进行调焦，因此照相机一般都具有调焦机构。取景器用来确定被摄景物的范围和便于进行拍摄构图，照相机都装有取景器。快门和光圈是控制曝光的机构。为了适应亮暗不同的拍摄对象，以期在胶片上获得正确的感光量，必须控制曝光时间的长短和进入镜头光线的强弱。于是照相机必须设置快门以控制曝光时间的长短，并设置光圈，通过光孔大小的调节来控制光量。

图 2.5.3 胶片照相机

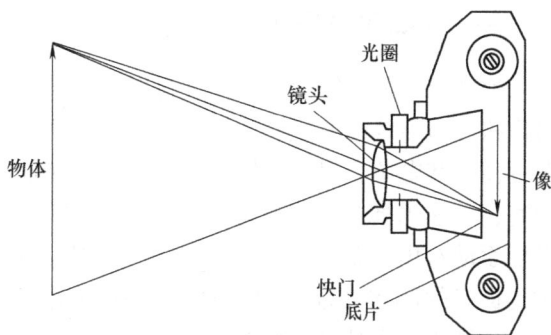

图 2.5.4 胶片照相机的成像原理图

二、数码照相机

数码照相机是通过光学系统将影像聚焦在成像元件 CCD/ CMOS 上，通过 A/D 转换器将每个像素上光电信号转变成数码信号，再经 DSP 处理成数码图像，存储到存储介质当中（见图 2.5.5）。

数码照相机仍然使用透镜成像，成像原理及镜头的光学性能要求与传统胶片照相机一样。数码照相机是不需要胶卷的照相机，存储影像是用照相机内的内存或存储卡，这些介质与画质无关。照片的质量与清晰度受制于照相机所支持的最高分辨率，而决定照相机最高分辨率的是数码照相

图 2.5.5 数码照相机

机内的关键灵魂部件——CCD，称为电荷耦合器件。数码照相机中存储图像信息的介质主要有机身的内存和各种存储卡。内存是固化在数码照相机里面的大规模集成电路，能够永久地存储一定数量的照片图像。当存储的照片装满，存入新照片时则必须先删除旧的（照相机将自动完成）。另外，在取景这个环节上数码照相机有其独特的优势。大多数数码照相机有两个取景器，除了同胶片照相机一样的光学取景器以外，还有一块 LCD 显示屏，用以直接显示镜头在照相机内所成的像。

第三节 摄像机

摄像机的工作原理是：被摄物体反射光线，传播到镜头，经镜头聚焦到 CCD 芯片上，CCD 根据光的强弱积聚相应的电荷，经周期性放电，产生表示一幅幅画面的电信号，这些电信号经过滤波、放大处理，通过摄像头的输出端子输出一个标准的复合视频信号。

摄像机按照用途可以分为一体化摄像机、网络摄像机等。

一、一体化摄像机

通常所说的一体化摄像机（见图 2.5.6）专指镜头内建、可自动聚焦的一体化摄像机。与传统摄像机相比，一体机体积小巧、美观，在安装方面具有优势，比较方便，其电源、视频、控制信号均有直接插口，不似传统摄像机有繁琐的连线。同时，一体化摄像机监控范围广，性价比高。传统摄像机定位系统不够灵活，多需要手动对焦，而一体化摄像机最大的优点就是具有自动聚焦功能。另外，可以做到良好的防水功能也是一体化摄像机的特色之一，一体化摄像机室外型都具有防水功能，而传统摄像机需与云台、防护罩配合使用才可以达到防水的功能。现在更有专门为水下作业开发出的潜水型一体化摄像机。

二、网络摄像机

网络摄像机镜头作为网络摄像机（见图 2.5.7）的前端部件，有固定光圈、自动光圈、自动变焦、自动变倍等种类，与模拟摄像机相同。图像传感器有 CMOS 和 CCD 两种模式。要求传送优良图像质量的设备都采用 CCD 图像传感器，而注重功耗和成本的产品则选择 CMOS 图像传感器。A/D 转换器的功能是将图像和声音等模拟信号转换成数字信号。经 A/D 转换后的图像、声音数字信号，

图 2.5.6 一体摄像机

图 2.5.7 网络摄像机

按一定的格式或标准进行编码压缩。编码压缩的目的是为了便于实现音/视信号与多媒体信号的数字化，以便于在计算机系统、网络上不失真地传输上述信号。

控制器是网络摄像机的心脏，它肩负着网络摄像机的管理和控制工作。如果是硬件压缩编码，控制器是一个独立部件；如果是软件压缩编码，控制器是运行编码压缩软件的数字信号处理器，即二者合而为一。

网络服务器提供网络摄像机的网络功能，它采用了 RTP/RTCP、UDP、HTTP、TCP/IP 等相关网络协议，允许用户从自己的 PC 机使用标准的浏览器根据网络摄像机的 IP 地址对网络摄像机进行访问，观看实时图像及控制摄像机的镜头和云台。网络摄像机的使用过程如图 2.5.8 所示。

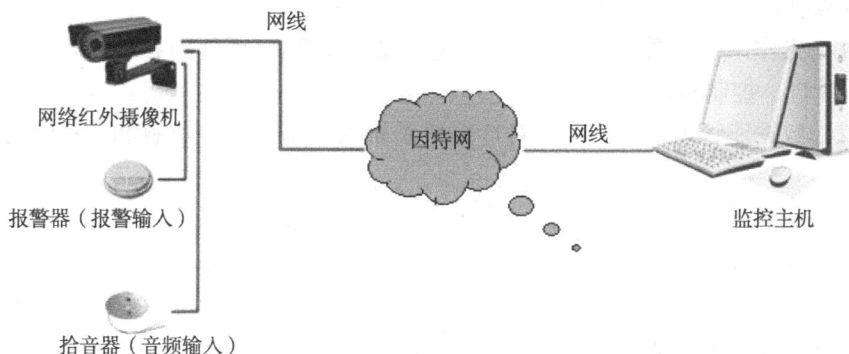

图 2.5.8　网络摄像机使用过程示意图

第四节　计算机

计算机是一种能够按照事先存储的程序，自动、高速地进行大量数值计算和各种信息处理的现代化智能电子设备，由硬件和软件所组成，两者是不可分割的。人们把没有安装任何软件的计算机称为裸机。随着科技的发展，现在出现的一些新型计算机有生物计算机、光子计算机、量子计算机等。

一、硬件

计算机系统中所使用的电子线路和物理设备，是看得见、摸得着的实体，称之为硬件，如中央处理器（CPU）、存储器、外部设备（输入输出设备、I/O 设备）及总线等。通常我们所说的计算机是指个人计算机（PC），它的主要结构包括主机：主板、CPU（中央处理器）、主要储存器（内存）、扩充卡（显卡、声卡、网卡等，有些主板可以整合这些）、电源供应器、光驱、次要储存器（硬盘）；外设：显示器、键盘、鼠标、音箱、摄像头、外置调制解调器 MODEM 等。

二、软件

软件是对能使计算机硬件系统顺利和有效工作的程序集合的总称。程序总是要通过某种物理介质来存储和表示的，它们是磁盘、磁带、程序纸、穿孔卡等，但软件并不是指这些物理介质，而是指那些看不见、摸不着的程序本身。可靠的计算机硬件如同一个人的强壮体魄，有效的软件如同一个人的聪颖思维。计算机的软件系统可分为系统软件和应用软件两部分。系统软件负责对整个计算机系统资源进行管理、调度、监视和服务。应用软件是指各个不同领域的用户为各自的需要而开发的各种应用程序。

计算机系统软件包括以下部分。

（1）操作系统：系统软件的核心，它负责对计算机系统内各种软件、硬件资源进行管理、控制和监视。

（2）数据库管理系统：负责对计算机系统内全部文件、资料和数据进行管理和共享。

（3）编译系统：负责把用户用高级语言所编写的源程序编译成机器所能理解和执行的机器语言。

（4）网络系统：负责对计算机系统的网络资源进行组织和管理，使得在多台独立的计算机间能进行相互的资源共享和通信。

（5）标准程序库：按标准格式所编写的一些程序的集合，这些标准程序包括求解初等函数、线性方程组、常微分方程、数值积分等计算程序。

三、计算机的特点

1. 运算速度快

当今计算机系统的运算速度已达到每秒万亿次，微型计算机也可达每秒几亿次以上，使大量复杂的科学计算问题得以解决。例如，卫星轨道的计算、大型水坝的计算、24 小时天气预报的计算等，过去人工计算需要几年、几十年，而现在用计算机只需几天甚至几分钟就可完成。

2. 计算精确度高

科学技术的发展特别是尖端科学技术的发展，需要高度精确的计算。计算机控制的导弹之所以能准确地击中预定的目标，是与它的精确计算分不开的。一般计算机可以有十几位甚至几十位（二进制）有效数字，计算精度可由千分之几到百万分之几，是任何计算工具所望尘莫及的。

3. 有逻辑判断能力

随着计算机存储容量的不断增大，可存储记忆的信息越来越多。计算机不仅能进行计算，而且能把参加运算的数据、程序以及中间结果和最后结果保存起来，以供用户随时调用；还可以对各种信息（如语言、文字、图形、图像、音乐等）

通过编码技术进行算术运算和逻辑运算，甚至进行推理和证明。

4. 有自动控制能力

计算机内部操作是根据人们事先编好的程序自动控制进行的。用户根据解题需要，事先设计好运行步骤与程序，计算机十分严格地按程序规定的步骤自动控制，整个过程不需人工干预。

第五节　传感器

一、传感器介绍

如图2.5.9所示，传感器种类繁多，是一种检测装置，能感受到被测量的信息，并能将感受到的信息按一定规律变换成为电信号或其他所需形式的信息输出，以满足信息的传输、处理、存储、显示、记录和控制等要求。它是实现自动检测和自动控制的首要环节。传感器早已渗透到诸如工业生产、宇宙开发、海洋探测、环境保护、资源调查、医学诊断、生物工程甚至文物保护等极其广泛的领域。可以毫不夸张地说，从茫茫的太空，到浩瀚的海洋，以至各种复杂的工程系统，几乎每一个现代化项目，都离不开各种各样的传感器。传感器根据工作原理可分为物理传感器和化学传感器两大类。

图2.5.9　传感器实物图

物理传感器的工作原理是应用的各种物理效应，诸如压电效应，磁致伸缩现象，离化、极化、热电、光电、磁电等效应，将被测信号的微小变化转换成电信号。化学传感器包括那些以化学吸附、电化学反应等现象为因果关系的传感器，被测信号的微小变化也将转换成电信号。

二、传感器中常见的几种输出信号

1. 模拟信号

模拟信号指信息参数在给定范围内表现为连续的信号，或在一段连续的时间间隔内，其代表信息的特征量可以在任意瞬间呈现为任意数值的信号，其信号的幅度，或频率，或相位随时间作连续变化，如目前广播的声音信号或图像信号等。

2. 数字信号

数字信号指幅度的取值是离散的，幅值表示被限制在有限个数值之内。二进制码就是一种数字信号。二进制码受噪声的影响小，易于由数字电路进行处理，所以得到了广泛的应用。

3. 增量码信号

增量码信号指被测量值与传感器输出信号的变化周期数成正比，即输出量值的大小由信号变化的周期数的增量决定。一般光栅位移传感器、磁栅位移传感器、激光位移传感器等采用干涉法等测量位移时，传感器输出的信号为增量码信号。

4. 绝对码信号

绝对码信号是一种与被测对象的状态相对应的信号，如码盘，它的每一个角度方位对应于一组编码，这种编码称为绝对码。绝对码信号有很强的抗干扰能力，不管测量过程中发生什么情况，干扰过后，一种状态总是对应于一组确定的编码。

5. 开关信号

开关信号只有 0 和 1 两个状态，可视为绝对码只有一位编码时的特例。如行程开关、光电开关等传感器的输出信号就是开关信号。

三、传感器的特征量

1. 灵敏度

灵敏度指传感器在稳态工作情况下输出量变化 Δy 对输入量变化 Δx 的比值，它是输出 - 输入特性曲线的斜率。如果传感器的输出和输入之间呈线性关系，则灵敏度 S 是一个常数。

2. 分辨力

分辨力是指传感器感受到的被测量的最小变化的能力。也就是说，如果输入量从某一非零值缓慢地变化，当输入变化值未超过某一数值时，传感器的输出不会发生变化，即传感器对此输入量的变化是分辨不出来的。只有当输入量的变化超过分辨力时，其输出才会发生变化。

第三篇
中学物理实验技能训练

第一章　中学物理力学实验技能训练

在力学实验中，由于环境和条件的影响，要做好定量实验是不容易的，实验的关键是要控制运动轨道和减小摩擦的影响，实验的操作要点就是要准确地计时，精确地定位，在计时和定位的良好配合下准确测量时间和空间的量值。

第一节　力学实验的基本特点与技术要领

一、控制运动轨道

由于物体本身的结构（如重心不在中心）和外界作用（如摩擦或运动表面高低不平）的影响，物体运动过程中往往偏离预定的运动轨道，使实验无法正常进行。中学力学实验运动轨道多为直线，通常以小球、小车和木块作为研究对象。用小球时，应有一条与小球直径相当的直槽做轨道；用小车时，最好利用有槽的小轮做车轮，使车轮沿玻璃棒或粗铁丝做的轨道运动，用小木块时，则应使牵引木块的细绳所跨过的滑轮的轴与运动方向始终垂直，不得左、右偏斜。

二、减小摩擦

摩擦力常常是影响力学实验成败的关键，减小摩擦力是力学实验的重要研究课题。减小摩擦的主要方法有：利用滚动摩擦代替滑动摩擦；加润滑剂将接触摩擦变为内摩擦；增加一个外力来抵消摩擦力在运动中的影响。

采用"气垫导轨"做力学实验，能同时解决控制导轨和减小摩擦这两个关键问题。

三、准确测定时间和空间的量值

时间和空间的量值测得准确与否，对力学实验影响很大，通常难办的就是计时开始和终了时刻不能与运动开始和终了时刻同步吻合，使时间测得不准或使空间位移有误差。利用电动秒表、电磁打点计时器、光控电子计时器和闪光计时器等，可通过机械、光电或电磁元器件，将计时和定位很好地配合起来，易于取得良好的实验成果。

第二节　中学物理力学演示实验

实验 1　研究阻力对物体运动的影响

物理课题：

人教版 8 年级物理下册第八章第 1 节《牛顿第一定律》。

演示目的：

通过实验研究总结得出牛顿第一定律的内容。

实验简介：

如图 3.1.1 所示，将粗糙程度不同的物体（如砂子、毛巾、棉布、玻璃等）铺在水平木板上，让小车从斜面同一高度由静止滑下，观察比较小车在不同表面上的滑行距离。

由实验结论进一步推理：设想一下，如果小车运动时接触面光滑，它将如何运动下去？从而总结得出《牛顿第一定律》。

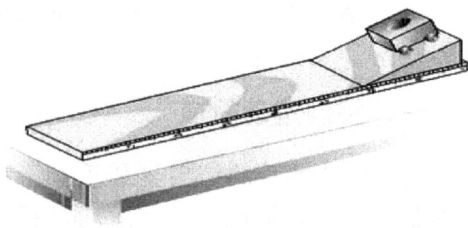

图 3.1.1　研究阻力对物体运动的影响

实验要领：

1. 本实验需控制"小车的运动状态改变"这一因素不变，而让小车受到的阻力这一因素发生变化。

2. 为了保证小车在水平面的初始速度相等，必须让小车从斜面同一高度静止滑下。

实验 2　演示小球的惯性

物理课题：

人教版 8 年级物理下册第八章第 1 节《牛顿第一定律》。

演示目的：

理解惯性。

实验简介：

如图 3.1.2 所示，拨动竖直簧片，把小球与支架间的挡板弹出时，小球并不随金属片飞出，而是停留在支架上。

实验引出问题：小球为什么仍然停留在支架上呢？通过对实验现象的解释，加深学生对惯性的认识与理解。

图 3.1.2　演示小球的惯性

实验要领：

1. 本实验要用质量大的金属小球。

2. 拨动弹簧片的形变尽可能大一些（增大打击挡板的速度）。

3. 挡板尽量轻一点，表面光滑一些，不要太大、太厚、太粗糙。

实验 3　演示"筷子提米"

物理课题：

人教版 8 年级物理下册第八章第 3 节《摩擦力》。

演示目的：

引出课题《摩擦力》。

实验简介：

如图 3.1.3 所示，把一根筷子插入装着米的杯子中，然后将筷子上提，筷子会把米和杯子提起吗？请按照下面步骤再试试：

1. 将米倒满玻璃杯。

2. 用手将杯子里的米按一按。

3. 用手按住米，从手指缝间插入筷子。

4. 再用手轻轻提起筷子。

实验引出疑问：筷子为什么能提起杯子和米呢？从而引出课题《摩擦力》。

图 3.1.3　演示"筷子提米"

实验要领：

1. 最好用木制的筷子。

2. 在插入筷子后可以加适量的水使米膨胀，可增大米对筷子的压力，实验效果更明显。

实验 4　研究液体内部的压强特点

物理课题：

人教版 8 年级物理下册第九章第 2 节《液体的压强》。

演示目的：

1. 说明液体内部存在压强；

2. 得出液体内部压强的特点。

实验简介：

1. 如图 3.1.4 所示，把 U 形压强计探头放进盛水的容器中，根据橡胶膜的凹凸情况变化，看看液体内部是否存在压强以及压强的大小。

2. 保持探头在水中的深度不变，改变探头的方向，看看液体内部同一深度各方向的压强是否相等。

3. 改变压强计探头在水中的深度，看看液体的压强跟深度有什么关系。

4. 换用不同的液体（例如盐水、酒精），看看在液体深度相同时，液体的压强是否跟液体密度有关。

5. 根据实验现象归纳总结出液体内部压强的特点。

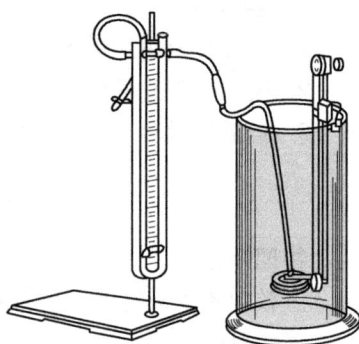

图 3.1.4 研究液体内部的压强特点

实验要领：

1. 实验前，安装 U 形管压强计时，套橡皮管时动作幅度小一点，注意观察左右两边玻璃管中的液面，尽量要做到液面大致相平。

2. 实验中，一定要控制好不变量。例如，在探究液体压强与液体密度的关系时，需要控制液体的深度，并控制橡皮膜的朝向相同。

3. 实验中，每次探头提出液体后 U 形管左右两边的液面一般都会变得一高一低，可以通过挤压橡皮膜或者轻微扭动玻璃管上的橡皮管来调节内外气压。

4. 气密性是本实验成功的关键。

实验 5 "瓶吞鸡蛋"实验

物理课题：

人教版 8 年级物理下册第九章第 3 节《大气压强》。

演示目的：

引出课题《大气压强》。

实验简介：

1. 如图 3.1.5 所示，熟蛋剥去蛋壳。

2. 将纸片撕成长条状。

3. 将纸条点燃后扔到瓶子中。

4. 等火一熄，立刻把鸡蛋放到瓶口，并立即将手移开。

实验引出疑问：瓶子是怎样把鸡蛋吞进去的呢？从而引出课题《大气压强》。

图 3.1.5 "瓶吞鸡蛋"实验

实验要领：

1. 瓶子选用广口瓶。

2. 鸡蛋大小要合适，大了实验不易成功，小了直接就掉进去了。

实验6　"吹不掉的乒乓球"实验

物理课题：

人教版8年级物理下册第九章第4节《流体压强与流速的关系》。

演示目的：

引出课题《流体压强与流速的关系》，或者通过演示进一步强化流速越大压强越小的结论。

实验简介：

在倒置的漏斗里放一个乒乓球，用手指托住乒乓球，然后从漏斗口向下用力吹气（见图3.1.6），并将手指移开，观察到乒乓球悬浮不掉的现象。

实验引出疑问：乒乓球为什么不掉下去呢？从而引出课题《流体压强与流速的关系》。

或者通过其他实验得到流速越大压强越小的结论，再演示这个实验，引导学生分析原因，从而起到强化知识的作用。

图3.1.6　吹不掉的乒乓球

实验要领：

1. 乒乓球与漏斗要紧密接触。

2. 吹气时气量要足，用功率大的吹风机吹风效果会更好。

实验7　称重法测浮力实验

物理课题：

人教版8年级物理下册第十章第1节《浮力》。

演示目的：

1. 引出课题《浮力》。

2. 测量浮力的大小。

实验简介：

1. 如图3.1.7所示，在弹簧测力计下悬挂一个石头，读出测力计的示数，这就是石头所受的重力。

2. 把石头浸没在水中，看看示数有什么变化。

想一想，弹簧测力计示数为什么会有变化？它说明了什么问题？从而引出课题《浮力》。

读一读，弹簧测力计示数变化了多少？从而知道浮力的大小。

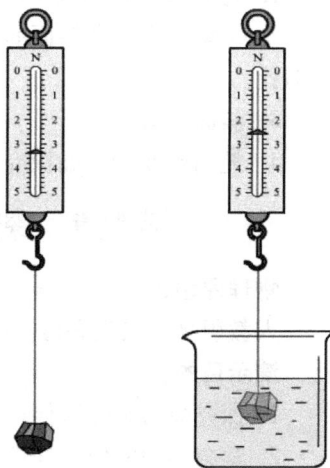

图3.1.7　称重法测浮力

实验要领：

1. 石头最好选比较坚硬的鹅卵石。

2. 第二次一定要让石头浸没在水中后再读数，而且石头不能触及烧杯壁及底部。

3. 弹簧测力计不要晃动，最好上端固定在支架上。

实验 8　探究物体的动能与什么因素有关

物理课题：

人教版 8 年级物理下册第十一章第 3 节《动能和势能》。

演示目的：

探究影响动能大小的因素。

实验简介：

如图 3.1.8 所示，钢球 A 从高为 h 的斜槽上滚下，在水平面上运动。运动的钢球 A 追上物体 B 后能将 B 推动一段距离 s，说明 A 对 B 做了功。在同样的平面上 B 被推得越远，

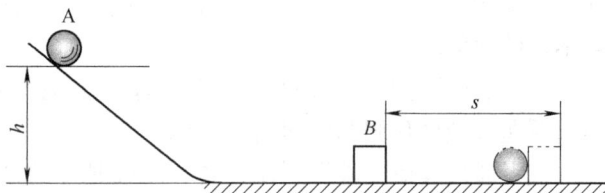

图 3.1.8　物体的动能与什么因素有关

A 对 B 做的功就越多，说明 A 的动能就越大。

1. 让同一钢球 A 分别从不同的高度由静止开始滚下，钢球运动到斜面底端的快慢一样吗？哪次物体 B 被推得更远？

2. 改变钢球 A 的质量，让不同的钢球从同一高度滚下，哪个钢球把物体 B 推得远些？

实验要领：

1. 物体 B 一般用较坚硬的木块。

2. 木块每次放在斜面的底端同一位置，记录好每次木块被推到的位置，便于做对比。

3. 斜面尽量光滑。

4. 控制好变量，如探究动能与质量的关系时，要保持钢球下落的高度一致。

实验 9　探究弹力与弹簧伸长量之间的关系

物理课题：

人教版高中物理必修 1 第三章第 2 节《弹力》。

演示目的：

1. 探究弹力和弹簧伸长量的关系。

2. 学会利用图像法处理实验数据、探究物理规律。

实验简介：

弹簧下端悬挂钩码时会伸长，平衡时弹簧产生的弹力与所挂钩码的重力大小

相等。

　　用刻度尺测出弹簧在不同钩码拉力下的伸长量 x，建立直角坐标系，以纵坐标表示弹力大小 F，以横坐标表示弹簧的伸长量 x，在坐标系中描出实验所测得的各组（x、F）对应的点，用平滑的曲线将它们连接起来，根据实验所得的图线，就可探知弹力大小与伸长量间的关系。

　　1. 如图 3.1.9 所示，将铁架台放在桌面上（固定好），将弹簧的一端固定于铁架台的横梁上，在靠近弹簧处将刻度尺（最小分度为 1mm）固定于铁架台上，并用重垂线检查刻度尺是否竖直。

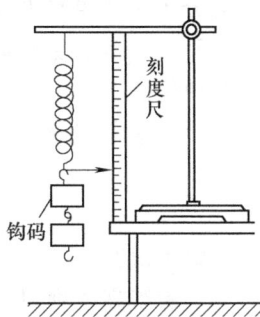

图 3.1.9　探究弹力与
伸长量之间的关系

　　2. 记下弹簧不挂钩码时的原长 l_0。

　　3. 在弹簧下端挂上钩码，待钩码静止时测出弹簧的长度 l，求出弹簧的伸长量 x 和所受的外力 F（等于所挂钩码的重力）。

　　4. 改变所挂钩码的数量，重复上述实验，要尽量多测几组数据，将所测数据填写在表 3.1.1 中。

表 3.1.1　弹力与伸长量记录表　　　（弹簧原长 $l_0 =$ _____ cm）

次序 内容	1	2	3	4	5	6
弹力 F/N						
弹簧总长 l/cm						
弹簧伸长量 x/cm						

　　5. 数据处理

　　（1）以力 F 为纵坐标，以弹簧的伸长量 x 为横坐标，在坐标纸上描点。

　　（2）按照图中各点的分布与走向，作出一条平滑的直线。所画的点不一定正好都在这条直线上，但要注意使直线两侧的点数大致相同。

　　（3）以弹簧的伸长量为自变量，写出直线所代表的函数表达式，并解释函数表达式中常数的物理意义。

实验要领：

　　1. 所挂钩码不要过重，以免弹簧被过分拉伸，超出它的弹性限度，要注意观察，适可而止。

　　2. 每次所挂钩码的质量差适当大一些，从而使坐标点的间距尽可能大，这样作出的图线准确度更高一些。

　　3. 测弹簧长度时，一定要在弹簧竖直悬挂且处于稳定状态时测量，不能平放时测量，以免增大误差。

　　4. 描点画线时，所描的点不一定都落在一条直线上，但应注意一定要使各点均匀分布在直线的两侧。

5. 记录实验数据时要注意弹力、弹簧的原长 l_0、总长 l 及弹簧伸长量的对应关系及单位。

6. 坐标轴的标度要适中。

实验 10　探究求合力的方法

物理课题：

人教版高中物理必修 1 第三章第 4 节《力的合成》。

演示目的：

通过实验探究得出力的合成满足平行四边形法则。

实验简介：

如图 3.1.10 所示，实验所需器材有方木板一块、白纸、弹簧测力计（两只）、橡皮条、细绳套（两个）、三角板、刻度尺、图钉（几个）、细芯铅笔等。

1. 用图钉把白纸钉在水平桌面上的方木板上，并用图钉把橡皮条的一端固定在 A 点，橡皮条的另一端拴上两个细绳套。

2. 用两只弹簧测力计分别钩住细绳套，互成角度地拉橡皮条，使橡皮条的结点伸长到某一位置 O，记录两弹簧测力计的读数，用铅笔描下 O 点的位置及此时两细绳套的方向。

3. 只用一只弹簧测力计通过细绳套把橡皮条的结点拉到同样的位置 O，记下弹簧测力计的读数和细绳套的方向。

图 3.1.10　探究求合力的方法

4. 用铅笔和刻度尺从结点 O 沿两条细绳套方向画直线，按选定的标度作出这两只弹簧测力计的读数 F_1 和 F_2 的图示，并以 F_1 和 F_2 为邻边用刻度尺作平行四边形，过 O 点画平行四边形的对角线，此对角线即为合力 F 的图示。

5. 用铅笔和刻度尺从节点 O 按同样的标度沿记录的方向作出只用一只弹簧测力计时的拉力 F' 的图示。

6. 比较平行四边形的对角线和只用一只弹簧测力计时的拉力 F' 的图示，得出求合力的方法。

实验要领：

1. 不要直接以橡皮条端点为结点，可拴一短细绳后连两细绳套，以三绳交点为结点，应使结点小些，以便准确地记录结点 O 的位置。

2. 使用弹簧测力计前，应先调节零刻度，使用时不超量程，拉弹簧测力计时，应使弹簧测力计与木板平行，不要倒拉弹簧。

3. 在同一次实验中，橡皮条伸长时的结点位置要相同。

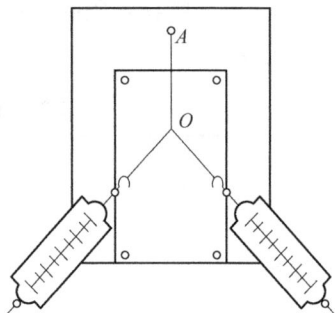

4. 被测力的方向应与弹簧测力计轴线方向一致，拉动时弹簧不可与外壳相碰或摩擦。

5. 读数时应正对、平视刻度。

6. 两拉力 F_1 和 F_2 夹角不宜过小，作力的图示时标度要一致。

实验 11　用传感器探究作用力与反作用力的关系

物理课题：

人教版高中物理必修 1 第四章第 5 节《牛顿第三定律》。

演示目的：

通过实验探究得到牛顿第三定律。

实验简介：

首先把一个力传感器连在计算机上，传感器的钩子上挂钩码，钩子受力的大小随时间变化的情况，可以由计算机屏幕显示。

然后如图 3.1.11a 所示，把两个力传感器同时连在计算机上，两只手分别握着一个传感器，或者其中一个系在墙上，另一个握在手中。用力拉传感器，计算机屏幕就显示出两个传感器受力的大小。

用力拉一个传感器，可以看到，在一个传感器受力的同时，另一个传感器也受到力的作用，而且在任何时刻两个力的大小都是相等的，方向都是相反的，如图 3.1.11b 所示。

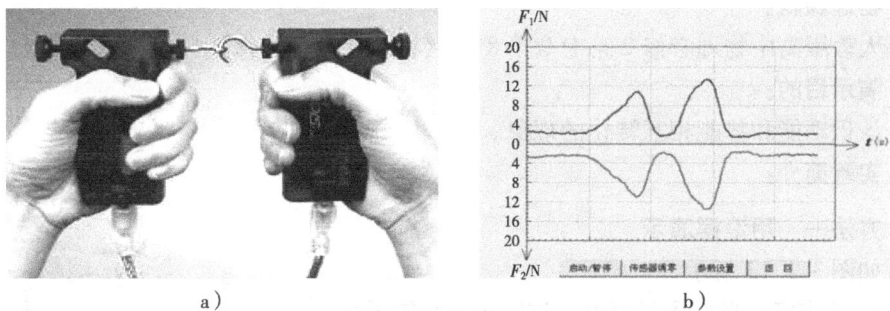

a)　　　　　　　　　　　　　b)

图 3.1.11　用传感器探究作用力与反作用力的关系

实验要领：

1. 实验前，两个传感器要调零。

2. 用力不能过大，以免损坏传感器。

实验 12　演示平抛运动的特点

物理课题：

人教版高中物理必修 2 第五章第 2 节《平抛运动》。

演示目的：

1. 演示说明平抛运动在竖直方向上是自由落体运动。

2. 演示平抛运动初速度越大水平距离越远。

实验简介：

如图 3.1.12 所示，用小锤打击弹性金属片时，A 球就向水平方向飞出，做平抛运动，而同时 B 球被松开，做自由落体运动，用肉眼观察并听声音。

现象一：打击金属片的力越大，A 球飞出的水平距离越远。

现象二：无论 A 球的初速度多大，它都会与 B 球同时落地。

图 3.1.12　平抛运动特点演示

分析实验现象得出结论：平抛运动在竖直方向上是自由落体运动；水平方向的速度大小不影响平抛物体在竖直方向上的运动。

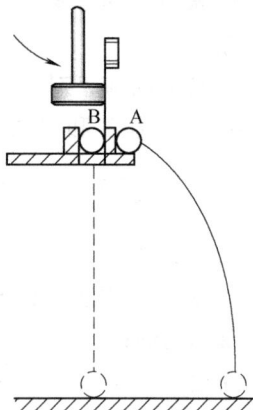

实验要领：

1. A、B 两小球的球心连线要在一条水平线上。

2. 敲击时要果断，不拖泥带水。

3. 要适当地改变敲击的力度使 A 球以不同的水平速度飞出。

实验 13　演示动能和势能可以相互转化

物理课题：

人教版高中物理必修 2 第七章第 8 节《机械能守恒定律》。

演示目的：

认识动能和势能相互转化的现象。

实验简介：

方法一　用滚摆演示

如图 3.1.13 所示。

1. 首先将滚摆卷到最高处，这时重力势能最大。

2. 释放滚摆，观察滚摆的高度、速度的变化。

3. 分别分析滚摆下降和上升过程中动能、势能的变化情况。

滚摆下降时，质量不变、高度变小、速度变大，所以重力势能变小、动能变大，减小的重力势能转化成了动能；滚摆上升时，质量不变、高度变大、速度变小，所以重力势能变大、动能变小，减小的动能转化成了重力势能。

图 3.1.13　滚摆演示动能和势能之间的转化

4. 得出结论：动能和重力势能之间可以相互

转化。

方法二　用单摆演示

如图 3.1.14 所示，将单摆的摆球置于 A 处，重力势能最大，然后释放。摆球就可以在 A、B、C 之间来回摆动。

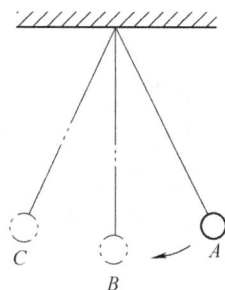

图 3.1.14　单摆演示动能和势能之间的转化

1. 摆球在哪些位置高度最高？

2. 摆球在哪些位置速度最大？

3. 分析摆球从 A~B 运动过程中，动能、势能的变化情况。

摆球从 A~B 运动过程中，重力势能不断减小，动能不断变大，是重力势能不断转化为动能。

4. 分析摆球从 B~C 运动过程中，动能、势能的变化情况。

摆球从 B~C 运动过程中，重力势能不断增大，动能不断减小，是动能不断转化为重力势能。

5. 得出结论：动能和重力势能之间可以相互转化。

方法三　用弹簧加小球演示

1. 手拿着小球将弹簧压缩，而后突然释放小球，观察到什么现象？在此过程中，涉及哪些能量的转化？

观察到小球在弹簧的作用下在水平槽内运动。在此过程中，弹簧的弹性势能转化为小球的动能。

2. 让小球从斜槽上端滚下，观察小球碰击弹簧的过程。分析图 3.1.15 中，小球从甲→乙和从乙→丙能量转化的过程。

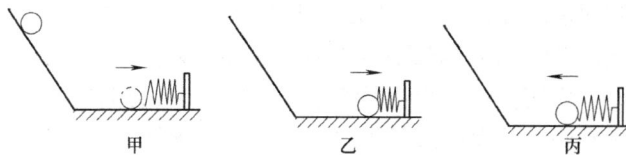

图 3.1.15　演示动能和弹性势能之间的转化

从甲→乙过程中，小球的动能转化为弹簧的弹性势能。从乙→丙过程中弹簧的弹性势能转化为小球的动能。

3. 得出结论：动能和弹性势能之间可以相互转化。

实验要领：

1. 方法 1 中两边绕线要在一条水平线上，释放后滚摆才能上下摆动，不然会有左右摆动。

2. 方法 2 中要用金属球。

3. 方法 3 中斜面和水平轨道要尽量光滑无摩擦。

4. 方法 3 中弹簧的劲度系数选择要适当。

实验 14　演示反冲现象

物理课题：

人教版高中物理选修 3 – 5 第十六章第 5 节《反冲运动　火箭》。

演示目的：

引出课题《反冲运动　火箭》。

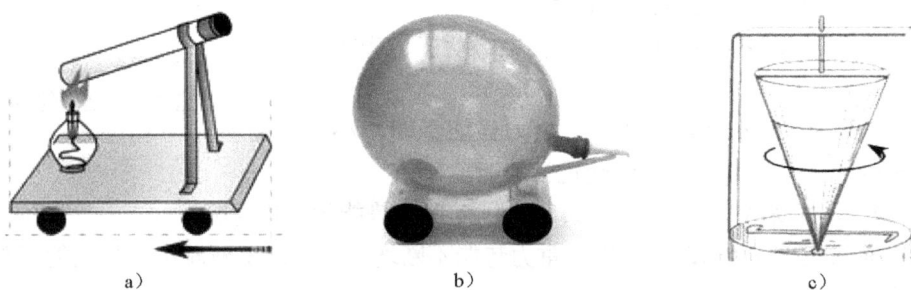

a)　　　　　　　　　　b)　　　　　　　　　　c)

图 3.1.16　演示反冲现象

实验简介：

演示反冲现象的实验很多，如图 3.1.16 所示，图 a 是利用酒精灯将试管中的水烧沸腾，管内压强增大，从而使瓶塞向前冲出，小车向后退；图 b 是气球向前喷出气体，小车向后运动；图 c 是水从弯管流出，容器反方向旋转。

教材上的实验如图 3.1.17 所示，把一个气球吹起来，用手捏住气球的通气口，然后突然放开，气体喷出，由气球的运动来演示反冲现象。

由实验演示引出疑问：气球为什么会向前运动呢？从而引出课题《反冲运动　火箭》。

用图 3.1.16a 的方法演示，瓶塞与小车原来为一整体，后分成两部分，一部分（瓶塞）向前喷出，另一部分（小车）后退；用图 3.1.16c 方法演示，水与容器原来为一整体，后

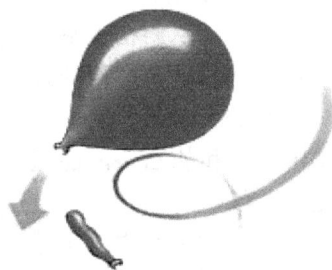

图 3.1.17　单个气球演示反冲现象

分成两部分，一部分（水）向某一方向喷出，另一部分（容器）向另一方向旋转。两种方法的实验现象明显，通过分析也能很好地得出反冲运动的概念。用图 3.1.16b 方法和图 3.1.17 方法演示时，只见小车后退、气球向前飞出的现象，学生看不见气球喷出的气体，所以用这两个方法的实验现象得出反冲运动的概念就有点困难，因此要稍加改进。

实验要领：

1. 用图 3.1.16a 方法演示，小车要放置于平整光滑的桌面上；注意酒精灯的安全使用和瓶塞的喷出方向，以免造成安全事故。

2. 用图 3.1.16b 方法演示，小车要放置于平整光滑的桌面上；气球出气口拴一细小飘带，以显示有气体喷出。

3. 用图 3.1.16c 方法演示，下面放置一接水容器，以免水弄脏教室。

4. 用图 3.1.17 方法演示，要么气球出气口拴一细小飘带，以显示有气体喷出；要么将出气口置于手掌心，让学生感觉到有气体喷出。

第三节　中学物理力学学生实验

实验 15　探究二力平衡的条件

引　　言

牛顿第一定律告诉我们，物体不受力时，将保持静止或匀速直线运动状态，但是不受力的物体是不存在的，为什么有些物体还是会处于静止或匀速直线运动状态呢？是不是物体虽然受力，但是所受的这几个力的作用效果相互抵消，相当于不受力呢？那这几个力之间又有什么关系呢？

1. 平衡力

物体受几个力作用，若能保持匀速直线运动状态或静止状态，那么这几个力相互平衡，称为平衡力。

2. 平衡状态

物体不受力或在平衡力作用下处于静止或匀速直线运动状态，称之为平衡态。

3. 二力平衡

物体在两个力作用下处于平衡状态，这两个力称为二力平衡。

实　　验

一、实验步骤

1. 如图 3.1.18a 所示，将两个托盘都系在小车同一边，此时小车受两个大小相同、方向相同并且在一直线上的力的作用，观察小车的运动状态，分析小车要怎样才保持匀速直线运动状态或静止状态？

2. 如图 3.1.18b 所示，使小车两端的绳子在同一直线上，在左右两盘加放相同质量的砝码，观察小车的运动状态。分析此时小车水平方向上受到几个力作用，这几个力的大小、方向有什么关系？改变两盘中砝码的质量，使其不再相等，再观察小车的运动状态，小车的运动情况会怎样？这说明二力平衡必须要满足什么条件？

3. 如图 3.1.18c 所示，把小车转动一个角度，分析此时作用在小车上的两个拉力是否在一条直线上？松手后，小车能保持匀速直线运动状态或静止状态吗？

这说明二力平衡还需要满足什么条件?

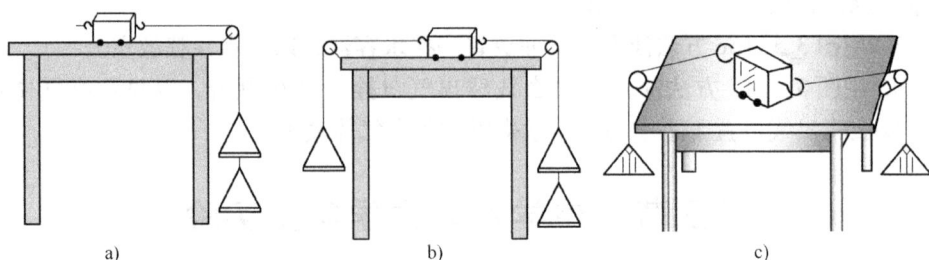

图 3.1.18

二、实验数据记录（见表3.1.2）

表3.1.2　探究二力平衡实验现象记录表

实验次序	小车受力大小（相等，不相等）	小车受力方向（相同，相反）	小车受力是否在同一直线上（是，否）	小车受力是否平衡（是，否）
(1)				
(2)				
(3)				

三、实验结论

二力平衡的条件是：两个力必须作用在同一物体上、大小相等、方向相反、作用在同一直线上。

四、实验改进

1. 如图3.1.19a所示，将砝码改成钩码，这样便于操作。

2. 如图3.1.19b所示，利用铁架台固定两个定滑轮，在一张方形硬纸片上打两个孔，孔上分别串两根两端打结的细线。通过在细线上悬挂钩码来调节纸片的

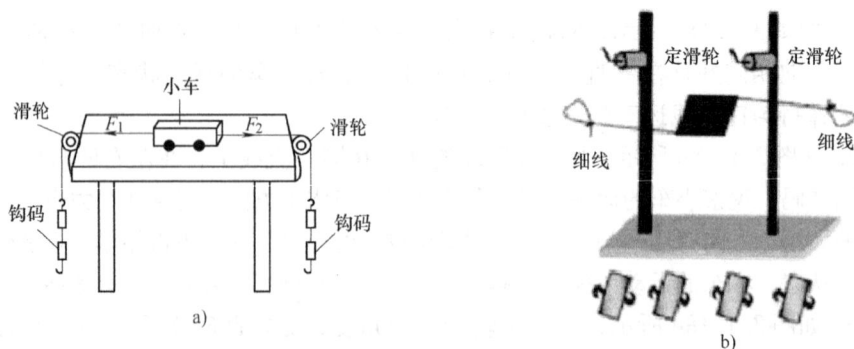

图 3.1.19

受力，特别是在探究二力平衡条件——作用在同一物体上的两个力时，可以用剪刀将硬纸片剪开，弥补了传统实验的不足。

问　　题

1. 预习思考题

（1）牛顿第一定律的基本内容是什么？

（2）力的作用效果有哪些？

（3）力有哪三要素？

2. 分析讨论题

（1）两个平衡力的三要素之间存在什么关系？

（2）上述两种改进方法中有没有值得进一步改进之处？还有没有其他的实验方案？

实验 16　探究影响滑动摩擦力大小的因素

引　　言

人在结冰的路面上行走为什么容易摔倒？这是因为脚与地面的摩擦力小了。在路面上撒下砂子或在脚上绑上绳子就不容易摔倒了，这是因为增大了脚与地面的摩擦力。两个相互接触的物体，当它们做相对运动时，在接触面上会产生一种阻碍相对运动的力，这种力就叫作滑动摩擦力。滑动摩擦力的大小与哪些因素有关呢？

实　　验

一、问题与猜想

1. 提出问题：影响滑动摩擦力大小的因素有哪些？

2. 猜想与假设：

（1）接触面大小。

（2）物体运动的速度。

（3）压力大小。

（4）接触面粗糙程度。

（5）重力大小。

二、实验器材

一个弹簧测力计、两个长方体木块、一块长木板、一条毛巾、砝码、铅笔。

三、实验步骤

1. 设计方案如图 3.1.20 所示。

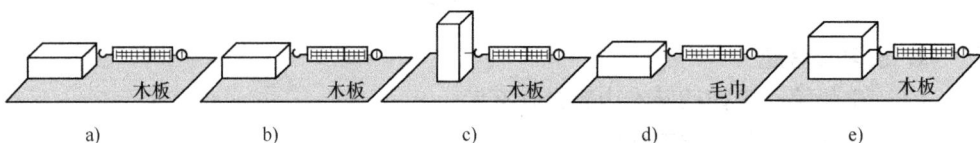

木板	木板	木板	毛巾	木板
a)	b)	c)	d)	e)

图 3.1.20　实验示意图

把全班分成 4 个组，每个组探究一个猜想：

（1）保证接触面粗糙程度、压力大小、接触面大小不变，改变速度大小，如图 3.1.20a、b 所示，比较滑动摩擦力大小；

（2）保证接触面粗糙程度、压力大小、速度大小不变，改变接触面大小，如图 3.1.20a、c 所示，比较滑动摩擦力大小；

（3）保证接触面大小、压力大小、速度大小不变，改变接触面粗糙程度，如图 3.1.20a、d 所示，比较滑动摩擦力大小；

（4）保证接触面大小、接触面粗糙程度、速度大小不变，改变压力大小，如图 3.1.20a、e 所示，比较滑动摩擦力大小。

2. 按照实验条件要求进行实验。

（1）改变接触面大小，可选用长方体形状的木块。

（2）改变速度大小，可以在木块下面铺架铅笔。

（3）改变接触面粗糙程度，可在木板上铺上毛巾、丝巾、玻璃等。

（4）改变压力大小，可以在木块上加减砝码。

注意：弹簧测力计水平匀速拉动木块时才读数。

四、实验数据记录（见表 3.1.3）

表 3.1.3　探究影响滑动摩擦力大小的因素记录表

组数	木块放置	压力 $F_{压}$/N	接触面粗糙程度	木块运动速度	测力计示数 $F_{拉}$/N	摩擦力 $F_{摩}$/N
a	平放	4	较光滑	较慢		
b	平放	4	较光滑	较快		
c	立放	4	较光滑	较慢		
d	平放	4	较粗糙	较慢		
e	平放	8	较光滑	较慢		

五、分析论证

（1）滑动摩擦力大小与接触面积大小、速度大小无关。

（2）在其他条件相同情况下，压力越大，滑动摩擦力越大。

（3）在其他条件相同情况下，接触面越粗糙，滑动摩擦力越大。

六、注意事项

（1）本实验中用到的科学方法：控制变量法。

（2）水平匀速拉动测力计的目的：使木块做匀速直线运动，根据二力平衡的知识可知，木块受到的摩擦力就等于测力计的示数。

（3）匀速拉木块时，速度不能太快，也不能太慢，示数稳定就合适。

问　　题

1. 预习思考题

二力平衡的条件是什么？

2. 分析讨论题

在采用图 3.1.21a 实验装置测量木块与长木板之间的摩擦力时，发现很难保持弹簧测力计示数的稳定，很难读数。请分析其原因是什么？为解决上述问题，某同学对实验装置进行了改进，如图 3.1.21b 所示。请说明利用该装置测出木块与长木板之间的摩擦力的好处是什么？

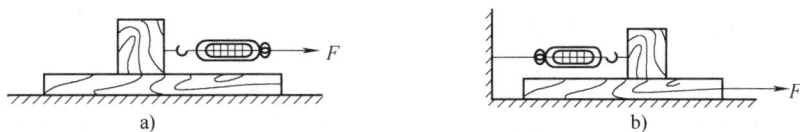

图 3.1.21　改进实验装置

实验 17　探究浮力大小与排开液体重力的关系

引　　言

液体和气体对浸在其中的物体有一个向上的力的作用，这个力称之为浮力。鸭子能漂浮在水面上，是因为受到了浮力的作用；铁块放入水中会下沉，它还会受到浮力吗？为什么轮船又能浮在水面不下沉呢？浮力的大小究竟与哪些因素有关呢？

实　　验

一、问题与猜想

1. 提出问题：物体浸没在液体中会排开液体，物体受到的浮力与排开液体的重力之间有什么关系呢？

2. 猜想与假设：浮力大小等于排开液体的重力。

二、实验步骤

1. 设计实验

（1）如何测得浮力大小？

利用称重法测浮力。

（2）如何收集排开的液体？

利用溢水杯和小桶。

（3）如何测得排开液体的重力？

用弹簧测力计称装液体前后小桶的重力增加了多少。

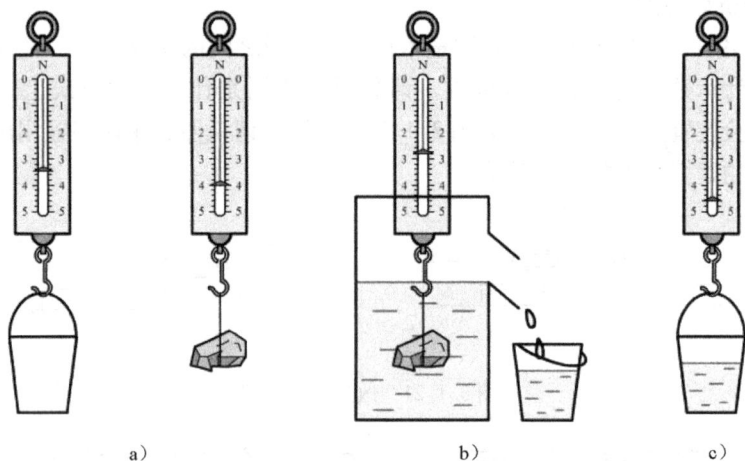

图 3.1.22　实验示意图

2. 进行实验

（1）如图 3.1.22a 所示，分别测出物块在空气中受到的重力 G 和空小桶的重力 $G_桶$，将数据填入表 3.1.4。

（2）如图 3.1.22b、c 所示，用弹簧测力计吊着物块慢慢浸入水中，到溢水杯中的水不再溢出时，读出物块受到的拉力（测力计的示数）$F_拉$ 和装了水的小桶现在的总重 $G_{桶+水}$，将数据填入表 3.1.4。

（3）利用公式 $F_浮 = G - F_拉$ 和 $G_排 = G_{桶+水} - G_桶$ 求出物块受到的浮力 $F_浮$ 和排开的水重 $G_排$，比较它们的大小，将数据填入表 3.1.4。

（4）另换物块重复上述实验三次，对结果进行比较，得出结论。

三、实验数据记录（见表3.1.4）

表 3.1.4　探究浮力大小与排开液体重力的关系的数据记录表

次序	物重 G/N	拉力 $F_拉$/N	$F_浮 = G - F_拉$/N	小桶重 $G_桶$/N	小桶 + 水重 $G_{桶+水}$/N	排开的水重 $G_排 = G_{桶+水} - G_桶$/N	比较 $F_浮$ 和 $G_排$
1	4.0	2.8	1.2	3.4	4.6	1.2	相等
2							
3							
4							

四、实验结论

阿基米德原理：浸在液体中的物体所受的浮力，大小等于它排开的液体所受的重力，其表达式为 $F_浮 = G_排 = m_排 g = \rho_排 g V_排$。

五、注意事项

（1）物体要慢慢浸入溢水杯，待溢水杯中无液体流出时再读出弹簧测力计的示数。

（2）注意弹簧测力计称重的先后顺序：测浮力时先在空气中称，再浸没在液体中称；测液体重力时先称空小桶，再称总重。

（3）物体不能碰杯壁和杯底。

（4）正确使用弹簧测力计。

问　　题

1. 预习思考题

（1）液体内部压强有何特点？

（2）弹簧测力计的使用方法是什么？

（3）实验中需要哪些实验器材？

2. 分析讨论题

（1）实验中用到了哪些实验方法？

（2）如果物体（如木块）的密度小于水的密度，该如何进行实验操作？

实验18　探究杠杆的平衡条件

引　　言

一根在力的作用下可绕固定点转动的硬棒叫作杠杆，杠杆可以是弯的也可以是直的。在生活中，根据需要杠杆可以做成直的，也可以做成弯的。跷跷板、剪刀、扳手等都是杠杆，如图 3.1.23 所示。

图 3.1.23　生活中的杠杆

1. 相关名词

杠杆绕着转动的固定点叫作**支点**，用 O 表示。使杠杆转动的力叫作**动力**（施力的点叫作动力作用点），用 F_1 表示。阻碍杠杆转动的力叫作**阻力**（施力的点叫作阻力作用点），用 F_2 表示。通过力的作用点沿力的方向的直线叫作**力的作用线**。从支点 O 到动力 F_1 的作用线的垂直距离 L_1 叫作**动力臂**。从支点 O 到阻力 F_2 的作用线的垂直距离 L_2 叫作**阻力臂**。杠杆静止不动或匀速转动都叫作**杠杆平衡**。

2. 分类

（1）等臂杠杆

支点在动力作用点和阻力作用点的中间，动力臂与阻力臂长度一致，这类杠杆是等臂杠杆。例如跷跷板、天平等。

（2）省力杠杆

阻力作用点在动力作用点和支点中间，动力臂总是大于阻力臂，它是省力杠杆。例如坚果夹子、门、订书机、跳水板、扳手、开（啤酒）瓶器、（运水泥或砖的）手推车等。

（3）费力杠杆

动力作用点在支点和阻力作用点之间，动力臂比阻力臂短，这类杠杆是费力杠杆，然而它能够节省距离。例如镊子、手臂、鱼竿、皮划艇的桨、下颚、铁锹、扫帚、球棍等。

实　　验

一、问题与猜想

1. 提出问题：杠杆平衡时，F_1、F_2、l_1、l_2 之间存在什么关系呢？

2. 猜想与假设：

（1）$F_1 l_1 = F_2 l_2$；　　　　　（2）$\dfrac{F_1}{l_1} = \dfrac{F_2}{l_2}$。

二、实验器材

杠杆、钩码盒一套、弹簧测力计、细线、刻度尺。

三、实验步骤

（1）调节杠杆两端的平衡螺母，使横梁平衡（见图3.1.24a）。

（2）在杠杆的左右两端用细线依次悬挂一个钩码（每一个钩码重$G = 0.5$N），先固定动力臂l_1的大小（每一格长5cm），然后移动阻力作用点，杠杆平衡时记录阻力臂l_2的大小（见图3.1.24b）。

（3）在杠杆左边动力部分增加一个钩码，改变动力臂l_1的大小，右边阻力大小不变，再移动阻力作用点，杠杆平衡时记录阻力臂l_2的大小（见图3.1.24c）。

（4）在杠杆左边动力部分再增加一个钩码，再改变动力臂l_1的大小，右边阻力部分增加一个钩码，再移动阻力作用点，杠杆平衡时记录阻力臂l_2的大小（见图3.1.24d）。

（5）整理实验器材。

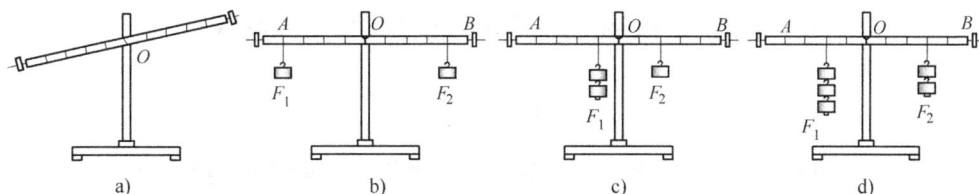

图3.1.24　调节过程

四、实险数据记录（见表3.1.5）

表3.1.5　探究杠杆的平衡条件实验数据记录表

	动力 F_1/N	动力臂 l_1/cm	$F_1 l_1$	$\dfrac{F_1}{l_1}$	阻力 F_2/N	阻力臂 l_2/cm	$F_2 l_2$	$\dfrac{F_2}{l_2}$
步骤2	0.5	20.0						
步骤3	1.0	5.0						
步骤4	1.5	10.0						

五、实验结论

分析实验记录数据，得出结论：动力×动力臂＝阻力×阻力臂，猜想（1）正确，公式表示：$F_1 l_1 = F_2 l_2$。

六、注意事项

（1）安装杠杆的时候不能固定得太紧，如果杠杆能绕固定点自由旋转就合适了。

（2）实验前，杠杆要调水平，并使之处于平衡状态。

（3）实验过程中不能再调节平衡螺母。

问　题

1. 预习思考题

（1）实验前，如何调节杠杆使之处于平衡状态？

（2）教材中在对实验数据进行分析处理时说："对它们进行加、减、乘、除等运算，找出它们之间的关系"，你认为这句话有没有不妥之处？

2. 分析讨论题

（1）在本探究实验中，每次都要使杠杆在水平位置保持平衡的原因是什么？

（2）本实验方法中有没有值得改进之处？还有没有其他的实验方案？

实验19　探究小车速度随时间变化的规律

引　言

世界上的物体处于运动之中，有的快，有的慢，有的速度随时间变化，有的速度保持不变。为了判断物体做什么性质的运动，可以通过测量物体的位移、速度、时间并进行分析来实现。随着科学技术的发展，现在测量物体运动速度的方法很多，本实验利用打点计时器在纸带上打的点来研究物体在恒力作用下速度随时间的变化规律。

1. 打点计时器

（1）作用：计时仪器，当所用交流电源的频率 $f=50\text{Hz}$ 时，每隔 0.02s 打一个点。

（2）工作条件：电磁打点计时器，6V 以下交流电源；电火花打点计时器：220V 交流电源。

2. 处理纸带数据时区分计时点和计数点

计时点是指打点计时器在纸带上打下的点。计数点是指测量和计算时在纸带上所选取的点，要注意"每5个点取一个计数点"与"每隔4个点取一个计数点"取点方法是一样的。

3. 判断物体的运动是否为匀变速直线运动的方法

（1）沿直线运动的物体在连续相等时间 T 内的位移分别为 x_1，x_2，x_3，x_4，…，若 $\Delta x=x_2-x_1=x_3-x_2=x_4-x_3=\cdots$，则说明物体在做匀变速直线运动，且

$\Delta x = aT^2$。

（2）利用"平均速度法"确定多个点的瞬时速度，作出物体运动的 v-t 图像。若 v-t 图线是一条倾斜的直线，则说明物体的速度随时间均匀变化，即做匀变速直线运动。

4. 利用纸带数据求解物体的速度、加速度的方法

（1）"平均速度法"求物体在某点的瞬时速度，即 $v_n = \dfrac{x_n + x_{n+1}}{2T}$，如图 3.1.25 所示。

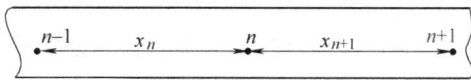

图 3.1.25 纸带数据

（2）"逐差法"求物体的加速度，即 $a_1 = \dfrac{x_4 - x_1}{3T^2}$，$a_2 = \dfrac{x_5 - x_2}{3T^2}$，$a_3 = \dfrac{x_6 - x_3}{3T^2}$，

然后求平均值，即 $a = \dfrac{a_1 + a_2 + a_3}{3}$，这样使所测数据全部得到利用，准确度较高。

这个式子也可以根据下列思路得到：把 $(x_1 + x_2 + x_3)$ 和 $(x_4 + x_5 + x_6)$ 分别看作 x_{I}、x_{II}，利用 $x_{\mathrm{II}} - x_{\mathrm{I}} = at^2$，其中 $t = 3T$。

实　　验

一、实验器材

电火花打点计时器（或电磁打点计时器）、一端附有定滑轮的长木板、小车、纸带、细绳、钩码、刻度尺、导线、电源、复写纸片等。

二、实验步骤

1. 仪器安装

（1）把附有滑轮的长木板放在实验桌上，并使滑轮伸出桌面，把打点计时器固定在长木板上没有滑轮的一端，连接好电路。

（2）把一条细绳拴在小车上，细绳跨过定滑轮，下边挂上合适的钩码，把纸带

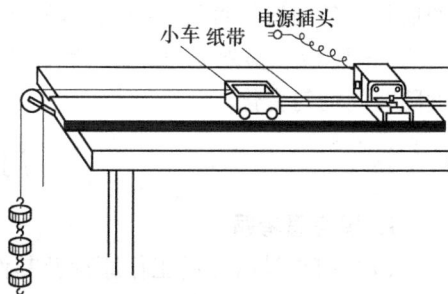

图 3.1.26 实验装置示意图

穿过打点计时器，并把它的一端固定在小车的后面。实验装置如图 3.1.26 所示，放手后，看小车能否在木板上平稳地加速滑行。

2. 测量与记录

（1）把小车停在靠近打点计时器处，先接通电源，后放开小车，让小车拖着纸带运动，打点计时器就在纸带上打下一系列的点，换上新纸带，重复三次。

（2）从三条纸带中选择一条比较理想的，舍掉开头一些比较密集的点，从纸带后边便于测量的点开始确定计数点，为了计算方便和减小误差，通常用连续打点五次的时间作为时间单位，即 $T = 0.1\text{s}$。正确使用毫米刻度尺测量每相邻两计数点间的距离，并填入设计的表格中。

（3）利用某一段时间的平均速度等于这段时间中间时刻的瞬时速度求得各计数点的瞬时速度。

（4）增减所挂钩码数，再重复实验两次。

三、实验数据处理

由实验数据得出 $v\text{-}t$ 图像。

（1）根据表格中的 v、t 数据，在直角坐标系中仔细描点。

（2）作一条直线，使同一次实验得到的各点尽量落到这条直线上，落不到直线上的各点应均匀分布在直线的两侧，这条直线就是本次实验的 $v\text{-}t$ 图线，它是一条倾斜的直线，如图 3.1.27 所示。

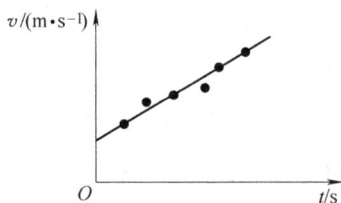

图 3.1.27　$v\text{-}t$ 图线

由实验得出的 $v\text{-}t$ 图像进一步得出小车运动的速度随时间变化的规律。有两条途径进行分析：

（1）直接分析图像的特点得出，小车运动的 $v\text{-}t$ 图像是一条倾斜的直线，如图 3.1.28 所示，当时间增加相同的值 Δt 时，速度也会增加相同的值 Δv，由此得出结论：小车的速度随时间均匀变化。

（2）通过函数关系进一步得到，既然小车的 $v\text{-}t$ 图像是一条倾斜的直线，那么 v 随 t 变化的函数关系式为 $v = kt + b$，显然 v 与 t 呈"线性关系"，小车的速度随时间均匀变化。

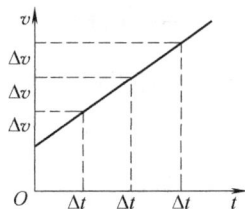

图 3.1.28　图像特点分析图

问　　题

1. 预习思考题

（1）打点计时器的工作原理及其作用是什么？

（2）利用纸带判断物体运动性质的原理与方法是什么？

2. 分析讨论题

（1）为什么纸带和细绳要与木板平行？

（2）实验中先接通电源，后让小车运动的原因是什么？

（3）用作图法作出的 $v\text{-}t$ 图像并不是一条直线，该怎么处理？

（4）本实验方法中有没有值得改进之处？还有没有其他的实验方案？

实验 20 探究加速度与力、质量的关系

引　言

由牛顿第一定律我们知道，力是改变物体运动状态的原因，而质量又是惯性大小的量度，这说明物体运动状态的变化快慢，即加速度大小与力有关，也与质量有关，那么加速度与力和质量的定量关系是什么？为了探究这三个物理量之间的关系，我们用控制变量法实现。先保持质量不变，测量物体在不同力的作用下的加速度，分析加速度与力的关系；再保持物体所受的力相同，测量不同质量的物体在该力作用下的加速度，分析加速度与质量的关系。

实　验

一、实验器材

电磁打点计时器（或电火花打点计时器）、纸带、复写纸片、小车、一端附有定滑轮的长木板、小盘、重物、夹子、细绳、低压交流电源、导线、天平（带有一套砝码）、刻度尺等。

二、实验步骤

1. 用天平测出小车和重物（包括小盘）的质量分别为 M_0、m_0，并把数值记录下来。

2. 按图 3.1.29 将实验器材安装好（小车上不系绳）。

3. 平衡摩擦力，把木板无滑轮的一端下面垫一薄木板，反复移动其位置，直到不挂重物的小车在斜面上做匀速直线运动为止（纸带上相邻点间距相等）。

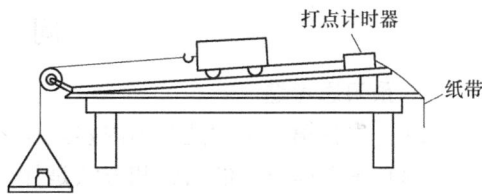

图 3.1.29　实验装置示意图

4. 将重物通过细绳系在小车上，接通电源，放开小车，用纸带记录小车的运动情况；取下纸带并在纸带上标上号码及此时所挂重物（包括小盘）的重力 m_0g。

5. 保持小车的质量不变，改变所挂重物的重力，重复步骤4，多做几次实验，每次小车从同一位置释放，并记录好相应纸带及重物（包括小盘）的重力 m_1g、m_2g 等。

6. 保持小车所受合外力不变，在小车上加放砝码，并测出小车与所放砝码的总质量 M_1，接通电源，放开小车，用纸带记录小车的运动情况，取下纸带并在纸带上标上号码。

7. 继续在小车上加放砝码，重复步骤6，多做几次实验，在每次得到的纸带上标上号码。

三、实验数据处理

1. 物体的质量一定，加速度与受力的关系（见表3.1.6）。

表3.1.6　加速度与力之间关系的实验数据记录表

实验序号	加速度 $a/$（m·s^{-2}）	小车受力 F/N
1		
2		
3		
...		

由表中数据作出质量 m' 不变时 a-F 图像，并得出结论。

2. 物体的受力一定，加速度与质量的关系（见表3.1.7）。

表3.1.7　加速度与质量之间关系的实验数据记录表

实验序号	加速度 $a/$（m·s^{-2}）	小车质量 M/kg
1		
2		
3		
...		

由表中数据作出力 F 不变时，a-m 和 a-$\dfrac{1}{m}$ 的图像，并得出结论。

问　　题

1. 预习思考题

（1）牛顿第一定律的基本内容是什么？

（2）平衡摩擦力的目的和方法是什么？

（3）本实验是个探究性实验，教材没有按探究的思路编写，在教学过程中你将如何引导学生进行猜想与假设并设计实验方案？

2. 分析讨论题

（1）实验中为什么必须满足小车和砝码的总质量远大于小盘和重物的总质量？

（2）上述方法中有没有值得改进之处？还有没有其他的实验方案？

实验21　探究功与速度变化的关系

引　　言

若物体在力的作用下发生位移则该力对物体做了功，物体在力的作用下运动

状态会发生改变，即速度会发生改变。功
是能量转化的量度，那么外力做功与物体
速度之间有什么关系呢？本实验就此问题
进行探究。

如图 3.1.30 所示，小车在橡皮筋的作
用下弹出，沿木板滑行，当我们用 2 条、3
条…同样的橡皮筋进行第 2 次、第 3 次…实
验时，每次实验中橡皮筋拉伸的长度都保

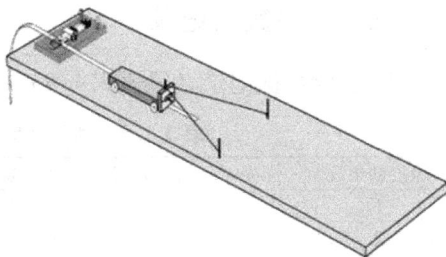

图 3.1.30　探究功与速度变化的关系

持一致，那么，第 2 次、第 3 次…实验中橡皮筋对小车做的功就是第一次的 2 倍、
3 倍…。如果把第一次实验时橡皮筋所做的功记为 W，其他各次做的功就是 $2W$、
$3W$…。

由于橡皮筋做功而使小车获得的速度可以由纸带和打点计时器测出，也可以
用其他方法测出。这样，进行若干次测量，就得到若干组功和速度的数据，以橡
皮筋对小车做的功为纵坐标，小车获得的速度为横坐标，以第一次实验时的功 W
为单位，作出 W-v 图线即功-速度图线，分析这条图线，可以得知橡皮筋对小车做
的功与小车获得的速度的定量关系。

实　　验

一、实验器材

橡皮筋、打点计时器、小车、纸带、复写纸、电源、导线、刻度尺、木板、
钉子等。

二、实验步骤

1. 按照图 3.1.30 组装好实验器材，由于小车在运动中会受到阻力，因此可把
木板略微倾斜作为补偿。

2. 先用一条橡皮筋进行实验，把橡皮筋拉伸一定长度，理清纸带，接通电源，
放开小车。

3. 更换纸带，改用 2 条、3 条…同样的橡皮筋进行第 2 次、第 3 次…实验，每
次实验中橡皮筋拉伸的长度都相同。

4. 由纸带算出小车获得的速度，把第 1 次实验获得的速度记为 v_1，第 2 次、
第 3 次…分别记为 v_2、v_3…。

5. 对测量数据进行估计，大致判断两个量可能的关系，然后以 W 为纵坐标，
以 v^2（或 v，v^3，$\sqrt{v}$）为横坐标作图，分析这些曲线，可以得知橡皮筋对小车做的
功与小车获得的速度的定量关系。

三、实验数据记录

1. 实验数据记录（见表3.1.8）

表3.1.8　功与速度之间关系的实验数据记录表

橡皮筋条数	位移 x/m	时间 t/s	速度 v/（m·s^{-1}）	速度平方 v^2/（m^2·s^{-2}）
1				
2				
3				
4				
5				

2. 实验数据处理及分析

（1）观察法：当橡皮筋的条数成倍增加，即合外力做的功成倍增加时，观察小车的速度或速度的平方如何变化，有何变化规律。

（2）图像法：在坐标纸上画出 W-v 或 W-v^2 图线（"W"以一根橡皮筋做的功为单位）。

（3）实验结论：从图像可知功与物体速度变化的关系为 $W \propto v^2$。

四、注意事项

1. 平衡摩擦力很关键。

2. 测小车速度时，纸带上的点应选均匀部分的，也就是选小车做匀速运动状态的。

3. 橡皮筋应选规格一样的。力对小车做的功以一条橡皮筋做的功为单位即可，不必计算出具体数值。

4. 小车质量应大一些，使纸带上打的点多一些。

问　　题

1. 预习思考题

（1）为什么要用相同规格的橡皮筋，并且要求形变要相同？

（2）如何平衡摩擦力？

2. 分析讨论题

（1）实验中用到了哪些实验方法？

（2）W-v 或 W-v^2 的关系对你有何启示？

（3）上述方法中有没有值得改进之处？还有没有其他的实验方案？

实验22　验证机械能守恒定律

引　　言

物体在只有重力或弹力（弹簧弹力）做功的条件下机械能守恒，做自由落体运动的物体只受重力作用，物体在下落过程中重力势能和动能互相转化，但总的机械能保持不变。若物体由静止下落高度 h，瞬时速度变为 v，则重力势能的减少量为 mgh，动能的增加量为 $\frac{1}{2}mv^2$。测出高度 h 和速度 v，计算势能的减少量和增加的动能，看二者在实验误差允许的范围内大小是否相等，若相等则可以验证机械能守恒定律。

实　　验

一、实验装置

按图 3.1.31 所示，将检查、调整好的打点计时器竖直固定在铁架台上，接好电路。

二、实验步骤

1. 打纸带

将纸带的一端用夹子固定在重物上，另一端穿过打点计时器的限位孔，用手提着纸带使重物静止在靠近打点计时器的地方。先接通电源，后松开纸带，让重物带着纸带自由下落。

更换纸带重复做 3～5 次实验。

图 3.1.31　验证机械能
守恒定律实验装置图

2. 选纸带

下面分两种情况说明。

（1）用 $\frac{1}{2}mv_n^2 = mgh_n$ 验证时，应选点迹清晰，且第 1、2 两点间距离小于或接近 2mm 的纸带。第 1、2 两点间的距离大于 2mm 的，是由于先释放纸带后接通电源造成的。这样，第 1 个点就不是运动的起始点了，这样的纸带不能选。

（2）用 $\frac{1}{2}mv_B^2 - \frac{1}{2}mv_A^2 = mg\Delta h$ 验证时，由于重力势能的相对性，处理纸带时，选择适当的点为基准点，这样纸带上打出的第 1、2 两点间的距离是否大于 2mm 就无关紧要了，所以只要后面的点迹清晰就可选用。

三、实验数据处理

（1）测量计算

在起始点标上 0，在以后各点处依次标上 1，2，3，…，用刻度尺测出对应的下落高度 h_1，h_2，h_3，…。

利用公式 $v_n = \dfrac{h_{n+1} - h_{n-1}}{2T}$ 计算出点 1、点 2、点 3……的瞬时速度 v_1，v_2，

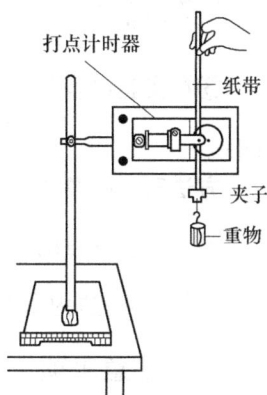

v_3，…。

（2）验证守恒

方法一　利用起始点和第 n 个点计算。代入 gh_n 和 $\frac{1}{2}v_n^2$，如果在实验误差允许的条件下，$gh_n = \frac{1}{2}v_n^2$，则机械能守恒定律是正确的。

方法二　任取两点计算。

①任取两点 A、B 测出 h_{AB}，算出 gh_{AB}。

②算出 $\frac{1}{2}v_B^2 - \frac{1}{2}v_A^2$ 的值。

③在实验误差允许的条件下，如果 $gh_{AB} = \frac{1}{2}v_B^2 - \frac{1}{2}v_A^2$，则机械能守恒定律是正确的。

方法三　图像法。从纸带上选取多个点，测量从第一个点到其余各点的下落高度 h，并计算各点速度的平方 v^2，然后以 $\frac{1}{2}v^2$ 为纵轴，以 h 为横轴，绘出 $\frac{1}{2}v^2$-h 图线。若在误差允许的范围内图像是一条过原点且斜率为 g 的直线，则验证了机械能守恒定律。

四、注意事项

（1）打点计时器要稳定地固定在铁架台上，打点计时器平面与纸带限位孔调整到竖直方向，以减小摩擦阻力。

（2）重物要选用密度大、体积小的物体，这样可以减小空气阻力的影响，从而减小实验误差。

（3）实验中，需保持提纸带的手不动，且保证纸带竖直，待接通电源且打点计时器工作稳定后，再松开纸带。

问　题

1. 预习思考题

（1）机械能守恒定律的基本内容、条件是什么？

（2）根据纸带上打的点如何求出瞬时速度？

（3）怎样选取纸带？若纸带被扯断或不是从静止开始打的，还能用于验证机械能守恒定律吗？

2. 分析讨论题

（1）为什么速度不能用 $v_n = gt_n$ 或 $v_n = \sqrt{2gh_n}$ 计算？为什么重物下落的高度 h，也只能用刻度尺直接测量，而不能用 $h_n = \frac{1}{2}gt_n^2$ 或 $h_n = \frac{v_n^2}{2g}$ 计算得到？

（2）还有没有其他的实验方案验证机械能守恒定律？

第二章　中学物理热学实验技能训练

热学是研究物质处于热状态时的有关性质和规律的物理学分支，它起源于人类对冷热现象的探索。人类生存在季节交替、气候变换的自然界中，冷热现象是他们最早观察和认识的自然现象之一。历史上对热的认识，出现过两种对立的观点。18世纪出现过热质说，把热看成是一种不生不灭的流质，一个物体含有的热质多，就具有较高的温度。与此相对立的，是把热看成物质的一种运动的形式的观点。1744年，俄国科学家罗蒙诺索夫指出热是分子运动的表现。

针对热质说不能解释摩擦生热的困难，许多科学家进行了各种摩擦生热的实验。特别是朗福德的实验，他用钝钻头钻炮筒，因钻头与炮筒内壁摩擦，在几乎没产生碎屑的情况下使水沸腾；1840年以后，焦耳做了一系列的实验，证明热是同大量分子的无规则运动相联系的。

焦耳的实验以精确的数据证实了迈尔热功当量概念的正确性，使人们摒弃了热质说，并为能量守恒定律的建立奠定了实验基础。与此同时，热学的两类实验技术——测温术和量热术也得到了发展。

第一节　热学实验的基本特点与技术要领

一、保持研究对象的清洁纯净

研究对象越纯净，实验误差越小。

二、密闭良好不漏气

漏气多发生在玻璃管和软管的接头处，瓶塞及其上面的孔道、管闩、阀门等处，解决的办法多使接合部位套合严密，加以捆扎卡夹，或抹涂凡士林、真空脂。对于盛有机溶剂的容器接头处，则应用石蜡或火漆填塞。

三、合理加热

热学实验中，多数需要均匀加热，使升温缓慢。一般采用隔石棉网或铁丝网用酒精灯小火头来加热。加热温度在100℃以下时，可用水浴法，加热温度在

100℃以上时，可用油浴法。总之，要避免与火焰直接接触。

另外，热学中一些显示功、热转换的实验，它们的加热方式是通过做功实现的，如压缩空气引火实验，应选取内径较细的玻璃管以提高压缩比，机械能与热能的转换实验则要快速做功。

四、妥善保温

有些热学实验要杜绝热的损失，就要求选用绝热性能好的量热器做实验，并对导气管、导水管等仪器装置上易于散热的部件敷设隔热材料，防止不必要的热交换。

第二节　中学物理热学演示实验

实验1　碘的升华与凝华

物理课题：

人教版8年级物理上册第三章第4节《升华和凝华》。

演示目的：

演示升华和凝华现象，引出升华和凝华的概念。

实验简介：

用酒精灯（或放入热水中）对碘的升华与凝华演示器（图3.2.1）的管底进行加热，管内的固态碘变为紫色的碘蒸气并充满试管。停止加热，管内的碘蒸气慢慢消退，在管底会出现碘晶体颗粒。

学生观察实验得知，碘直接从固体变化为气体，又直接从气体变化为固体，实验过程中没有出现液态碘。

实验要领：

1. 加热要均匀，防止试管爆裂。

2. 为了加快凝华实验进度，可以往玻璃管上淋凉水，但不可淋冰水。

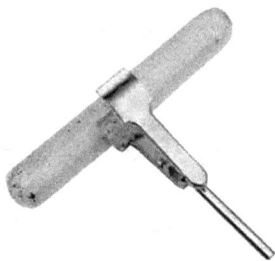

图3.2.1　升华和凝华演示器

实验2　气体扩散实验

物理课题：

人教版9年级物理第十三章第1节《分子热运动》。

演示目的：

演示气体扩散现象，引出扩散概念。

实验简介：

在装着红棕色二氧化氮气体的瓶子上面，倒扣一个空瓶子，使两个瓶口相对，之间用一块玻璃板隔开（见图 3.2.2）。抽掉玻璃板后，让学生观察发生的变化。

实验引出疑问：二氧化氮密度比空气大，它为什么能进到上面的瓶子里去呢？从而引出扩散的概念。

实验要领：

1. 要在玻璃板上涂抹凡士林。

2. 抽出玻璃板的动作要平稳迅速。

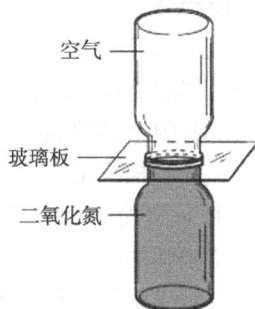

图 3.2.2　气体扩散实验

实验 3　水和酒精的混合

物理课题：

人教版高中物理选修 3 – 3 第七章第 3 节《分子间的作用力》。

演示目的：

说明分子间存在空隙。

实验简介：

取一支长约 1m 的玻璃管（见图 3.2.3），注入半管清水，再注入酒精（加品红），使液面几乎达到管口。用橡胶塞塞住管口，上下颠倒几次玻璃管，让学生观察管中液体体积的变化。

实验引出疑问：水和酒精混合后总体积会减小，这说明什么？

实验要领：

1. 由于酒精密度比水小，所以应该先注入水，再注入酒精。

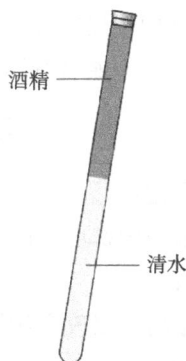

图 3.2.3　水和酒精的混合

2. 用注射器沿玻璃管内壁缓慢注入酒精。

实验 4　液体的表面张力实验

物理课题：

人教版高中物理选修 3 – 3 第九章第 2 节《液体》。

演示目的：

演示液体的表面张力现象。

实验简介：

1. 把一条细棉钱的两端系在铁丝环上，不要让棉线过紧，使它处于略为松弛的状态。然后将铁丝环浸入肥皂液里，再拿出来时环上就留下了一层肥皂液的薄膜。这时薄膜上的棉线仍是松弛的（见图3.2.4a）。

用针刺破棉线某一侧的薄膜，观察薄膜和棉线发生的变化（见图3.2.4b、c）。

2. 把一个棉线圈系在铁丝环上，使环上布满肥皂液的薄膜，这时薄膜上的棉线圈仍是松弛的（见图3.2.5a）。

用针刺破棉线圈里的薄膜，观察棉线圈外的薄膜和棉线圈发生的变化（见图3.2.5b）。

实验引出疑问：液体表面有什么性质？

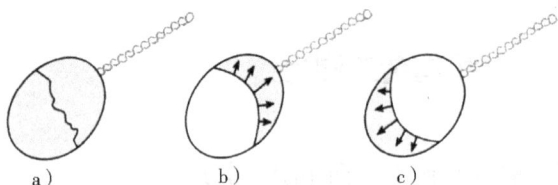

图3.2.4 观察肥皂膜和棉线的变化　　图3.2.5 棉线圈内的薄膜

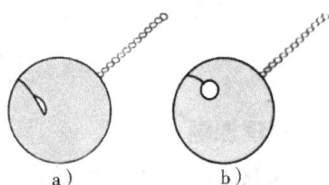

实验要领：

1. 最好用烧热的针刺破，能保证一次成功。

2. 铁丝环不能有铁锈，若有生锈的地方可以打磨一下。

实验5　压缩气体做功实验

物理课题：

人教版高中物理选修3－3第十章第1节《功和内能》。

演示目的：

说明做功可以改变物体的内能。

实验简介：

在有机玻璃筒底放置少量易燃物（见图3.2.6），例如有乙醚的棉花、硝酸纤维等，迅速压下筒中的活塞，让学生观察筒底物品的变化。

实验要领：

1. 易燃物不要放太多。

2. 要让活塞上升到最高处再下压，以保证筒内的含氧量。

3. 如果一次实验没有成功，要把活塞拔出来，放入空气后再进行第二次实验，仍然是为了保证筒内含氧量。

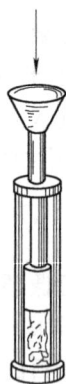

图3.2.6 压缩气体做功

4. 活塞上应保持含油状态，否则会干裂老化。

5. 使用后应擦去气筒内的污物。

第三节　中学物理热学学生实验

实验6　用温度计测量水的温度

引　　言

温度是热学中最基础的一个物理量，也是我们生活中经常提及的一个概念。本实验旨在让学生掌握如何科学、准确地使用液体温度计测量液体的温度。

1. 温度

物理学中通常把物体的冷热程度叫作温度。热的物体温度高，冷的物体温度低。

2. 摄氏温度

把在标准大气压下冰水混合物的温度定为 0 摄氏度，沸水的温度定为 100 摄氏度，分别用 0℃ 和 100℃ 表示；0℃ 和 100℃ 之间分成 100 个等份，每个等份代表 1℃。

3. 正确的测量和读数方法

图 3.2.7a 中，甲、乙、丙为常见的错误测量方法，丁为正确的测量方法。图 3.2.7b 中，甲、丙为常见的错误读数方法，乙为正确的读数方法。

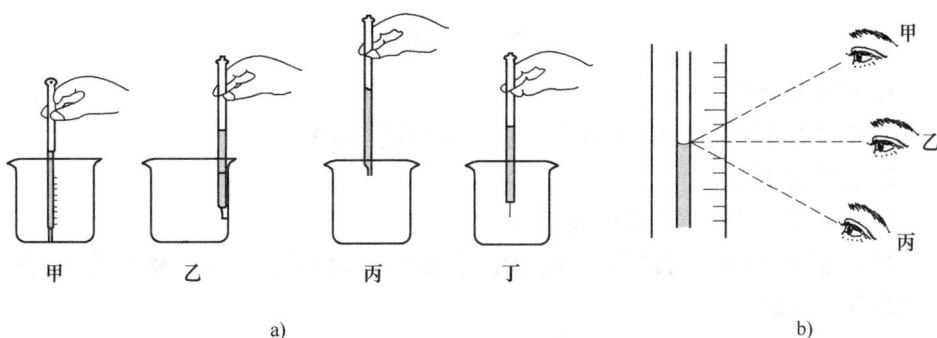

图 3.2.7　温度计的使用方法

实　　验

一、实验步骤

1. 检查器材

观察温度计的量程和分度值。

2. 估测热水的温度

把手指伸入热水中（水不要太热，避免烫伤），把估测的温度记录下来。

3. 用温度计测量热水的温度

手持温度计的上端，将温度计的玻璃泡全部浸入热水中，温度计不要碰到杯底和杯壁。待温度计示数稳定后再读数，读数时温度计继续留在水中，视线与温度计中液柱的上表面相平。将数据记录在表 3.2.1 中。

4. 估测温水温度，测量温水的温度

操作方法同上。

5. 估测冷水温度，测量冷水的温度

操作方法同上。

6. 整理器材

把器材放回原位，清理实验台。

二、实验数据记录

表 3.2.1　测量水的温度数据记录表

	热水	温水	冷水
估测温度			
实测温度			

问　　题

1. 预习思考题

实验室用液体温度计是利用什么原理来测量温度的？

2. 分析讨论题

（1）温度计的量程是如何确定的？

（2）温度计测液体温度时，玻璃泡应放在什么位置？什么时候读数？读数时应注意什么问题？

实验7　探究固体熔化时温度的变化规律

引　　言

晶体和非晶体在熔化时有着不同的温度变化特点。本实验旨在探究晶体和非晶体在熔化时温度的变化规律。

1. 晶体

晶体是其原子或分子在空间按一定规律周期性重复排列的固体。这类固体在熔化过程中，尽管不断吸热，温度却保持不变，有确定的熔化温度。例如海波、冰、各种金属。

2. 非晶体

非晶体是指组成物质的分子（或原子、离子）不呈现空间有规则周期性排列的固体。这类固体在熔化过程中，只要不断地吸热，温度就不断地上升，没有固定的熔化温度。例如蜡、松香、玻璃等。

3. 熔点

晶体熔化时的温度叫作熔点。非晶体没有确定的熔点。

4. 凝固点

晶体凝固时有确定的温度，这个温度叫作凝固点。同一种物质的凝固点和它的熔点相同。非晶体没有确定的凝固点。

实　　验

一、实验步骤

1. 参照图 3.2.8 组装好实验器材。

2. 点燃酒精灯开始加热。

3. 待温度升至 40℃ 左右，每隔 1min 记录一次温度，待海波完全熔化后再记录 4 ~ 5 次。

4. 把海波换成蜡的碎块重复上述实验。

5. 在图 3.2.9 和图 3.2.10 的方格纸中分别描出表 3.2.2 中海波和蜡的温度及时间值，再用平滑的线将各点依次连接，即得海波和蜡的温度-时间图像。

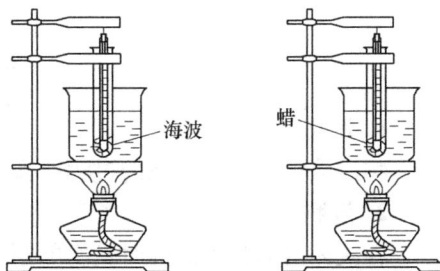

图 3.2.8　观察熔化现象的实验装置

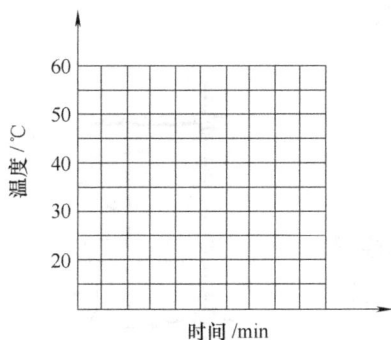

图 3.2.9　记录海波熔化时
温度变化的方格纸

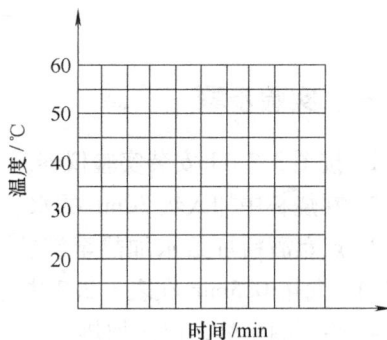

图 3.2.10　记录蜡熔化时
温度变化的方格纸

二、实验数据记录

表 3.2.2　固体熔化时温度变化情况记录表

时间/min	0	1	2	3	4	5	…
海波的温度/℃							
蜡的温度/℃							

问　　题

1. 预习思考题

（1）酒精灯的正确操作方法包括哪些？

（2）为什么用水浴法加热而不是直接加热？

2. 分析讨论题

（1）在用描点法描绘熔化图像时，应将所得的点用折线相连还是用平滑曲线相连？

（2）海波熔化时间太短有什么不好？如何延长海波熔化的时间？

实验 8　探究水沸腾时温度变化的特点

引　　言

1. 汽化

物质从液态变为气态的过程叫作汽化。

2. 沸腾

在液体内部和表面同时发生的剧烈的汽化现象。

3. 沸点

液体沸腾时的温度称为沸点。

实　　验

一、实验步骤

1. 按图 3.2.11 安装实验仪器。

2. 在烧杯中加入约 30mL 的水。

3. 点燃酒精灯给水加热至沸腾。当水温接近 90℃时，每隔 0.5min 在表 3.2.3 中记录一次温度。

4. 熄灭酒精灯，停止加热。

5. 冷却后整理好实验仪器。

6. 在图 3.2.12 的坐标纸中描绘水沸腾时温度与时间的关系图像。

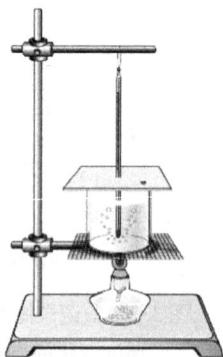

图 3.2.11　观察水沸腾的实验装置

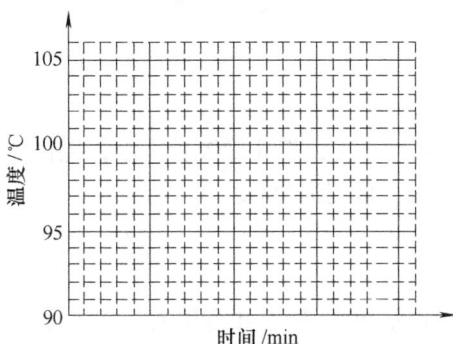

图 3.2.12 水沸腾时温度和时间关系的图像

二、实验数据记录

表 3.2.3 水沸腾时温度变化情况记录表

时间/min	0	0.5	1.0	1.5	2.0	2.5	...
温度/℃							

问 题

1. 预习思考题

（1）水沸腾时有什么特征？

（2）水沸腾后如果继续加热，温度会怎样变化？

2. 分析讨论题

该实验中水的沸点是多少？水的沸点会变吗？

实验 9 比较不同物质吸热的情况

引 言

在比热容这一节的学习中，要想深刻理解比热容的物理意义，必须对这一物理概念有非常形象和直观的感受。本实验旨在让学生认识到不同的物质吸收热量的能力不同，定性地探究影响物质吸收热量多少的因素，体会控制变量法在科学探究中的应用。本实验采用了电热丝加热，这样的好处在于电热丝产生的热量与通电时间成正比，能够准确地比较物质所吸收热量的多少。

比热容：一定质量的某种物质，在温度升高时吸收的热量与它的质量和升高的温度的乘积之比，叫作这种物质的比热容。

实　　验

一、实验器材

托盘天平 1 台，温度计 2 支，带孔橡胶盖 2 个，搅拌器 2 个，电热丝 2 根，导线，电源，开关，水 200g，食用油 200g。

二、实验步骤

1. 用托盘天平分别称量 200g 的水和食用油，盛于烧杯中。
2. 按图 3.2.13 和图 3.2.14 安装两组实验仪器。
3. 观察温度计的示数，记下加热前水和食用油的温度。
4. 闭合开关，用电热丝分别对水和食用油加热 5min，每隔 1min 同时读出两支温度计的示数，记入表 3.2.4。
5. 断开开关，待冷却后整理器材。

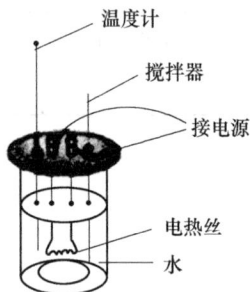

图 3.2.13　加热水的实验装置

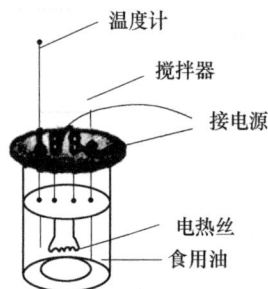

图 3.2.14　加热食用油的实验装置

三、实验数据记录

表 3.2.4　水和食用油的吸热情况记录表

时间/min	0	1	2	3	4	5
水的温度/℃						
食用油的温度/℃						

问　　题

1. 预习思考题

（1）对于不同的物质，比如水和食用油，如果它们的质量相同，吸收的热量相同，那它们升高的温度是否相同？

（2）不同的物质吸热能力不同，如何定义物质的吸热能力？

2. 分析讨论题

质量相等的水和食用油，如果让它们升高相同的温度，吸收的热量是否相同？

实验10　用油膜法估测分子的大小

引　言

在前面的学习中，我们知道物质是由大量分子组成的。那么，我们可以通过什么途径知道分子的大小呢？

本实验采用使油酸在水面上形成一层单分子油膜的方法估测分子的大小。当把一滴用酒精稀释过的油酸滴在水面上时，油酸就在水面上散开，其中的酒精溶于水，并很快挥发，在水面上形成一层纯油酸薄膜。如果算出一定体积的油酸在水面上形成的单分子油膜的面积，即可算出油酸分子的大小。用 V 表示一滴油酸酒精溶液中所含油酸的体积，用 S 表示单分子油膜的面积，用 d 表示油膜的厚度，那么 $d = V/S$，d 就近似等于油酸分子的直径（见图 3.2.15）。

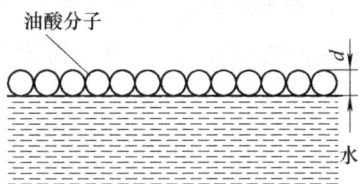

图 3.2.15　水面上单分子油膜的示意图

油酸本身的分子结构比较复杂，在这里把油酸分子看作小球来处理，这是一种估算的方法，估算在物理学的学习和研究中有非常重要的作用。通过本实验我们并不能得到非常准确的数据，只能得到分子尺度的数量级，但本实验能让我们了解分子有多么的微小。

实　验

一、实验器材

配制好的油酸酒精溶液，浅盘，注射器，坐标纸，玻璃板，痱子粉，量筒，彩笔。

二、实验步骤

1. 用注射器取出事先按一定比例配制好的油酸酒精溶液，缓缓推动活塞使溶液一滴一滴地滴入量筒，记下量筒内溶液增加 x（mL）体积时的滴数 n，算出一滴油酸酒精溶液的体积：

$$V' = \frac{x}{n}(\text{mL})$$

再根据油酸酒精溶液中油酸的体积比 η，算出一滴油酸酒精溶液中油酸的体积：

$$V = \eta V'$$

2. 用酒精溶液及清水清洗浅盘，充分洗去油污、粉尘，在浅盘中倒入约 2 cm 深的水，然后将痱子粉均匀地撒在水面上，再用注射器将事先配制好的油酸酒精溶液滴一滴在水面上，一会儿就会在水面上形成一层形状不规则的油酸薄膜。

3. 待油酸薄膜稳定后，将玻璃板平放在浅盘上，然后用彩笔将油膜形状的轮廓画在玻璃板上（见图 3.2.16）。

4. 将画有油膜形状的玻璃板放在坐标纸上，数出油膜的格数，算出油膜的面积 S。（以坐标纸上边长为 1cm 的正方形为单位，数轮廓内正方形个数时，多于半个的算一个，不足半个的舍去。）

5. 根据测出的一滴油酸酒精溶液里油酸分子的体积 V 和油酸薄膜的面积 S，可求出油膜的厚度 d，则 d 可看作油酸分子的直径。

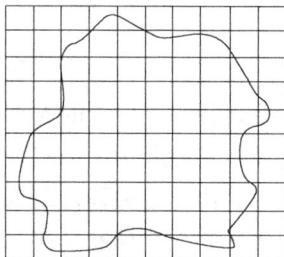

图 3.2.16 在方格纸上描绘出油膜的形状

6. 重复以上实验步骤多测几次并求平均值，即为油酸分子的大小。

问 题

1. 预习思考题

我们之前测量过哪些微小量？是如何测量的？

2. 分析讨论题

（1）为什么说是"估测"？导致实验产生误差的因素有哪些？

（2）重复实验时，需要仔细清洗浅盘，为什么？

（3）为什么要配制油酸的酒精溶液？能不能把纯油酸直接滴在浅盘中？为什么？

实验 11 探究气体等温变化的规律

引 言

生活中的许多现象都表明，气体的压强、体积、温度三个状态量之间存在一定的关系。当其中一个参量发生变化时，另外两个参量中的至少一个参量会发生变化。为了方便研究，我们需控制其中一个参量不变，探究另外两个参量之间的关系。在实验中，注意体会控制变量法的应用。本实验探究的是当气体温度不变时，压强和体积之间的变化关系。

实 验

一、实验器材

带铁夹的铁架台，注射器，栓塞（与压力表密封连接），压力表，橡胶套，刻度尺。

二、实验步骤

1. 如图 3.2.17 所示组装实验器材。

2. 注射器两端有栓塞和橡胶套，管内密封一段空气柱，这段空气柱就是我们的研究对象。在实验过程中，我们可以近似认为空气柱的质量和温度不变。

3. 用手把栓塞向下压，选取几个位置，同时读出刻度尺读数与压强，记录数据于表 3.2.5 中。

4. 用手把栓塞向上拉，选取几个位置，同时读出刻度尺读数与压强，记录数据于表 3.2.5 中。在该实验中，我们可以直接用刻度尺读数作为空气柱体积，而无须测量空气柱的横截面积。

5. 以压强 p 为纵坐标，以体积的倒数 $\frac{1}{V}$ 为横坐标，把以上各组数据在图

3.2.18 所示的坐标系中描点，观察图像，进一步确定 p 与 $\frac{1}{V}$ 的关系。

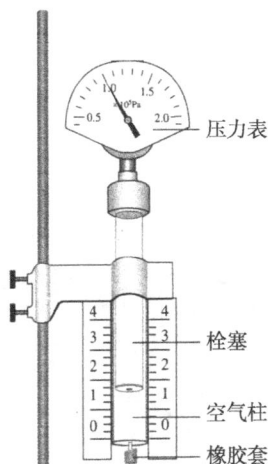

图 3.2.17　研究气体等温
变化的实验装置

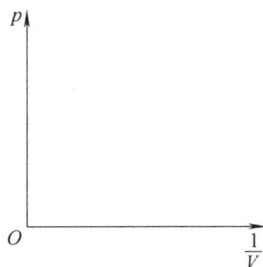

图 3.2.18　用图像检验 p 与 $\frac{1}{V}$ 的
线性关系

三、实验数据记录

表 3.2.5　气体等温变化中压强与体积的关系实验数据记录表

空气柱高度 d/cm						
空气柱体积 V/L						
$\dfrac{1}{V}$/L^{-1}						
压强 p/$\times 10^5$ Pa						

问　　题

1. 预习思考题

（1）研究气体的性质时，通常用哪几个物理量描述气体的状态？

（2）对于质量一定的气体，一个状态参量发生变化时，另外两个状态参量中的一个也发生变化。结合生活经验，你能找到这样的例子吗？

2. 分析讨论题

（1）在该实验中，我们可以直接用刻度尺读数作为空气柱体积，无须测量空气柱的横截面积，为什么？

（2）为什么要将体积 V 变换为 $\dfrac{1}{V}$ 来拟合图像？

（3）在实验中，主要的误差有哪些？

第三章　中学物理电磁学实验技能训练

电磁学是现代科学技术的重要组成部分，掌握电磁学实验研究的基本方法已成为各学科领域的基本要求。电磁学从其建立之初就是一门以实验为基础的科学。很早以前，人们就知道毛皮摩擦过的琥珀能吸引微小的物体。后来，库仑定律和安培定律等实验定律的提出，促使电磁学逐渐形成了完整的理论体系。现代的电磁学实验尽管所用仪器设备有些已经很复杂、精密，但仍然是人们观察研究电磁现象，学习理论知识的重要途径之一。

第一节　电磁学实验的基本特点与技术要领

电磁学实验包括稳恒电流、静电学、磁学三部分实验相关内容。

一、静电学实验特点

静电具有电压高、电量少、电荷分布在导体外表面且按曲率分布等特点。电压高，就容易漏电；电荷按曲率分布在导体外表面极易形成尖端放电。所以决定静电实验成败的关键是绝缘良好，防止漏电。要绝缘状况好，就要选用绝缘性好的石蜡、塑料泡沫、有机玻璃等好的绝缘材料做绝缘体，另外还要保持环境的清新和干燥。

二、电磁学实验操作技术

1. 准备

做实验前要做到认真预习，并理解掌握实验的原理及实验内容。实验时，先要弄清楚本次各实验仪器的规格及使用方法，使用电表时要特别注意其量限及正负极性；滑线变阻器、电阻箱、电感等要注意额定电压和额定功率并由此计算出额定电流，切勿超过其额定值。

2. 摆放

连接线路前，应先将所有仪器放在合适位置，以便在实验时确保安全，使操作和读数方便。

3. 连线

要在理解电路结构的基础上连线。连接简单电路时，可从电源一极出发，顺次连接串联部分，而后再连接并联部分。连接复杂电路时，要先连好一个个单元电路，然后找主要元件连接。切不可在不清楚的情况下接通电路。

4. 检查

电路连接好后，先复查电路连接是否正确，再确认可调电源电压输出是否为最小状态，最后检查其他的，比如开关是否断开，量程是否正确，电表和电源正负极是否接错，电阻箱数值是否正确，变阻器的滑动端（或电阻箱各档旋钮）位置是否正确等，直到一切都做好，再接上电源，进行实验，开始先作瞬间接通，看各仪表动作是否正常，如正常可正式通电实验，否则应立即断开电源。

5. 通电

一切都准备好后接通电源，缓慢改变电源电压输出或者调节滑动变阻器，达到实验所需状态。在改接电路或交换电表量程时，必须断开电源，而后换接，以免发生危险或损坏仪器。

6. 实验

实验时做到细心操作，认真观察，及时记录原始实验数据。实验过程中不可用手接触电路中裸露的部分。

7. 记录

在实验中要正确记录实验数据（注意单位和有效数字位数），不要忙于追求实验测量数据，如发现数据有问题，可以重新做实验，并对原来数据标上特殊符号以待考查，未重新测量绝不允许修改实验数据。

8. 安全

进入实验室就要做到爱护仪器和注意安全。在实验正式开始操作之前不可乱动仪器。不管电路中有无高电压，要养成不接触电路中导体的习惯。

9. 归整

实验做完，应将电路中仪器拨到安全位置，电压输出调至最小，断开开关，经教师检查原始实验数据后再拆线，拆线时应先拆去电源，最后将所有仪器摆正，并清理实验台上无关的东西，再离开实验室。

第二节　中学物理电磁学演示实验

实验1　演示带电体间的相互作用规律

物理课题：

人教版9年级物理第十五章第1节《两种电荷》。

演示目的：

1. 通过演示说明自然界中存在两种电荷；

2. 通过演示得出电荷间相互作用规律。

实验简介：

把用绸子摩擦过的有机玻璃棒放到灵敏转动支架上，手拿另一根同样跟绸子摩擦过的有机玻璃棒从侧面靠近它，可看到两根有机玻璃棒互相排斥（见图3.3.1）。若是用毛皮摩擦过的胶木棒靠近它，就可看到两者相互吸引。同样用毛皮摩擦过的两根胶木棒做实验，也可看到胶木棒相互排斥。

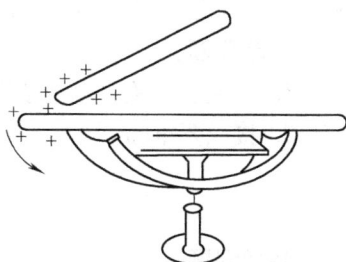

图 3.3.1 支撑法演示示意图

人们把用绸子摩擦过的玻璃棒带的电荷叫作正电荷。用毛皮摩擦过的胶木棒带的电荷叫负电荷。导体所带电荷的正负可用试电笔氖管检验。当试电笔接触带电导体的那端发光时说明导体带负电荷，试电笔另一端发光就说明导体带正电荷，氖管中间发光就说明是交流电。千万注意，带电体要有足够多的电量，氖管必须串接高电阻。上述实验可得到带电体间相互作用规律：同种电荷互相排斥，异种电荷互相吸引。

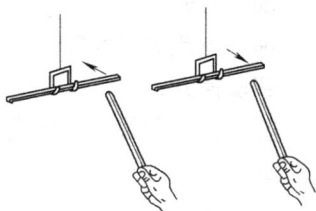

图 3.3.2 悬挂法演示示意图

本实验除了用支撑法以外，也可以用悬挂法，如图3.3.2所示。

实验要领：

1. 摩擦起电所用绝缘材料需干燥（潮湿的环境中，实验前可用电吹风将玻璃棒（胶木棒）、丝绸（毛皮）等绝缘部分吹一下）。

2. 悬挂或支撑的玻璃棒或胶木棒要平衡且转动阻力要小。

3. 摩擦的时候丝绸（毛皮）与玻璃棒（胶木棒）要分离，用点力（不要太用力，以避免手心出汗）一下一下摩擦。

实验2 连接电路控制灯泡

物理课题：

人教版9年级物理第十五章第2节《电流和电路》。

演示目的：

通过演示让学生认识电路，引入课题。

实验简介：

实验器材如图3.3.3所示。教师依次出示并询问或介绍实验器材。然后提问：小灯泡怎样才能发光呢？学生回答：通电。再提问：怎样给小灯泡通电呢？学生迷惑，然后老师拿出导线连接电路，闭合开关，小灯泡发光。

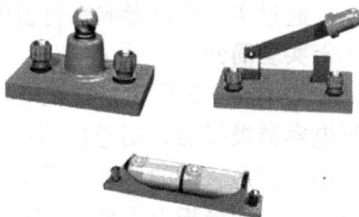

图 3.3.3 实验电路元件

实验引出疑问：这些器材连接起来灯泡就发光了，电是怎样跑到灯泡中去的呢？引出课题《电流和电路》。

实验要领：

1. 灯泡、开关、电池依次连接组成串联电路。

2. 接线要牢固。

实验3　奥斯特实验

物理课题：

人教版9年级物理第二十章第2节《电生磁》。

演示目的：

演示电流的磁效应。

实验简介：

将电池、开关、直导线、滑动变阻器按图3.3.4连接成回路，小磁针放在直导线旁边。首先，开关断开，观察小磁针的方向；然后，闭合开关给直导线通电，观察小磁针的方向；再改变电流方向，观察小磁针的方向；最后再断开开关，观察小磁针的方向。

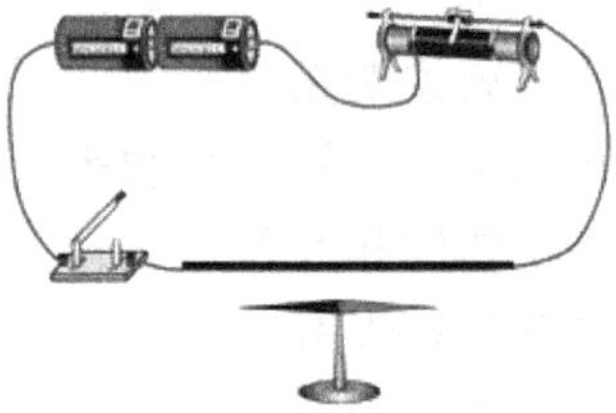

图3.3.4　奥斯特实验

实验引出疑问：导线通电时，小磁针方向为什么会变化？引出电流的磁效应现象。

实验要领：

1. 小磁针转动要灵敏。

2. 电流稍大点好，但注意实验仪器的安全使用。

3. 不能长时间通电，观察完毕立即断开开关。

实验4　研究影响平行板电容器电容大小的因素

物理课题：

人教版高中物理选修3-1第一章第8节《电容器的电容》。

演示目的：

通过实验得出影响平行板电容器电容大小的因素。

实验简介：

如图3.3.5所示，在验电器导杆上装上一只金属圆形电容器极板后，用感应或接触的办法使验电器带电，金箔张开足够大的角度。手拿另一只金属圆形极板正对验电器上的极板上下移动，就可以看到，距离越大，验电器金箔张角也越大，即电势差越大，就表示电容器的电容越小。如不改变两板带电的电量和两板间的距离，

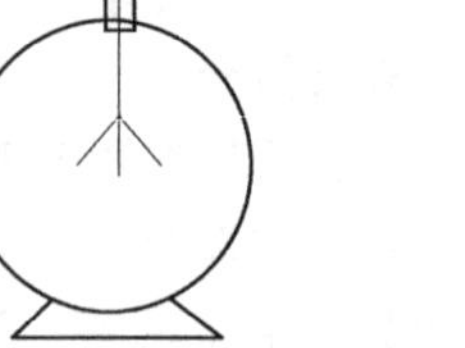

图3.3.5　平行板电容器的电容与哪些因素有关

只改变两板的正对面积（左右移动上极板），就可以看到，正对面积越小，验电器金箔张角越大，即电势差越大，表示电容器的电容越小。如果两板所带电量和两板间的距离以及两板正对面积都不变，而在两板间插入一块玻璃板或塑料板，验电器金箔张角减小，即电势差减小，这表示电容器的电容增大了。实验说明：平行板电容器的电容与两板之间的距离和两板正对的面积以及板间介质有关。

实验要领：

1. 验电器绝缘塞要干净、干燥，以保证其绝缘性好。

2. 尽量使验电器多带电，让金箔薄片张角大一些。

3. 上下、左右移动金属板时，两板不能接触且速度要快。

实验5 研究路端电压与外电路电阻之间的关系

物理课题：

人教版高中物理选修 3－1 第二章第 7 节《闭合电路的欧姆定律》。

演示目的：

通过实验定性得出路端电压与外电路电阻之间的关系，然后通过解释实验现象，进一步理解全电路欧姆定律。

实验简介：

用导线将电源、开关、电流表、电压表、滑动变阻器按图 3.3.6 连接成闭合回路。闭合开关，通过滑动变阻器改变外电路的电阻，观察路端电压随外电路电阻变化的规律。

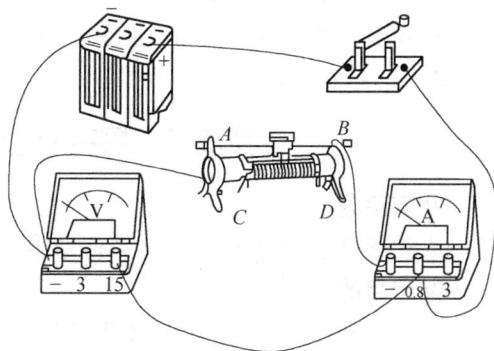

图 3.3.6 研究路端电压

实验要领：

1. 为了使电源电压稳定，可以选用稳压电源。

2. 滑动变阻器调节范围要大。

3. 为了保证电路安全，可以在电路中串联一个定值电阻。

4. 电压表连在电源两端而不要接在滑动变阻器两端。

5. 要同时记录外电阻、电流和电压变化情况，以便分析得出结论。

实验6 演示磁场对通电导线的作用力

物理课题：

人教版高中物理选修 3－1 第三章第 4 节《磁场对通电导线的作用力》。

演示目的：

通过实验演示，总结得出左手定则。

实验简介：

将电源、开关、滑动变阻器、导体、U 形磁铁按图 3.3.7 或图 3.3.8 所示安放连接。

1. 闭合开关，观察导体的运动方向。

2. 保持导体中电流方向不变，改变 U 形磁铁的磁极方向，观察导体的运动方向。

3. 保持 U 形磁铁的磁极方向不变，改变导体中的电流方向，观察导体的运动方向。

4. 同时改变导体中电流方向和 U 形磁铁的磁极方向，观察导体的运动方向。

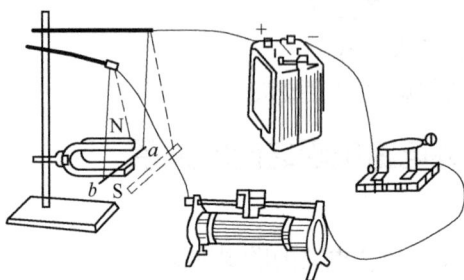 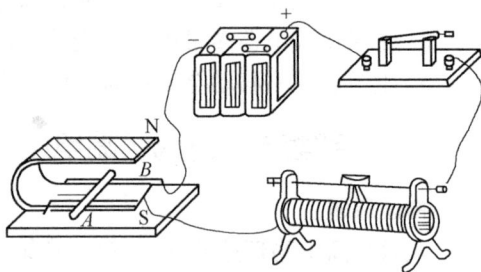

图 3.3.7　悬挂法　　　　　　　　　　图 3.3.8　支撑法

实验要领：

1. 磁铁的磁性要强，可以用几个 U 形磁铁并起来使用。

2. 导体中电流越大越好，但注意实验器材的安全。

3. 支撑导体的轨道要很光滑。

实验 7　探究感应电流产生的条件

物理课题：

人教版高中物理选修 3 – 2 第四章第 2 节《探究感应电流产生的条件》。

演示目的：

通过实验演示，归纳总结得出产生感应电流的条件。

实验简介：

方法一　用图 3.3.9a 演示，导线切割磁力线，回路中产生感应电流；

方法二　用图 3.3.9b 演示，让磁铁插入或拔出螺线管，回路中产生感应电流；

方法三　用图 3.3.9c 演示，改变 A 线圈中电流的大小（断开开关、闭合开关

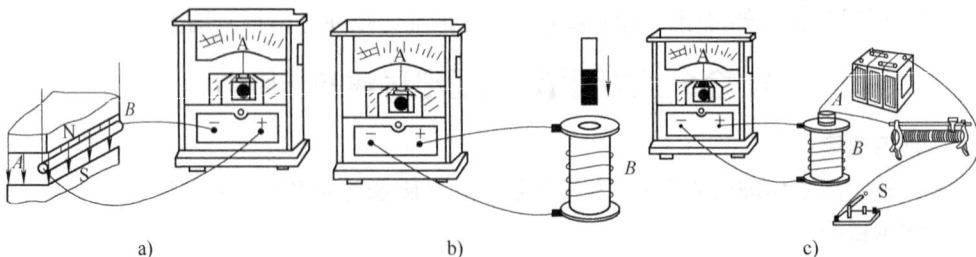

a)　　　　　　　　　　　b)　　　　　　　　　　　c)

图 3.3.9　探究感应电流产生的条件

或改变滑动变阻器的电阻大小），B 线圈回路中产生感应电流。

实验要领：

1. 灵敏检流计越灵敏越好。

2. 方法一中导线切割磁力线的运动速度越大，现象越明显。

3. 方法二中插入或拔出条形磁铁的动作要迅速。

4. 方法三中，插入或拔出 A 线圈中的铁心，B 线圈中也会产生感应电流。

实验 8 用学生示波器演示观察交流电波形

物理课题：

人教版高中物理选修 3 - 2 第五章第 1 节《交变电流》。

演示目的：

通过实验演示，引出课题。

实验简介：

所用实验器材有：高中学生电源、学生示波器、干电池和导线。

1. 调节好学生示波器。

2. 用示波器观察直流电（干电池或学生电源的直流输出）波形，如图 3.3.10a 所示。

3. 用示波器观察交流电（学生电源交流输出）波形，如图 3.3.10b 所示。

实验引出问题：交流电和直流电的波形为什么不一样呢？交流电是怎样产生的？它有什么特性呢？从而引入课题《交变电流》。

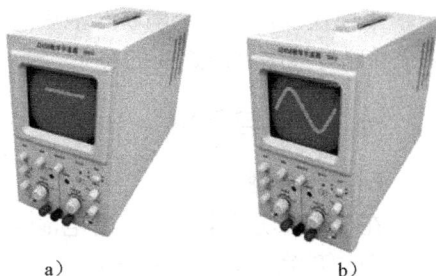

a) b)

图 3.3.10 用示波器
观察直流、交流电波形

实验要领：

1. 正确连线，信号只能从学生示波器的 Y 输入接入。

2. 学生电源输出的交流电频率为 50Hz，调节示波器的扫描旋钮及微调得到稳定波形。

3. 注意示波器上 DC 和 AC 的选择。

第三节 中学物理电磁学学生实验

实验 9 探究串、并联电路中电流的规律

引 言

用电器通电才会工作，用电器接入电路中有 2 种方式：串联和并联。

1. 串联电路

像图 3.3.11 那样，两个小灯泡首尾相连，然后接入电路中，这两个灯泡就是串联，两个灯泡、电源、开关共同组成了一个串联电路。

2. 并联电路

像图 3.3.12 那样，两个小灯泡的两端分别连在一起，然后接入电路中，这两个灯泡就是并联，两个灯泡组成一个并联回路。

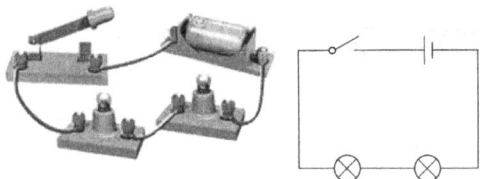

图 3.3.11　串联电路　　　　　　　　　　图 3.3.12　并联电路

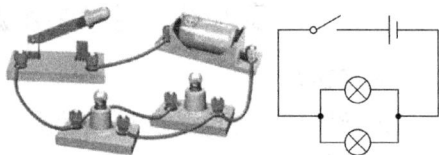

实　　验

下面仅以探究 2 个串联灯泡中电流之间的关系为例，请自己设计实验方案探究 2 个并联灯泡中电流之间的关系。

一、问题与猜想

1. 提出问题

在学生的实验桌面上，有电池组，2.5V 的灯泡两个，3.8V 的灯泡两个，电流表一个，开关一个，导线若干。

首先，教师要求学生画出有两个灯泡的串联电路图，然后把任意两个灯泡串联起来接到电源上，闭合开关，灯泡发光。

闭合开关，灯泡发光，说明电路中有电流通过，电流的方向是怎样的呢？（学生回答：电流从电源的正极出来，经过灯泡，流回电源的负极。）

提出问题：流过 2 个串联灯泡中的电流之间有什么关系呢？

2. 猜想

让学生分组讨论，选代表发言，提出自己的猜想。概括起来，有两种相反的意见：

（1）串联电路中各处的电流相等。理由是：串联电路中电流只有一条通路。

（2）串联电路中各处的电流不相等，靠近电源正极的电流大一些。理由是：电流通过灯泡时使灯泡发光，要消耗一些电能，所以电流通过灯泡后会减小。

二、实验步骤

1. 设计实验

各小组讨论，提出自己的实验方案。各小组的方案主要不同之处是把电流表放在何处，测几个点的电流，用几个电流表去测。

有的组提出测两个点的电流：①电源负极和开关之间的电流；②电灯甲和电源正极之间的电流。

有的组提出测三个点的电流：①电源正极和电灯甲之间的电流；②电灯甲和电灯乙之间的电流；③电灯乙和电源负极之间的电流。

通过讨论，大多数组认为测三个点的电流较好，即电路图 3.3.13 中的 A、B、C 点。

对于用几个电流表去测量，有的组认为同时用三个较好，测一次就能看出各点的电流是否相同；有的组认为用一个较好，理由是：不同的电流表测量时可能有误差，同一处的电流用不同的电流表测量结果也可能稍有不同。最后统一意见，用一个电流表分别测 A、B、C 三点的电流。

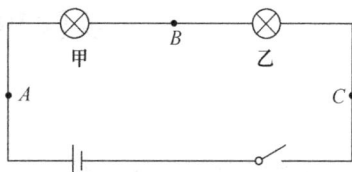

图 3.3.13　实验电路图

2. 进行实验

提醒学生实验时要注意正确使用电流表，把实验结果如实地记录下来，填写在实验记录表中（表 3.3.1）。

3. 再次实验

一次实验不一定能得到正确的结论。换用不同的灯泡再做实验或者把三个、四个灯泡串联起来，多测几个点的电流，看一看各点的电流是否都相等。

三、实验数据记录

表 3.3.1　探究串联电路电流规律的实验记录表

组　　别	A 点的电流 I_A	B 点的电流 I_B	C 点的电流 I_C
1			
2			
3			

四、分析论证

让各小组展示自己的实验记录，根据测量结果说出得到了什么结论。

实验结果：A、B、C 三点的电流相同（即 $I_A = I_B = I_C$）；

得出结论

串联电路中电流处处相等。

问　　题

1. 预习思考题

（1）如何正确使用电流表?

（2）如何正确连接串联电路？

2. 分析讨论题

（1）如果有一个组测出的 A、B、C 三点的电流不相同，请分析可能是因为实验过程中出现了哪些问题造成的？

（2）实验中采用不同规格型号的小灯泡，如果换用电阻可以吗？为什么？

实验10　测量小灯泡的电功率

引　　言

生活中我们发现，家中的灯泡有时亮、有时暗，这是为什么呢？灯泡正常发光和不正常发光时的实际功率是多大呢？我们通过实验来研究这个问题。

1. 额定功率

用电器在额定电压下的功率叫作额定功率。

2. 实际功率

用电器实际消耗的功率叫作实际功率，它随加在用电器两端的电压改变而改变。

实　　验

根据公式 $P = UI$，用电压表测小灯泡两端的电压，用电流表测小灯泡中的电流，利用公式 $P = UI$ 计算电功率，在额定电压下测出的电功率就是额定功率。这是物理学中常用的一种间接测量方法，这种方法又被称为"伏安法"。

一、实验步骤

1. 按图 3.3.14 连接好实验电路。

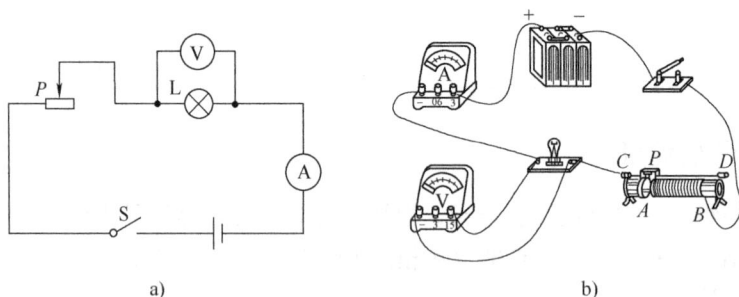

a)　　　　　　　　　　　　　　　　b)

图 3.3.14　实验电路和实物连线图

2. 闭合开关，调节滑动变阻器，使小灯泡两端的电压恰好等于小灯泡的额定电压，观察小灯泡的亮度，并记录电流表和电压表的示数。

3. 调节滑动变阻器，使小灯泡两端的电压约等于小灯泡额定电压的 1.2 倍。

观察小灯泡的亮度变化，并记录此时电流表和电压表的示数（注意：小灯泡两端的电压不能超过它的额定电压太多）。

4. 调节滑动变阻器，使小灯泡两端的电压约等于小灯泡额定电压的 0.8 倍。观察小灯泡的亮度变化，并记录此时电流表和电压表的示数。

5. 计算出三种情况下小灯泡的电功率。

6. 断开电路，整理器材。

二、实验数据记录（见表 3.3.2）

表 3.3.2　测量小灯泡的电功率实验记录表

次　　序	实　验　要　求	发光情况	电流/A	电压/V	电功率/W
1	小灯泡在额定电压下工作				
2	小灯泡两端电压是额定电压的 1.2 倍				
3	小灯泡两端电压低于额定电压				

三、分析论证

由公式 $P = IU$ 计算小灯泡的电功率（将计算结果填入表 3.3.2 中）。分析比较额定电功率和实际电功率的大小问题，比较灯泡的亮暗程度与电功率间的关系。

1. 当 $U_{实} = U_{额}$ 时，$P_{实} = P_{额}$，小灯泡正常发光。

2. 当 $U_{实} < U_{额}$ 时，$P_{实} < P_{额}$，小灯泡较暗。

3. 当 $U_{实} > U_{额}$ 时，$P_{实} > P_{额}$，小灯泡较亮。

四、实验结论

1. 不同电压下，小灯泡的功率不同。实际电压越大，小灯泡功率越大。

2. 小灯泡的亮度由小灯泡的实际功率决定，实际功率越大，小灯泡越亮。

五、注意事项

1. 根据小灯泡的额定电压值，估计电路中电流、电压的最大值，选择合适的量程，并注意正、负接线柱的连接及滑动变阻器的正确接法。

2. 调节滑动变阻器的过程中，要首先明白向什么方向可以使变阻器阻值变大或变小，怎么调能使小灯泡两端电压变大或变小。

3. 电压表、电流表使用前要调零，读数时要认清仪表所选量程和对应的分度值。

问　　题

1. 预习思考题

本实验需要哪些仪器？本实验对各仪器参数有何要求？

2. 分析讨论题

（1）"测量小灯泡的电功率"实验和"用伏安法测电阻"实验有哪些相似之处和不同之处？

（2）伏安法测电阻要多次测量求平均值以减小误差，而测量小灯泡的电功率为何不能取平均值？

实验 11 测绘小灯泡的伏安特性曲线

引　言

在电阻元件两端加上直流电压，其内部有电流流过，流过电阻元件的电流与两端电压之间的关系称为该电阻元件的伏安特性。习惯上，把以电压为横坐标、电流为纵坐标所作的电流-电压关系曲线称为电阻元件的伏安特性曲线。伏安特性曲线呈直线形的，称为线性电阻，通过它的电流和它两端的电压成正比，比值 R 称为电阻，即 $U = IR$，它的伏安特性曲线是过坐标原点、斜率为 $1/R$ 的直线。伏安特性曲线呈曲线形的，称为非线性电阻，非线性电阻的阻值是变化的，即随电压、电流的改变而改变。例如，被点亮的白炽灯泡中的钨丝、热敏电阻、光敏电阻、半导体二极管和晶体管等都是典型的非线性元器件。

实　验

一、实验步骤

1. 确定电流表、电压表的量程，照图 3.3.15 连接好电路。（注意开关应断开，滑动变阻器的滑片在最左端，使与灯泡并联部分电阻为零。）

2. 闭合开关 S，缓慢向右调节滑动变阻器，使电流表、电压表有较小的明显示数，记录一组电压 U 和电流 I 值。

3. 用同样的方法测量并记录约 8～10 组 U 值和 I 值，注意不要超过小灯泡的额定电压。

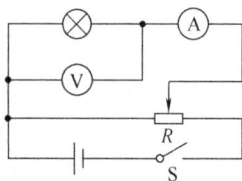

图 3.3.15　实验电路图

4. 断开开关 S，整理好器材。

二、实验数据记录（见表 3.3.3）

表 3.3.3　测绘小灯泡伏安特性曲线的实验记录表

I/mA								
U/V								

三、数据处理与结论

1. 在坐标纸上，以 U 为横坐标、I 为纵坐标建立直角坐标系，并根据表 3.3.3

中数据描点，连接各点得到 I-U 图线（注意，连接各点时，不要出现折线）。

2. 得出结论：描绘出的图线是一条_____线，它的斜率随电压的增大而
_____，这表明小灯泡的电阻随电压（温度）升高而_____。

问　　题

1. 预习思考题

（1）如何选择电流表、电压表的量程？

（2）伏安法测电阻的方法是怎样的？

2. 分析讨论题

（1）怎样根据伏安特性曲线特征判断灯泡电阻的变化特点？又怎样根据曲线求得小灯泡在某一电压下工作时的电阻？

（2）用本实验提供的方法，怎样测量并描绘发光二极管的伏安特性曲线？

实验 12　测定金属丝的电阻率

引　　言

电阻率是用来表示各种物质电阻特性的物理量。某种材料制成的长 1m、横截面积 $1mm^2$ 的导线，其在常温下（20℃）的电阻，叫作这种材料的电阻率。电阻率的单位是欧姆米（$\Omega \cdot m$）。电阻率是电磁学中选择材料的重要参数，在实验和实际生产中，为了选择不同的材料，应掌握金属材料电阻率的测量方法。

实　　验

一、实验步骤

1. 读出螺旋测微器的零点误差。使螺旋测微器的测砧和测微螺杆并拢，可动刻度的零刻度线与固定刻度的轴向线应在固定刻度的零刻度线处对齐，否则读出零点误差对结果加以修正。

2. 测量金属丝的直径。旋动粗调旋钮，将测微螺杆旋出，把被测的金属丝放在测砧和测微螺杆之间的夹缝中，转动旋钮，当测微螺杆将要接触金属丝时，再轻轻转动微调旋钮（齿轮），当听到"嗒、嗒……"的声音时（表明待测物刚好被夹住），再转动锁紧手柄使测微螺杆止动，按读数规则读出金属丝的直径 d。在金属丝的 5 个不同位置各测一次直径，求出其平均值 $\bar{d}$。

3. 按图 3.3.16 所示的电路图连接好实

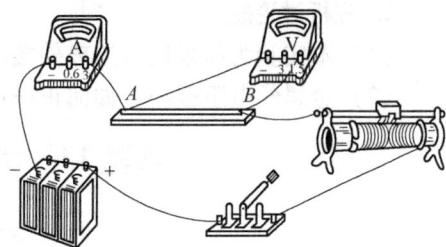
图 3.3.16　实验电路接线示意图

验电路。

　　4. 用毫米刻度尺测量接入电路的金属导线的有效长度，反复测量 5 次，求其平均值 $\overline{l}$ 。

　　5. 测金属丝的电阻。先将滑动变阻器的阻值调至最大，闭合开关 S，改变滑动变阻器滑片的位置，读出 5 组相应的电流表、电压表示数 I 和 U 的值，记入记录表格 3.3.4 内。断开开关 S，求出导线电阻 R 的平均值 $\overline{R}$ 。

二、实验数据记录（见表 3.3.4）

表 3.3.4　测量金属丝电阻率记录表　零点误差 $d_0 =$ 　　mm

次序	1	2	3	4	5	平均值
直径 d/mm						
长度 l/cm						
电压 U/V						
电流 I/A						
电阻 R/Ω						

三、数据处理

　　将得到的 $\overline{R}$ 、$\overline{l}$ 、$\overline{d}$ 的值换算成国际单位制后，代入电阻率计算公式 $\rho = \dfrac{RS}{l} = \dfrac{\pi \overline{d}^2 \overline{R}}{4\overline{l}}$ 中，计算出金属导线的电阻率平均值。

问　　题

1. 预习思考题

（1）如何正确使用螺旋测微器？

（2）伏安法测电阻的方法及误差来源有哪些？

2. 分析讨论题

（1）本实验为何采用电流表外接电路？

（2）金属丝电阻很小，如何正确选择电流表、电压表的参数？

实验 13　练习使用多用电表

引　　言

　　多用电表，常见于生活之中，分为指针系多用电表和数字系多用电表。用

于测量交流/直流电压、交流/直流电流、电阻
阻值、电容器容量、电感量、音频电平、频率、
晶体管 NPN 或 PNP 的电流放大倍数 β 值等。本
实验练习使用多用电表测电阻并探索黑箱内的电
学组件。

多用电表由表头、选择开关和测量线路三
部分组成，表头是一块高灵敏度磁电系电流
表，其满偏电流约几十到几百微安，转换开关
和测量线路相配合，可测量交流和直流电流、
交流和直流电压及直流电阻等。测量直流电阻
部分即欧姆表是依据闭合电路欧姆定律制成
的，原理如图 3.3.17 所示，当红、黑表笔短接并调节 R 使指针满偏时有

图 3.3.17 多用电表的欧姆档结构

$$I_g = \frac{\varepsilon}{r + r_g + R} = \frac{\varepsilon}{R_{中}} \tag{1}$$

式中，r 为电池内阻；r_g 为表头内阻；R 为可调电阻的阻值。当表笔间接入待测电阻
R_x 时，有

$$I_x = \frac{\varepsilon}{R_{中} + R_x} \tag{2}$$

联立式（1）、式（2）解得

$$\frac{I_x}{I_g} = \frac{R_{中}}{R_x + R_{中}} \tag{3}$$

由式（3）知，当 $R_x = R_{中}$ 时，$I_x = \frac{1}{2}I_g$，指针指在表盘刻度中心，故
称 $R_{中}$ 为欧姆表的中值电阻。由式（2）或式（3）可知，每一个 R_x 都有
一个对应的电流值 I，如果在刻度盘上直接标出与 I 对应的 R_x 的值，那么
当红、黑表笔分别接触待测电阻的两端时，就可以从表盘上直接读出它
的阻值。

由于电流和电阻的非线性关系，表盘上电流刻度是均匀的，其对应的电阻刻
度是不均匀的，电阻的零刻度在电流满刻度处。

实　验

一、练习使用多用电表

1. 准备

（1）观察多用电表的外形，认识选择开关的测量项目及量程。

（2）检查多用电表的指针是否停在表盘刻度左端的零位置。若不指零，则可
用小螺钉旋具调整机械调零旋钮使指针指零。

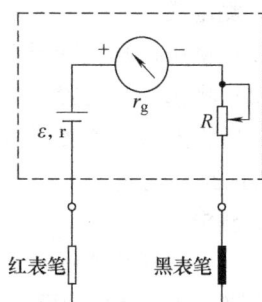

（3）将红、黑表笔分别插入"＋""－"插孔。

2. 测电压

（1）将选择开关置于直流电压 2.5V 档，测 1.5V 干电池的电压；

（2）将选择开关置于交流电压 250V 档，测 220V 的交流电压；

（3）将选择开关置于直流电流 10mA 档，测量 1.5V 干电池与 200Ω 电阻组成的串联回路的电流。

3. 测电阻

（1）将选择开关置于欧姆表的"×1"档，短接红、黑表笔，转动调整欧姆零点的旋钮，使指针指向欧姆表刻度的零位置。

（2）将两表笔分别接触几欧、几十欧的定值电阻两端，读出欧姆表指示的电阻数值，并与标准值比较，然后断开表笔。

（3）将选择开关置于欧姆档的"100"档，重新调整欧姆零点，然后测定几百欧、几千欧的电阻，并将测定值与标准值进行比较。

（4）选择适当的量程，测定灯泡、电炉丝和人体的电阻。

（5）实验完毕，将表笔从插孔中拔出，并将选择开关置于"OFF"档或交流电压最高档。

二、用多用电表探测黑箱内的电学组件

1. 将黑箱（可能有的电学组件为电池、电阻和二极管）放在实验桌上，让三个测量节点向上。

2. 用直流电压档测量 A、B、C 间的电压，判断有无电池，及电池的正负极。

3. 用欧姆档测量无电压的节点间的阻值，判断是否可能存在电阻。

4. 交换红、黑表笔，测量 3 中节点间的阻值，判断是否存在二极管。

5. 根据判断结果画出电路图。

6. 打开黑箱辨认组件，并与判断的电路比较。

问　题

1. 预习思考题

（1）如何理解多用电表的"多用"二字？

（2）使用电压表、电流表、欧姆表时有哪些注意事项？

2. 分析讨论题

（1）装入欧姆表内的电池有没有什么要求？

（2）欧姆表使用前为何要调零？如果无法调零，说明什么问题？如何处理？

（3）红、黑表笔哪端电势高？测电压和电流时红、黑表笔哪个接电路的高电压？

实验 14　测定电池的电动势和内阻

引　言

手机、手电筒、电动剃须刀、热水器等许多小电器中都有电池，电池与我们日常生活密不可分。电动势和内阻是描述电池性能的两个重要参数，为了正确选用电池，我们需要知道电池电动势和内阻的大小。

1. 电动势

电池是通过非静电力做功把其他形式的能转化为电势能的装置，电动势的大小在数值上等于非静电力把 1C 的正电荷从电源负极搬运到电源正极所做的功，用 E 表示。

2. 内阻

电池内部也是由导体组成的，所以也存在电阻，它阻碍非静电力把正电荷从电源负极搬运到电源正极，我们把这个电阻称为电池的内阻，通常用 r 表示。

3. 伏安法测定电池电动势和内阻

测量原理及电路如图 3.3.18 所示，由全电路欧姆定律可得电池的电动势 E、内阻 r、路端电压 U、干路中电流 I 存在的关系：

$$U = E - Ir \tag{1}$$

对于确定的电池，E 和 r 都是确定的，所以改变 R 的阻值，可测得多组 U、I 值。代入式（1），可分别得到

$$U_1 = E - I_1 r$$
$$U_2 = E - I_2 r$$
$$\vdots$$

以上方程两两组成方程组，可求得多组 E、r 值，取其平均值作为电池的电动势和内阻值的大小。

式（1）说明 U 和 I 是一次线性关系，所以可在 U-I 坐标平面内描出各组 U、I 值所对应的点。然后把这些点连成一条直线，如图 3.3.19 所示，直线与纵轴的交点的纵坐标就是电池的电动势的大小，直线与横轴的交点的横坐标就是电池的短路电流 $I_0 = E/r$，因此可求得内电阻 $r = E/I_0$。

实　验

一、实验步骤

1. 连接电路

如图 3.3.18 所示，电流表取 0.6A 量程，电压表取 3V 量程，移动滑动触头位置到左端，使连入电路中的有效阻值最大。

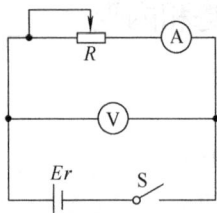

图 3.3.18　电路图

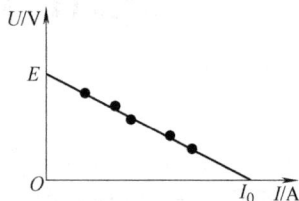

图 3.3.19　U-I 曲线

2. 测 5 ~ 8 组 U、I 值

闭合开关，向右移动变阻器触头位置，使电流表有明显示数，记下每组对应的 U、I 值，将数据记录到表 3.3.5 中，然后断开开关，拆去实验线路，整理好实验器材。

二、实验数据记录（见表 3.3.5）

表 3.3.5　测量电池电动势和内阻实验记录表

I/A								
U/V								

三、数据处理与结论

1. 建立坐标系，描点。

纵轴表示电压 U，横轴表示电流 I，取合适的标度，使所描坐标点分布于绝大部分坐标纸。

2. 根据描出的坐标点作出 U – I 直线。

应使直线尽可能地通过描出的点，不在直线上的点要尽量对称地分布于直线两侧。对于个别离直线较远的点，误差很大，应坚决舍弃。

3. 计算电源电动势和内电阻。

读出 U-I 直线与纵轴和横轴的交点坐标，并代入 $U = E - Ir$ 中，算出 E、r 的值。

问　题

1. 预习思考题

（1）全电路欧姆定律的基本内容是什么？

（2）伏安法测电阻的原理与方法是什么？

2. 分析讨论题

（1）根据全电路欧姆定律，有多种方法测定电池的电动势和内阻，本实验为何采用伏安法？

（2）本实验电路采用的是内接法还是外接法？为什么？

实验 15　示波器原理及使用

引　言

示波器是带电粒子在电场中的运动规律的最典型运用。图 3.3.20 所示的万用示波表，集示波器和万用表功能于一体，功耗很低，电池供电。机内电池充电一次可供示波表工作数小时，足以满足一般一天工作中全部测量工作的需要，经济，简便易用。用它可在机械、仪表、电力和控制系统中快速找到答案。现场只要有一个万用示波表，不需其他测试工具，就可满足几乎所有的测试需求。

常用的电子示波器，其核心部件是示波管，示波管由电子枪、偏转电极和荧光屏组成，如图 3.3.21 所示，管内抽成真空。电子枪产生高速电子束，互相垂直的两对偏转电极使电子束发生偏转，电子束击在荧光屏上形成亮斑。

图 3.3.20　万用示波表

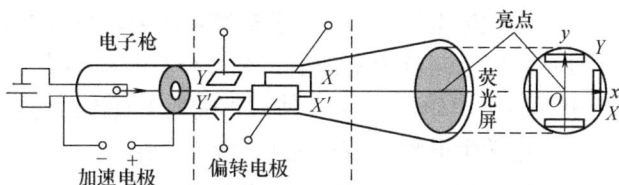

图 3.3.21　示波管组成

当偏转电极上都没加上电压时，电子束沿直线传播，击中荧光屏产生亮斑。若只在一对偏转电极 XX'（或 YY'）上加上直流电压，电子束在电场中发生偏转，使电子束于荧光屏上产生的亮斑在水平方向上（或竖直方向上）有了偏移；若在偏转电极 XX' 上加一随时间周期性变化的扫描电压，由于此电压周期短，电压变化快，则在荧光屏上形成一条水平的亮线。若在 XX' 偏转电极上加上扫描电压（电压图像如图 3.3.22 左图所示），同时又在 YY' 偏转电极上加按正弦规律变化的信号电压（电压图像如图 3.3.22 右图所示），在荧光屏上就显示出正弦

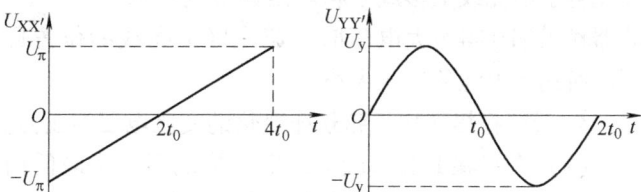

图 3.3.22　扫描电压图像

曲线。

实　　验

一、调整和校准学生示波器

示波器外形如图 3.3.23 所示。

1. 观察荧光屏上的亮斑并进行调节。

（1）熟悉示波器面板上各旋钮的名称和作用，各旋钮作用见说明书。

（2）将示波器上的电源开关置于"关"的位置，接上电源。

（3）把辉度、垂直位移、水平位移、衰减调节、扫描范围等旋钮置于适当位置，如辉度为最小、扫描范围为"外 X"等。

（4）打开电源开关，预热 1~2min。

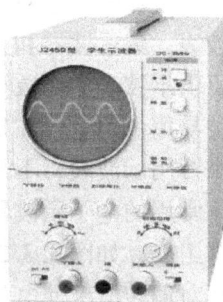

图 3.3.23　示波器外形图

（5）调节辉度、聚焦、辅助聚焦，使荧光屏上出现的亮点最小、最圆且亮度适中；再调节水平位移和垂直位移，使亮点能上下左右移动。

2. 观察直流电压输入示波器时亮斑的偏移与直流电压测量。

（1）在以上调节的基础上，调节位移旋钮使亮点位于光屏中心，并把"DC、AC"开关置于"DC"位置，使输入端处于直流耦合状态。

（2）把学生电源（或电池）、滑动变阻器、开关接成如图 3.3.24 所示的电路，将直流电压输入示波器。

（3）逐步减小衰减档，调整 Y 增益，使亮点偏移一段距离；改变电压大小或调换电源正负极，观察亮点偏移情况。

（4）测量直流电压。

调节滑动变阻器的滑动端就可以观察到荧光屏上的亮线上移或下移。当调节到使示

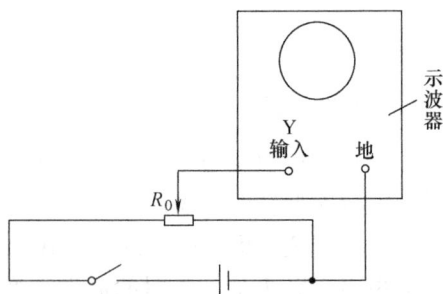

图 3.3.24　直流电压测量

波器输入端获得最大电压时，荧光屏上亮线的位置即为所测干电池的电压数值，测出所用干电池的电压大小。

3. 观察扫描和按正弦规律变化的交流电压的图像。

（1）在步骤 1 的基础上，把扫描范围置于最低档，扫描微调为最小，X 增益顺时针调至 1/3 处，观察亮点从左向右移，至右端后迅速回到左端的扫描过程。

（2）调节扫描微调，增大扫描频率，亮点移动速度加快，直至成一亮线。再

调节 X 增益可使亮线长度发生变化。

（3）把扫描范围置于第一档，把衰减调节置于"∞"档，调节 X 增益和 Y 增益、扫描微调，使屏上呈现完整且稳定的正弦曲线。

（4）选择同步极性开关，可使正弦曲线从正半周或从负半周开始变化。

（5）测量交流电压。

示波器可以测量交流电压的峰-峰值或波形任意两点间的电势差值。

将 Y 输入耦合选择开关置于"AC"，选择衰减档，并将来自信号发生器的正弦波直接输入仪器 Y 输入端，调节"扫描微调"使波形稳定。

根据荧光屏上的坐标刻度，读出显示信号波形的峰-峰值电压和信号电压的有效值。

二、测量时间

通过校准示波器，可以知道 X 轴方向的扫描时间，输入正弦波，读出正弦波的周期，进而计算出正弦波的频率。

三、研究整流滤波电路

图 3.3.25 为交流整流滤波电路，VD 为整流二极管，S 为总开关，C 为滤波电容（100 μF/9V）。

（1）S 接通，S_1 断开，用示波器观察 A、G 两点的波形，记录波形图。

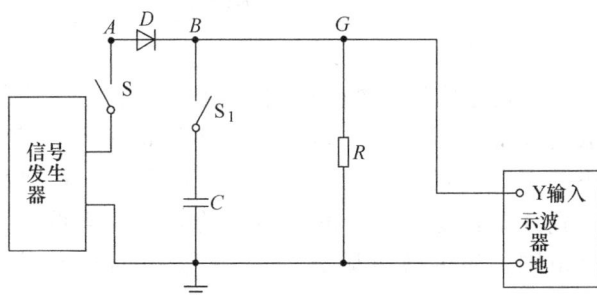

图 3.3.25　研究整流滤波电路

（2）S、S_1 接通，用示波器观察 A、B、G 三点的波形，记录波形图。

四、关机

将辉度调节旋钮逆时针转到底，再断开电源开关。

问　题

1. 预习思考题

（1）示波器主要由哪些部分组成？每部分的作用是什么？

（2）示波器显示波形的原理是什么？

（3）示波器是怎样实现信号同步的？

2. 分析讨论题

（1）打开电源后，荧光屏上无任何信号显示，可能的原因是什么？应如何调节？

（2）示波器使用前为何要预热？

（3）如何使用示波器测量交流电的频率？

实验16　传感器的简单使用

引　言

传感器是能感受规定的被测量并按照一定的规律转换成可用信号的器件或装置，通常由敏感元件和转换元件组成。它是一种检测装置，能感受到被测量的信息，并能将检测到的信息按一定规律变换成电信号或其他所需形式的信息输出，以满足信息的传输、处理、存储、显示、记录和控制等要求。它是实现自动检测和自动控制的首要环节。

1. 光敏电阻

光敏电阻，简称光电阻，又名光导管。它的电阻和光线的强弱有直接关系。光强度增加，则电阻减小；光强度减小，则电阻增大。这是由于光照产生的载流子能参与导电，在外加电场的作用下做漂移运动，电子奔向电源的正极，空穴奔向电源的负极，从而使光敏电阻器的阻值迅速下降。

2. 热敏电阻

热敏电阻是一种传感器电阻，其电阻值随着温度的变化而改变。它与一般的固定电阻不同，属于可变电阻的一类，广泛应用于各种电子元器件中。不同于电阻温度计（RTD）使用纯金属，在热敏电阻器中使用的材料通常是陶瓷或聚合物。两者也有不同的温度响应性质，电阻温度计适用于较大的温度范围，而热敏电阻通常在有限的温度范围内实现较高的精度，通常是$-90 \sim 130℃$。

3. 传感器

传感器能够将感受到的物理量（力、热、光、声等）转换成便于测量的量（一般是电学量），其工作过程是通过对某一物理量敏感的组件，将感受到的信号按一定规律转换成便于利用的电信号，转换后的电信号经过相应的仪器进行处理，就可以达到自动控制的目的。

实　验

一、实验步骤

1. 研究热敏电阻特性

（1）按照图3.3.26将热敏电阻连入电路中，多用电表的两只表笔分别与热敏电阻的两端相连，烧杯中倒入少量冷水。

（2）将多用电表的选择开关置于欧姆档，选择合适的倍率，并进行欧姆调零。

（3）待温度计示数稳定后，把测得的温度、电阻值填入表3.3.6中。

（4）分几次向烧杯中倒入少量热水，测得几组温度、电阻值填入实验记录表 3.3.6 中。

2. 研究光敏电阻特性

（1）按照图 3.3.27 将光敏电阻连入电路中，欧姆表的两只表笔分别与光敏电阻的两端相连。

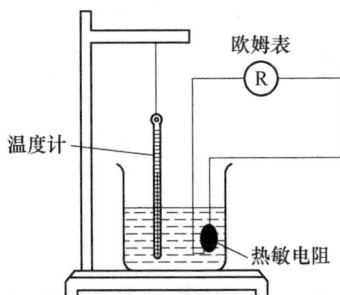

图 3.3.26　研究热敏电阻特性　　　　　　图 3.3.27　研究光敏电阻特性

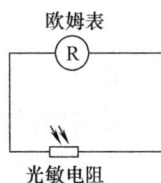

（2）选择欧姆表合适的倍率，并进行调零。

（3）在正常的光照下，把测得的电阻值填入表 3.3.7 中。

（4）将手张开，放在光敏电阻的上方，上下移动手掌，观察阻值的变化，记录不同情况下的阻值，将测量结果填入表 3.3.7 中。

二、实验数据记录与处理

1. 研究热敏电阻特性（见表 3.3.6）

表 3.3.6　热敏电阻特性测量记录表

测量次序	$t/℃$	$R/Ω$
1		
2		
3		
4		
5		
6		

（1）在坐标纸上，描绘出热敏电阻的阻值 R 随温度 t 变化的 $R-t$ 图线。

（2）结论：该热敏电阻的阻值随温度的升高而_____，变化是否均匀？_____。

2. 研究光敏电阻特性（见表3.3.7）

表3.3.7　光敏电阻特性测量记录表

光照强度	强	中	弱
R/Ω			

结论：_____。

问　　题

1. 预习思考题

（1）什么是传感器？

（2）传感器有哪些种类？

2. 分析讨论题

（1）如果没有欧姆表或万用表，如何利用电流表或电压表研究光敏电阻和热敏电阻的特性？请设计实验方案。

（2）请列举生活中传感器应用方面的例子。

（3）力（热、光）传感器是如何将力（热、光）的大小信息转换为电信号的大小信息的？

第四章　中学物理光学实验技能训练

光学是物理学中一门古老的经典学科，经典的光学理论和实验方法在促进科学技术进步方面发挥了重要作用。

第一节　光学实验的基本特点与技术要领

一、使用光学仪器注意事项

光学元件都是用光学玻璃经多项技术加工而成的，其光学表面加工尤其精细，有的还镀有膜层，因此使用时要特别小心。如使用维护不当很容易造成光学元件的破损和光学表面的污损。使用和维护光学仪器时应注意以下方面。

（1）在使用仪器前必须认真阅读仪器使用说明书，调节光学仪器时要耐心细致，切忌盲目动手。使用和搬动光学仪器时，应轻拿轻放，避免受震磕碰。光学元件使用完毕，必须放回光学元件盒内。

（2）保护好光学元件的光学表面，不能用手触及光学表面，以免印上汗渍和指纹。对于光学表面上附着的灰尘可用脱脂棉球或专用软毛刷等清除。如发现汗渍、指纹污损可用实验室准备的擦镜纸擦拭干净。

（3）光学仪器的机械部分应及时添加润滑剂，以保持各转动部件转动自如，防止生锈。仪器长期不使用时，应将仪器放入带有干燥剂的木箱内。

（4）使用激光光源时切不可直视激光束，以免灼伤眼睛。

二、光学实验的观测方法

1. 用眼睛直接观察

在光学实验中常通过眼睛直接对光学实验现象进行观察。用眼睛直接进行观测具有简单灵敏、观察到的图像具有立体感和色彩等特点。

人的眼睛可以说是一个相当完善的天然光学仪器，从结构上说它类似于一架照相机。人眼能感觉的亮度范围很宽，随着亮度的改变，眼睛中瞳孔的大小可以自动调节。人眼分辨物体细节的能力称为人眼的分辨力。在正常照度下，人眼黄斑区的最小分辨角约为 $1'$。人眼的视觉对于不同波长的光的灵敏度是不同的，它对绿光的感觉灵敏度最高。人眼还是一个变焦距系统，它通过改变水晶体两曲面的曲率半径来改变焦距，约有 20% 的变化范围。

2. 用光电探测器进行客观测量

除了用人眼直接观察外，还常用光电探测器来进行客观测量，对超出可见光范围的光学现象或对光强测量有较高精度要求时就必须采用光电探测器进行测量，以弥补人眼的局限性。

中学物理光学实验中一般是使用眼睛直接观察的方法。

三、做好中学物理光学实验的基本技术

1. 正确选择光源

（1）强光源。一般用220V、300～500W的白炽灯或溴钨灯。

（2）平行光源。选用灯丝比较集中的灯泡，放在两个平凸透镜的焦点上做平行光源。远焦距的幻灯机或投影仪亦可代用。

（3）点光源。实验中只要光路间距大于发光体的几何线度，就可视为点光源，一般用聚光灯泡做点光源。可将有一个小洞的不透光纸片放在光前进的路上获得点光源。

（4）单色光。常用单色光是用钠光灯泡直接获得钠光，或者用有色滤光法得到单色光。

激光器产生的激光具有高单色性、高方向性和高亮度等特点，是理想的单色光。用它做实验，效果极为明显。

2. 光路

要形成光路，先要使光源发出的光形成光束，光束可用缝宽1～2mm的狭缝屏获得。光路是光束通过媒质产生的漫反射显现出来的，对于空气，可以喷烟；对于水，可加点红汞、红墨水或肥皂液；对于玻璃或其他媒质，可衬以白色的背景。

3. 暗室

光学实验一般在暗室中进行，这样可增加实验的可见度。

第二节　中学物理光学演示实验

实验1　演示光的直线传播现象

物理课题：
人教版8年级物理上册第四章第1节《光的直线传播》。

演示目的：
演示光沿直线传播的现象，引入课题。

实验简介：
硬卡纸（吹塑纸）、木板、剪刀、纸、手电筒等。

如图3.4.1所示，用小刀在三张硬卡纸上分别刻出一个孔，固定在木板上；然

后将手电筒放在桌子的一端，照亮第一个孔。调整硬纸卡位置（上下左右），想办法在另一端看到手电筒的亮光。

由实验现象提出问题：为什么三个小孔在一条直线上时才能在另一端看到手电筒的亮光？从而引出课题《光的直线传播》。

图 3.4.1　光沿直线传播演示实验

实验要领：

1. 3 个孔大小差不多，并且不能太大。

2. 最好使用聚光手电筒。

实验 2　"魔镜"实验

物理课题：

人教版 8 年级物理上册第四章第 2 节《光的反射》。

演示目的：

演示光的反射现象，引入课题。

实验简介：

在讲台下面放一个苹果或糖果，老师像魔术师一样，让学生在镜子（见图 3.4.2）里面看到苹果或糖果。

实验引出疑问：这个镜子真的是魔镜吗？苹果是从哪儿来的呢？揭秘，让学生看到讲台下面的苹果，提出问题：这个镜子是怎样让我们看到苹果的？引出课题《光的反射》。

图 3.4.2　镜子

实验要领：

1. 镜面大一点。

2. 语言幽默一点，以引起学生更大兴趣。

实验 3　"叉鱼"实验

物理课题：

人教版 8 年级物理上册第四章第 4 节《光的折射》。

演示目的：

引出本节课的课题。

实验简介：

在装有水的鱼缸底部固定一画有小鱼的泡沫塑料，用放置在瞄准支架上的铁钎瞄准小鱼，迅速推出铁钎叉鱼（见图 3.4.3），拿出叉上铁钎的泡沫塑料，让学生观

图 3.4.3　叉鱼实验

察铁钎没有叉着小鱼。还可让学生动手叉鱼。

实验引出疑问：为什么瞄准了鱼，却叉不到它？引出本节课的课题《光的折射》。

实验要领：

1. 从水面上方往下瞄准水中的鱼；

2. 推出铁钎的方向应稳定，动作要快。

实验 4　演示光的折射现象

物理课题：

人教版 8 年级物理上册第四章第 4 节《光的折射》。

演示目的：

通过实验演示得出光的折射的概念。

实验简介：

用激光光学演示仪演示光的折射现象（见图 3.4.4）。在白色背景的背板上固定有一激光器和一半圆柱形玻璃砖，用激光束以一定角度照射到半圆柱形透明玻璃砖的长方形表面上，让学生观察光线进入玻璃后发生的偏折现象。

实验要领：

1. 用白纸遮住刻度盘。

2. 激光紧贴白色光屏，这样可以清晰显示光路。

图 3.4.4　演示光的折射现象

实验 5　色散实验

物理课题：

人教版 8 年级物理上册第四章第 5 节《光的色散》。

演示目的：

演示光的色散现象，得出光的色散规律。

实验简介：

用白光照射三棱镜的一个侧面，在另一面用白屏接收色散后的光带（见图 3.4.5）。

通过实验现象，得出白光是复合光。把白光变成彩色光的现象称为光的色散，并进一步由实验现象得出彩色光带的分布规律，即色散的规律。

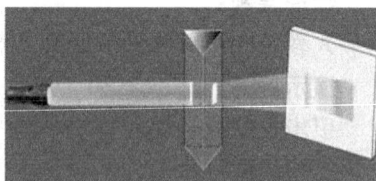

图 3.4.5　光的色散实验

实验要领：

1. 白光灯泡要聚光。

2. 调节好入射的角度。

实验6　演示光的双缝干涉现象

物理课题：

人教版高中物理选修 3 − 4 第十三章第 2 节《光的干涉》。

演示目的：

演示光的双缝干涉现象，引入新课。

实验简介：

如图 3.4.6 所示，将实验室用小型氦氖激光器置于台面上，用铁架台夹子夹住"双缝"，并让"双缝"处于竖直状态。将铁架台置于距激光光源大约 2 ~ 3m 远处，打开激光器，让光束沿水平方向射出，调节铁架台上的夹子，使激光恰好能通过"双缝"，这时就能在教室后面的白色墙

图 3.4.6　光的干涉实验

（屏幕）上看见清晰的双缝干涉条纹，条纹间距很宽，可达 1 ~ 2cm。让学生仔细观察干涉条纹，用尺子测量屏上条纹的间距，得出干涉条纹的一些特点：明暗相间且间距相等，中间的一些条纹亮度相差不大。增大或减小双缝与墙壁间的距离，可见条纹间距增大或减小。保持双缝与墙的距离不变，改用间距较小的双缝时，条纹间距明显增大。

实验要领：

1. 可在晚上或在暗室中进行演示。

2. 控制好激光器与双缝的距离，让更多的光能通过狭缝。

实验7　观察光的全反射现象

物理课题：

人教版高中物理选修 3 − 4 第十三章第 7 节《全反射》。

演示目的：

演示光的全反射现象，首先让学生对全反射有个直观的认识，然后进一步得出发生全反射的条件。

实验简介：

实验器材如图 3.4.7 所示。

演示 1：一束激光从空气射向半圆形玻璃砖的直角边的中心。

演示 2：一束激光从空气射向半圆形玻璃砖的半圆面的圆心。

两个实验的入射角都从 0° 增大到 90° 的过程中，观察两个实验并比较两个实验现象的相同点和不同点。教师演示两遍实验后，引导学生观察得出：

（1）光从空气射向玻璃，入射角大于折射角，随着入射角的增大，折射角也增大，入射角先达到 90°。

（2）光从玻璃射向空气，入射角小于折射角，随着入射角的增大，折射角也增大，折射角接近 90°。

图 3.4.7　全反射实验器材

此时，实验不再平铺直叙地继续演示，而让学生猜想：当折射角达到 90° 后的现象会如何？

实验要领：

1. 因为距离学生较远，可视性差，实验可在暗室中进行。

2. 为了对比反射光和折射光的能量，可适当增加入射光的能量。

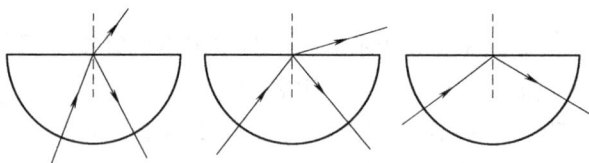

图 3.4.8　全反射实验

3. 如图 3.4.8 所示，选定几个角度，让学生观察入射光、反射光、折射光强度及角度变化，不要只连续变化，学生观察不清楚。

实验 8　检验光波是不是横波

物理课题：

人教版高中物理选修 3 - 4 第十三章第 6 节《光的偏振》。

演示目的：

演示说明光波是横波。

实验简介：

1. 如图 3.4.9 所示，旋转偏振片，发现透射光强度不变。

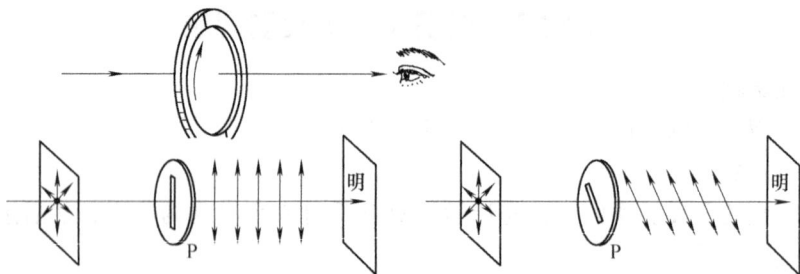

图 3.4.9　观察自然光通过一块偏振片后的光强变化

2. 如图 3.4.10 所示，固定 P，旋转 Q，从 Q 透射过来的光强度周期性变化。转到某一方向时光最强，转到跟前一方向垂直时光最弱。

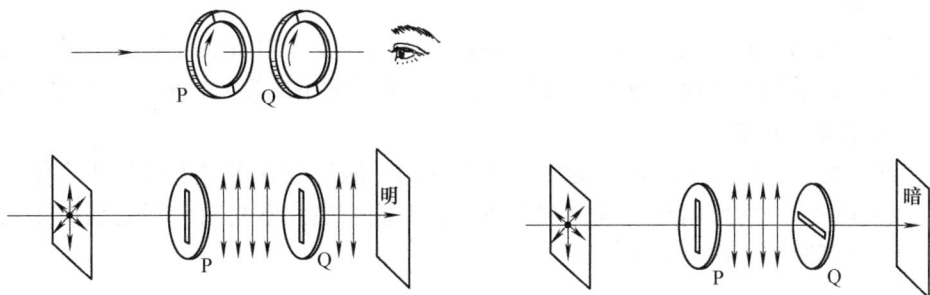

图 3.4.10 观察自然光通过两块偏振片后的光强变化

实验要领：

1. 切勿迎着强光观察，以免损伤眼睛。

2. 观察强光变化时，应以毛玻璃为屏进行观察。

3. 分析时不要只用光的明暗来说明问题，注意两块偏振片的偏振方向与明暗变化之间的关系。

第三节 中学物理光学学生实验

实验9 探究平面镜成像特点

引 言

我们每天早上起来都要照镜子，镜子当中会有我们的像，镜中我们的像有什么样的特点呢？它与我们本人之间有什么关系呢？

1. 平面镜

表面平整、光滑，能成像的物体称为平面镜。除了我们使用的镜子以外，平静的水面、光滑的金属表面、平滑的玻璃表面等都是平面镜，如图3.4.11所示。

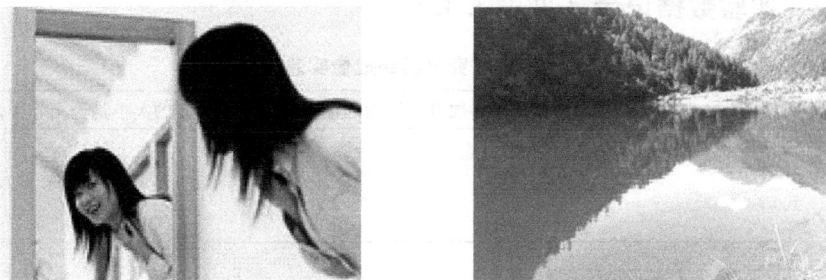

图 3.4.11 生活中的平面镜

2. 像

物体发出的光线经光学元件（如面镜、透镜）或光学系统（如透镜组）反射或折射后，重新会聚而形成的与原物相似（放大、缩小或等大）的图景称之为像。

3. 实像、虚像

由实际光线会聚而成的、能使底片感光的、能呈现在光屏上的像叫实像；反之，由实际光线的反向延长线会聚而成的、不能使底片感光的、不能呈现在光屏上而只能用眼睛观察到的像叫虚像。

实　验

一、问题与猜想

1. 提出问题

平面镜成像的特点是怎样的？

2. 猜想

像与物到镜面距离相等；像与物大小相等；平面镜成虚像⋯⋯

二、实验步骤

（1）在纸上竖立一块玻璃板作为平面镜，在纸上记下平面镜的位置，如图 3.4.12 所示。

（2）把点燃的蜡烛 A 放在玻璃板前，可以看到玻璃板后面的像。

（3）再拿一支没有点燃的蜡烛 B 放在玻璃板后面与像重合，在纸上记录下物像的位置。

（4）用直线将物、像位置连起来。

（5）改变位置再测几组，将测得的数据填入表 3.4.1 中。

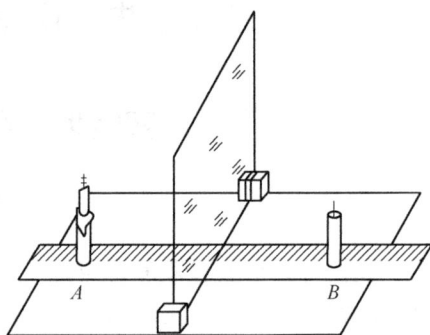

图 3.4.12　平面镜成像实验图

三、实验数据记录（见表 3.4.1）

表 3.4.1　探究平面镜成像实验记录表

实验次序	蜡烛 A 到镜面的距离/cm	蜡烛 B 到镜面的距离/cm	A 与 B 的大小是否相等（是，否）
1			
2			
3			

四、实验结论

像与物大小相等；像与物到镜面距离相等；像与物左右相反；平面镜成虚像。

问　　题

1. 预习思考题

（1）实验中为什么用玻璃板代替平面镜？

（2）如果有 3mm 厚和 2mm 厚的两块玻璃板，应选择哪一块玻璃板做实验较好？

（3）实验中对选择的两支蜡烛有什么要求？为什么？

2. 分析讨论题

（1）图 3.4.13 是某同学设计的"探究平面镜成像特点"实验装置，其中 A 是光具座，B 是点燃的蜡烛，C 是平整的玻璃板，D 是没点燃的蜡烛。请问此装置和前述实验装置比较有什么异同之处？为什么教材选用前面的实验装置？

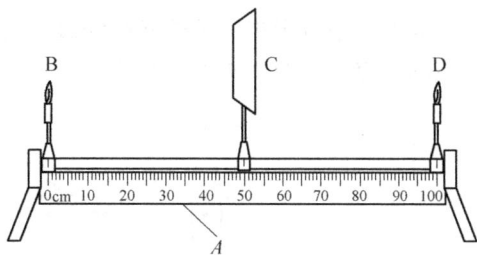

图 3.4.13　探究平面镜成像的另一实验装置图

（2）在做"探究平面镜成像特点"实验时，小红同学将点燃的蜡烛放在两个不同的位置，分别测出物距和像距相等的两组数据，得出实验结论："像距与物距相等"。你认为她的这种方法是否合理？

实验 10　探究凸透镜成像规律

引　　言

生活中我们经常使用照相机、放大镜、投影仪、望远镜、显微镜等光学仪器。用照相机可以把瞬间情景留为永恒；用投影仪放大实物或胶片，可以让所有观众更加清晰地看到实物或胶片上的图画；在显微镜下医生可以看到血液里的各种细胞；用望远镜可以看到遥远地方的景色……打开这些常用的光学仪器可以发现，里面的主要部件是透镜。

1. 透镜

透镜一般由玻璃制成。中央较厚，边缘较薄的为凸透镜，凸透镜分为双凸、平凸等形式，凸透镜有会聚作用，故又称聚光透镜。凸透镜可用于放大镜、老花眼及远视的人戴的眼镜、摄影机、电影放映机、幻灯机、显微镜、望远镜等。中央较薄，边缘较厚的为凹透镜，凹透镜可用于近视的人戴的眼镜等。

2. 相关概念

主轴：通过透镜两个球面球心 C_1、C_2 的直线叫透镜的主光轴，如图 3.4.14 所示。

光心：透镜的中心 O 点是透镜的光心，如图 3.4.14 所示。

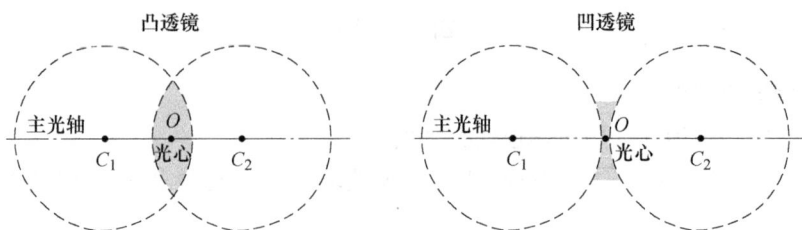

图 3.4.14　透镜主光轴与光心

焦点：平行于主光轴的光线经过凸透镜后会聚于主光轴上一点 F，这一点是凸透镜的焦点，如图 3.4.15a 所示。

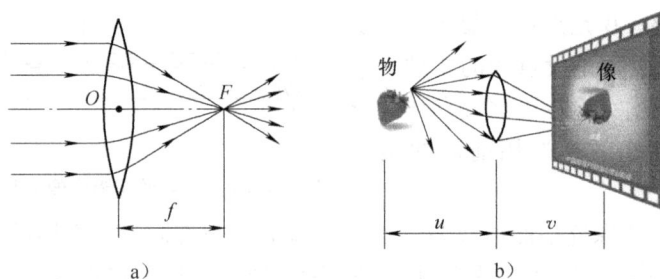

a)　　　　　　　　　　　　b)

图 3.4.15　透镜焦点、物距与像距

焦距：焦点 F 到凸透镜光心 O 的距离叫焦距，用 f 表示。

物距：物体到凸透镜光心的距离称为物距，用 u 表示，。

像距：物体经凸透镜所成的像到凸透镜光心的距离称为像距，用 v 表示。如图 3.4.15b 所示。

实　　验

一、实验步骤

1. 如图 3.4.16 所示，按照蜡烛、凸透镜、光屏的顺序在光具座上摆放好器材并点燃蜡烛，同时调节高度使烛焰中心、凸透镜中心和光屏中心在同一水平线上，并在数据表格上方记下凸透镜的焦距 f 的大小。

2. 固定好凸透镜的位置，然后调节蜡烛的位置，使蜡烛距离凸透镜在 $2f$ 以外（物距 $u > 2f$），确定好蜡烛的位置以后，在凸透镜另外一侧

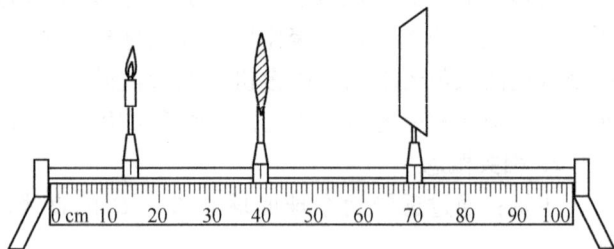

图 3.4.16　探究透镜成像规律实验装置图

使光屏面向凸透镜，前后移动光屏，让光屏上能够接收到烛焰清晰的像，记下此时的物距 u 和像距 v 的大小以及所成的像的性质，记录在表格中。

3. 将蜡烛的位置移到距离凸透镜 $2f$ 处（$u = 2f$），重复上述操作并记录。

4. 将蜡烛的位置移到凸透镜 f 和 $2f$ 之间的位置（$f < u < 2f$），重复上述操作并记录。

5. 将蜡烛的位置移到距离凸透镜 f 处（$u = f$），移动光屏，观察能否接收到烛焰清晰的像；再从光屏处直接通过凸透镜来观察烛焰，观察是否能够看到烛焰的像。

6. 将蜡烛的位置移到距离凸透镜 f 以内（$u < f$），重复步骤 5 的操作，并记录下所需要的数据（此时物距 u 只需要估测即可）。

二、实验数据记录（见表 3.4.2）

表 3.4.2　探究凸透镜成像规律记录表

凸透镜的焦距 $f =$ _____ cm

物距与焦距的关系	物距/cm	像距/cm	像的性质			生活应用
			正倒	大小	实虚	
$u > 2f$						
$u = 2f$						
$f < u < 2f$						
$u = f$						
$u < f$						

三、实验分析与结论

1. 当物距 $u > 2f$ 时，像距 v 和 f 的关系是_____，成_____、_____的_____像；

2. 当物距 $u = 2f$ 时，像距 v 和 f 的关系是_____，成_____、_____的_____像；

3. 当物距 $2f > u > f$ 时，像距 v 和 f 的关系是_____，成_____、_____的_____像；

4. 当物距 $u = f$ 时，成像情况是_____；

5. 当物距 $u < f$ 时，像和物的关系是物像_____（凸透镜的同侧或者异侧），成_____、_____的_____像；

6. 在表格最后一列中，试着写出每个规律对应的生活中的实际应用。

问　题

1. 预习思考题

实验开始要求调节高度使烛焰中心、凸透镜中心和光屏中心在同一水平线上，这样做的目的是什么？

2. 分析讨论题

请作出各实验原理光路图。

实验 11　测定玻璃的折射率

引　言

光从真空射入某种介质发生折射时，入射角的正弦与折射角的正弦之比，叫作这种介质的折射率，用 n 表示。折射率与介质有关，它是一个反映介质光学性质的物理量。在生产生活和科学技术中我们用到很多光学元件，如放大镜、望远镜、照相机、眼镜等，不同材料制成的光学元件性能大不一样，为了更好地服务于生产生活与科学技术，我们需要知道各种能制成光学元件材料的折射率。

实　验

如图 3.4.17 所示，当光线以一定的入射角入射到玻璃砖表面时，一部分光将折射到玻璃砖内，若能测出入射角 i 和折射角 γ，通过折射率的定义式 $n = \dfrac{\sin i}{\sin \gamma}$ 就能计算得到折射率的大小。折射光线在玻璃砖内不好确定，本实验用插针法找出跟入射光线对应的出射光线，从而找到折射光线，进而测出玻璃的折射率。

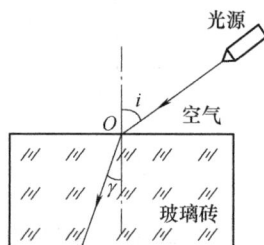

图 3.4.17　实验原理图

一、实验步骤

1. 把白纸铺在木板上。

2. 如图 3.4.18 所示，在白纸上画一直线 aa' 作为界面，过 aa' 上的一点 O 画出界面的法线 NN'，并画一条线段 AO 作为入射光线。

3. 把长方形玻璃砖放在白纸上，并使其长边与 aa' 重合，标记下玻璃砖下方边沿两点，取走玻璃砖后再用直尺画出玻璃砖的另一边 bb'。

4. 再次把玻璃砖放在白纸上，并使其长边与 aa' 重合，在线段 AO 上竖直地插上两枚大头针 P_1、P_2。

5. 从玻璃砖 bb' 一侧透过玻璃砖观察大头针 P_1、P_2 的像，调整视线方向直到 P_1 的像被 P_2 的像挡住。再在 bb' 一侧插上大头针 P_3、P_4，使 P_3 能挡住 P_1、P_2 的像，P_4 能挡住 P_1、P_2 的像及 P_3。

6. 移去玻璃砖，在拔掉 P_1、P_2、P_3、P_4 的同时分

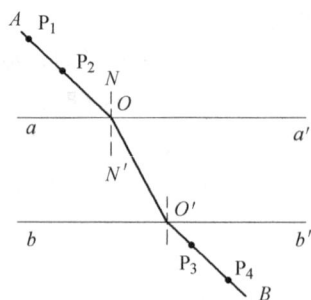

图 3.4.18　实验示意图

别记下它们的位置，过 P_3、P_4 作直线 $O'B$ 交 bb' 于 O'；连接 O、O'，OO' 就是玻璃砖内折射光线的方向；$\angle AON$ 为入射角，$\angle O'ON'$ 为折射角。

7. 用量角器量出入射角和折射角的度数，查出它们的正弦值，并把这些数据记录下来。

8. 用上述方法分别求出入射角是 15°、30°、45°、60° 和 75° 时的折射角，查出入射角和折射角的正弦值，记录下来。

9. 算出不同入射角时的折射率。

二、实验数据记录（见表 3.4.3）

表 3.4.3　测定玻璃折射率实验记录表

实验次序	入射角	折射角	入射角正弦	折射角正弦	折射率
1	15°				
2	30°				
3	45°				
4	60°				
5	75°				

三、注意事项

1. 轻拿轻放玻璃砖，手只能接触玻璃砖的毛面或棱，不能触摸光洁的光学面，严禁把玻璃砖当直尺用。

2. 实验过程中，玻璃砖在纸面上的位置不可移动。

3. 插针时，P_1 与 P_2、P_3 与 P_4 的间距要适当地大些，以减小确定光路方向时出现的误差。

4. 实验时入射角不能太小（接近零度），否则会使测量误差加大；也不能太大（接近 90°），否则会不易观察到 P_1、P_2 的像。

问　　题

1. 预习思考题

（1）折射定律的基本内容是什么？

（2）折射率的大小与光在介质中传播速度的大小有什么关系？

（3）插针法测玻璃折射率的实验原理中，除了折射定律外，还用到了哪些物理知识？

2. 分析讨论题

（1）本实验中如果采用的不是两面平行的玻璃砖，如采用三棱镜、半圆形玻璃砖等,一样能测出折射率吗?具体怎么做?

(2)如果没有量角器,怎样处理实验数据?

(3)还有没有其他的实验方案可测出玻璃的折射率?

(4)如何测出液体的折射率?

实验 12   用双缝干涉测量光的波长

引   言

著名的光学双缝干涉实验是由托马斯·杨完成的,1807年他总结出版了《自然哲学讲义》,里面第一次描述了双缝干涉实验:把一支蜡烛放在一张开了一个小孔的纸前面,这样就形成了一个点光源(从一个点发出的光源)。在纸后面再放一张开了两道平行的狭缝的纸。从小孔中射出的光穿过两道狭缝投到屏幕上,就会形成一系列明、暗交替的条纹,这就是现在所称的双缝干涉条纹。

光源发出的光经滤光片成为单色光,单色光通过单缝 S 后相当于线光源,经双缝产生稳定的干涉图样,通过屏可以观察到干涉条纹;如果用白光通过双缝则可以观察到彩色条纹。

如图 3.4.19 所示,若双缝到屏的距离用 d' 表示,双

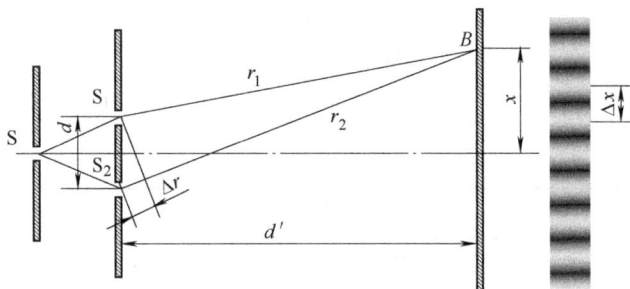

图 3.4.19　双缝实验原理图

缝间的距离用 d 表示,相邻两条亮条纹间的距离用 Δx 表示,则入射光的波长为 $\lambda = \dfrac{d\Delta x}{d'}$。实验中 d 是已知的,测出 d'、Δx 即可测出光的波长。

实   验

一、实验步骤

1. 观察光的干涉现象

实验用双缝干涉实验仪如图 3.4.20 所示,其内部结构如图 3.4.21 所示。

(1)接好光源,打开开关,使灯丝正常发光。

(2)调节各器件的高度,使光源灯丝发出的光能沿轴线到达光屏。

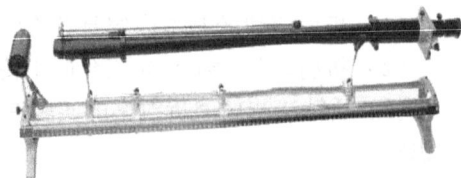

图 3.4.20　双缝干涉实验仪

（3）在单缝和光源间放上滤光片（红色、黄色、紫色等），观察单色光的干涉条纹，并比较不同色光干涉条纹的宽度，得出结论。

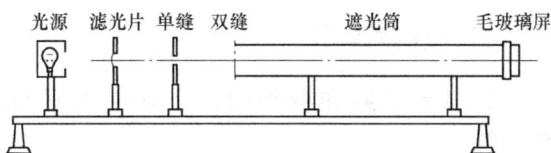

图 3.4.21 实验仪内部结构图

（4）对于同种色光，改变双缝间距 d，观察条纹间距的变化。

（5）拿走滤光片，观察白光的干涉条纹。

2. 测定单色光的波长

（1）安装测量头（测微目镜），调节至可清晰观察到干涉条纹。

（2）如图 3.4.22 所示，使分划板中心刻线对齐某条（记为第 1 条）亮条纹的中央，记下手轮上的读数 a_1，转动手轮，使分划板中心刻线移动，当中心刻线与第 n（2、3、4、5）条亮纹中央对齐时，记下移动的条纹数 n 和移动后手轮的读数 a_2，则相邻两条纹间的距离 $\Delta x = \dfrac{a_2 - a_1}{n - 1}$。

（3）用刻度尺测量双缝到光屏间的距离 d'。

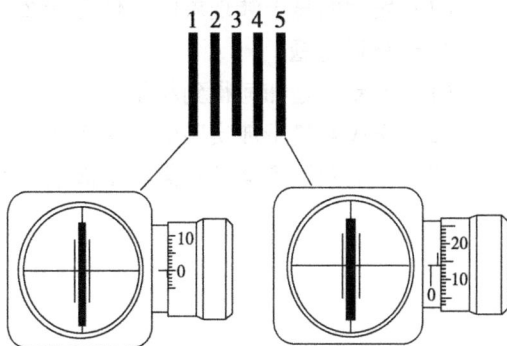

图 3.4.22 测量亮纹间距示意图

（4）用游标卡尺测量双缝间距 d（这一步也可省去，d 在双缝玻璃上已标出）。

（5）重复测量、计算，求出波长的平均值。

（6）换用不同滤光片，重复实验。

二、实验数据记录（见表3.4.4）

表 3.4.4 双缝干涉测定光波波长实验记录表

$d =$ _____ mm

条纹数	a_n/mm	Δx/mm	d'/mm	λ/nm
1				
2				
3				
4				
5				

三、注意事项

1. 放置单缝和双缝时，必须使缝平行，并且双缝和单缝间的距离约为 5～10cm。

2. 保证光源、滤光片、单缝、双缝、遮光筒和光屏的中心在同一条轴线上。

3. 测量头的中心刻线要对应着亮（或暗）条纹的中心。

问　　题

1. 预习思考题

（1）什么是光的干涉现象？

（2）发生明显干涉现象的条件是什么？

2. 分析讨论题

（1）实验中是如何得到相干光的？

（2）杨氏双缝干涉实验的意义何在？

（3）改变双缝到屏的距离，干涉条纹如何变化？

第五章　现代技术实验技能训练

新课程标准指出，物理课程必须与信息技术整合，构筑信息平台，建立数字化信息系统实验室。物理教育要适应信息时代的变革，整合物理教学与信息技术，及时构建信息技术平台。在实验教学中，除了用传统的手段和方法采集、处理实验数据外，还要采用新的数字化实验技术，从而开阔学生进行实验探究的视野。

第一节　DIS 数字化实验介绍

一、数字化实验系统

数字化实验系统指由"传感器 + 数据采集器 + 实验软件包 + 计算机"构成的新型实验系统。作为信息技术与传统实验整合的重要载体，它依托传感器技术和计算机平台，集实验数据采集、显示、分析、处理于一体，兼容传统实验教具，替代多种仪表，是理科实验教学的重要平台。

国外在数字化实验的开发方面起步较早，技术也比较成熟。美国的 PASCO 公司、Vernier 公司、德州仪器公司，英国的 Pico Technology 公司生产的数字化实验产品应用较为广泛。除此之外，较为著名的公司还有以色列 Fourrier 公司、韩国数字株式会社。

目前国内数字化实验产品处于起始阶段，专门从事为教育领域开发数字化实验的公司主要有山东远大网络多媒体有限责任公司、上海华师京城高新技术股份有限公司、北京友高教育科技公司、宁波 GQY 视讯股份有限公司等。

二、DIS 数字化实验技术

朗威数字化信息系统实验室（简称朗威 DISLab）由传感器、数据采集器、软件和配套实验器材构成（见图 3.5.1）。

1. 传感器

传感器将非电学量转化成电信号，并将电信号传递到数据采集器，它是数字化实验的核心部件。其测量精度、性能与使用效果均达到先进水平。教学中常见的传感器包含位移传感器、力传感器、电流传感器、微电流传感器、电压传感器、压强传感器、温度传感器、声传感器、磁传感器、光电门传感器等，如图 3.5.2 所示。

2. 数据采集器

数据采集器采集来自传感器的数据，并传给计算机平台，是传感器和计算机平台之间的转换器，如图 3.5.3 所示。

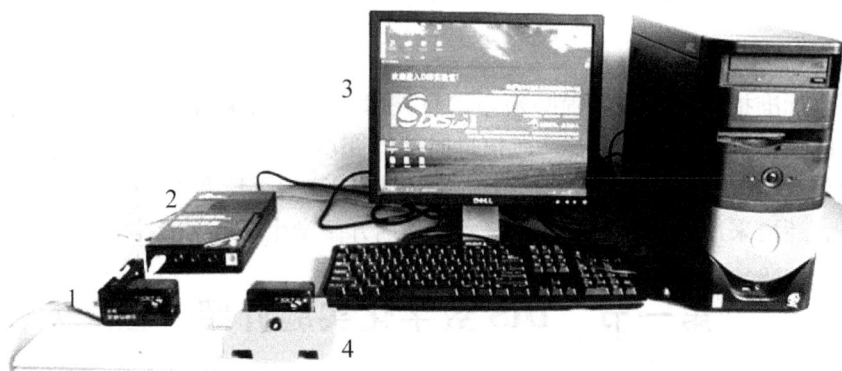

图 3.5.1　朗威 DISLab 系统构成

1—传感器　2—数据采集器　3—软件　4—配套实验器材

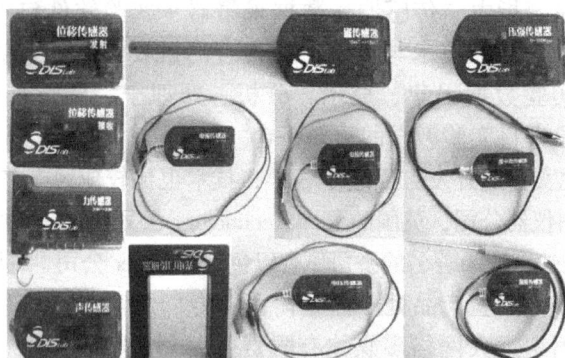

图 3.5.2　传感器

图 3.5.3　数据采集器

3. 软件

并行双软件系统包含教材专用软件和教材通用软件。较早的 5.0 版包含 21 个专用软件，目前教材专用软件有不断扩展的趋势。通用软件采用了国际通行的主流工具软件（如 Adobe Photoshop、VB、VC 等）的设计风格，可完成物理量的显示、数据记录与计算、组合图线分析等教学任务，如图 3.5.4 所示。

4. 配套实验器材

配套实验器材包括多用力学导轨、向心力实验器、环形线圈、螺线管等完成实验所需要的仪器，如图 3.5.5 所示。

图 3.5.4　软件界面

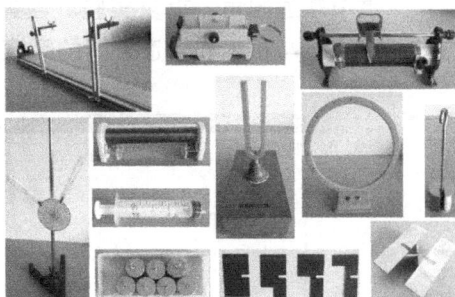

图 3.5.5　配套实验器材

三、DIS 数字化实验案例

探究加速度与力、质量的关系

1. 实验目的

探究加速度与力、质量的关系。

2. 实验原理

用天平测出小车的质量，绳子中的拉力直接依据砝码读出，在轨道上用位移传感器实时测出小车的速度，从而得出小车的加速度，通过改变砝码数量或小车质量，运用控制变量法寻找加速度与力、质量间的关系。

3. 实验器材

朗威 DISLab 数据采集器、位移传感器、DISLab 配套力学轨道、DISLab 配套力学小车、支架、计算机、天平等。

4. 实验装置图

实验装置如图 3.5.6 所示。

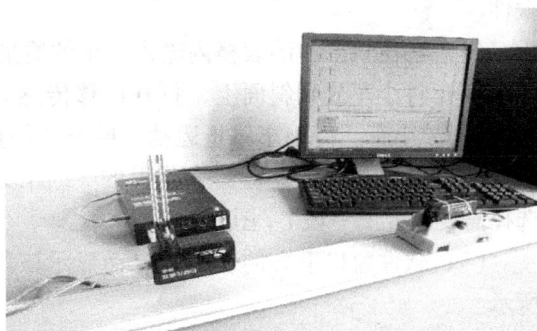

图 3.5.6　实验装置图

5. 实验操作

（1）将位移传感器接收模块固定在轨道的一端，连接到数据采集器第 1 通道；将位移传感器发射模块固定到小车上。

（2）进行摩擦力平衡调整，其步骤如下。

①单击教材专用软件主界面上的实验条目"从 v-t 图求加速度"，打开该软件。

②将小车放到斜面上，打开位移传感器发射模块的电源开关，单击"开始记录"，释放小车。

③调节轨道倾角，重复实验。当加速度接近零时，可以认为小车重力沿斜面方向的分力已与小车和轨道之间的摩擦力平衡，如图 3.5.7 所示。

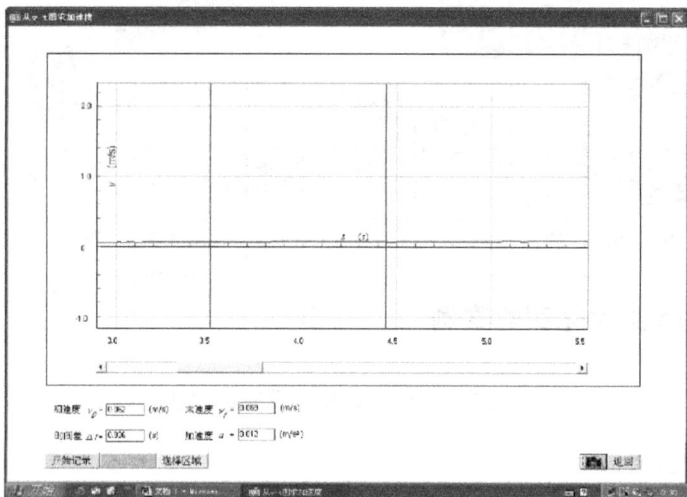

图 3.5.7　平衡摩擦力

（3）返回教材专用软件主界面，单击实验条目"牛顿第二定律"，打开该软件。

（4）在窗口下方的表格内输入小车的质量及拉力数值。

（5）将小车放到斜面上，打开位移传感器发射模块电源开关，单击"开始记录"，释放小车。待小车停止运动，单击"停止记录"。

（6）拖动滚动条，将实验获得的 v-t 图线置于区域中间，单击"选择区域"，选择需要研究的一段 v-t 图线。

（7）软件窗口下方的表格中自动显示该段 v-t 图线对应的加速度，如图 3.5.8 所示。

（8）保持小车质量不变，改变拉力，重复步骤（5）、（6），可得到另几组数据。

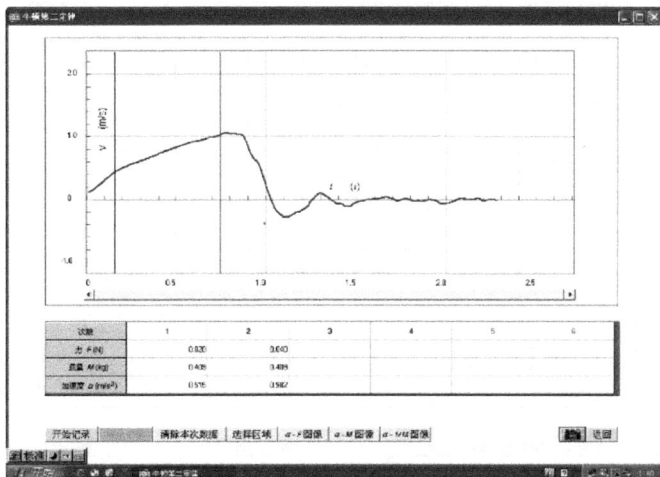

图 3.5.8　研究区域内 $v\text{-}t$ 图像对应的加速度

（9）单击"$a\text{-}F$ 图像"按钮，即得到加速度与拉力的关系图线，如图 3.5.9 所示。

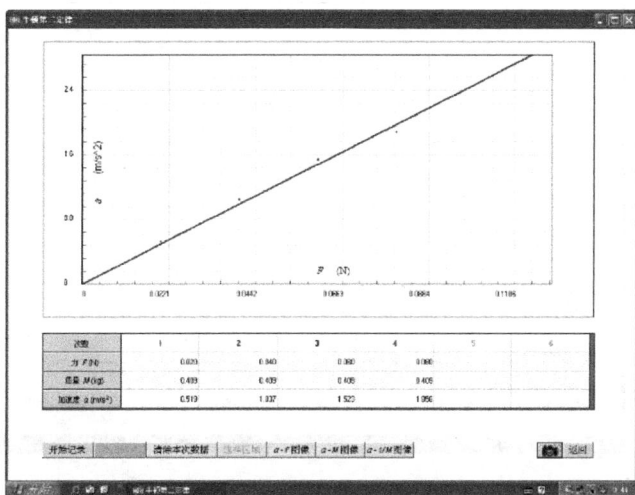

图 3.5.9　$a\text{-}F$ 图像

（10）保持拉力不变，改变小车的质量，重复步骤（5）、（6），得到另几组数据。

（11）单击"$a\text{-}M$ 图像"按钮，可得到加速度与质量的关系图线，如图 3.5.10 所示。

（12）单击"$a\text{-}1/M$ 图像"按钮，即可得到加速度与质量倒数的关系图线，如图 3.5.11 所示。

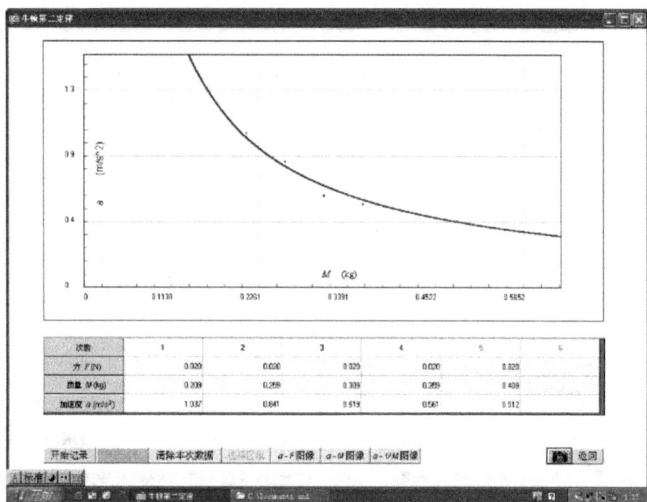

图 3.5.10　*a-M* 图像

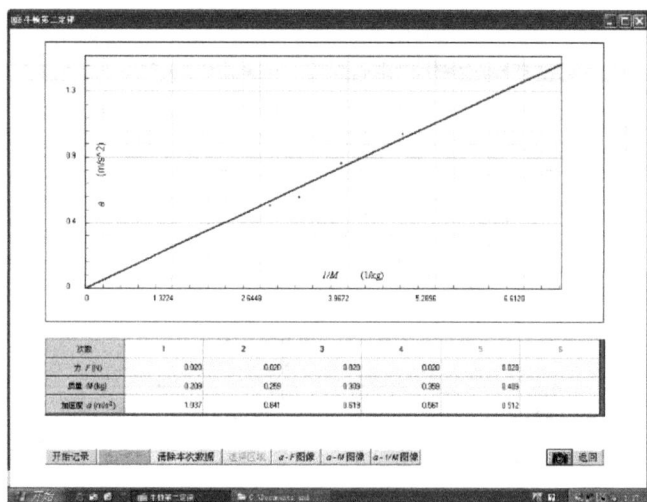

图 3.5.11　*a-1/M* 图像

6. 实验结论

依据图 3.5.9、图 3.5.11 可知，在误差允许范围内，加速度与力成正比、与质量成反比。

7. 误差分析

（1）首次平衡摩擦力时，没有完全使重力沿斜面向下的分力与小车和轨道间的摩擦力平衡。

（2）多次实验过程中，可能导致轨道发生移动，打破摩擦力的平衡状态。

（3）各个铁块的质量并不是完全相等的。

（4）由于小车和轨道间的接触并不是十分稳定的，导致小车在运动过程中发生摇摆。

（5）位移传感器发射模块不是十分牢固地固定在小车上的，导致在小车运动中位移传感器发射模块受到扰动。

点评：

此实验是人教版高中物理必修 1 第四章第 2 节的内容，为探究性实验。如用电磁打点计时器或电火花打点计时器等传统实验设备来探究，则会花费大量的时间和精力处理数据以计算出小车的加速度，特别是寻找加速度与质量间关系时，难以将学生积极的思维活动用于探求加速度与力、质量间的关系。引入数字化实验平台不仅可以充分调动学生探究规律的热情，还可以利用其数据处理的优势将更多的时间用于数据分析、规律寻找中，并且高精度的数形结合的关系图线，让学生发自内心地信服加速度与力成正比、与质量成反比的关系，大大优化这一实验的教学效果。

第二节　中科大奥锐有限公司中学物理虚拟实验介绍

计算机技术和网络通信的高速发展，使当今社会进入了知识经济的信息时代，教育作为这个时代发展的主要支柱，受到政府和社会各领域的普遍关注和重视。在教育技术领域，20 世纪 80 年代出现了 CAI，90 年代又出现了网络教育，二者的结合已成为教学手段现代化的主要内容，它形成一个崭新的教学环境，打破了各种限制，使各种教育发生了深刻的变化，但这种教学的更新是依靠教学媒体创新来实现的。1995 年，中国科学技术大学研制成功的《大学物理仿真实验 1.0 for Windows》就是一个具有代表性的创新媒体，它利用软件设计虚拟仪器，建立虚拟实验环境，学生可在这个环境中操作仪器模拟真实的实验过程，达到培养学生动手能力，学习实验技能，深化理解物理知识的目的，它是国内第一套虚拟型实验教学软件。该成果同年通过教育部科技成果鉴定，1996 年获中国科学院教学成果一等奖，1997 年作为国家"九五"重点科技攻关项目，又研制开发出它的升级版本《大学物理仿真实验 2.0 for Windows》，其在国内及香港等地也获得普遍应用，在国际上产生了很好的影响。这大大提高了高等教育中物理实验教学的水平和质量，受到普遍的欢迎和好评，2001 年再次获国家级教学成果一等奖。

他们把这项技术引进到中学物理实验教学中，开发出《中学物理虚拟实验 1.0 for Windows》，该软件把实验设备、教学内容、教师指导和学生的操作有机融合于一体，形成了一部可操作的活的教科书，实现了培养学生动手能力，学习实验技能，深化理解物理知识的目的，同时增强了学生对物理实验的兴趣，成为中学物理教学改革的一个有力工具，得到广大中学物理教师和学生的欢迎和青睐。

一、《中学物理虚拟实验 1.0 for Windows》的特点

1. 与真实仪器完全相同的操作界面

未做过实验的学生通过虚拟仿真学习能对实验的整体环境，对使用的装置仪器的整体结构建立起直观的认识。并通过操作熟悉仪器功能和使用方法达到掌握实验技能，培养学生动手能力的目的。

2. 具有真实的可设计性

在实验中仪器和器件实现了模块化。学生可对提供的仪器进行选择和组合，用不同的方法和路线完成同一实验目标。并通过对误差大小、不同方法优劣的比较来培养学生的创新素质和思考能力。

3. 它是一部活的、可操作的中学物理实验教科书

该软件通过深入解剖教学过程，在设计上充分体现了教学的指导思想，侧重培养学生在理解实验的基础上通过思考才能正确操作，克服了在实际实验中出现的盲目操作和实验"走过场"的现象。应用该软件将大大提高物理实验教学的质量和水平。

4. 它是培养学生理论与实践相结合思维形成的一种崭新教学模式和现代教学手段

教师在课堂教学中可利用它引入物理概念并讲解物理实验。学生可利用它进行物理实验预习、复习和自学。其趣味性将大大激发学生对物理实验的兴趣和学习热情。软件中完全 3D 建模，配有语音导航，并对每项实验都配有演示和讲解，是学生学习的好帮手。

5. 符合实验教学要求

该软件的每个实验中都有实验预习题、实验思考题，这些题目是对学生运用实验中学过的实验思想、实验方法与物理知识设计新实验、分析新问题能力的综合性考查。这也和近几年来的高考物理试题的要求是一致的，为改变过去有些学校为应付高考而"背物理实验题"提供了新方法。

6. 为中学物理实验教学提供了新的手段

学生通过在实验室中做真实实验和用该软件相结合，克服了高中实验室条件不够、课时紧、学生做实验"走过场"、"背实验题"等不利影响。

二、《中学物理虚拟实验 1.0 for Windows》中的项目

《中学物理虚拟实验 1.0 for Windows》中一共有 24 个虚拟仿真实验项目，项目涉及中学物理常规实验、中学生素质拓展实验、基本仪器及使用、误差与实验数据处理以及现代科学技术手段应用等。实验内容涵盖中学物理中的力、热、电、光实验，学生通过对实验的虚拟仿真操作，可加深对基础物理实验知识的理解，提升中学物理实验技能与分析教材的能力。模块除设置有验证性实验外，还提供

有设计性的实验项目，用于培养学生的专业实践和综合设计能力。

具体项目见表 3.5.1：

表 3.5.1   虚拟仿真实验项目内容

序号	项目名称	序号	项目名称	序号	项目名称
1	绪论	9	匀变速直线运动	17	研究电磁感应现象
2	误差测量与数据处理	10	机械能守恒定律	18	单透镜实验
3	力热学基本测量仪器	11	基本电学仪器的使用	19	光学设计实验
4	利用单摆测重力加速度	12	测量电动势和内电阻	20	测量玻璃的折射率
5	共点力的合成	13	电流表改装电压表	21	光的衍射实验
6	平抛运动	14	测量金属的电阻率	22	油膜法测分子直径
7	验证动量守恒定律	15	多用电表测黑箱	23	玩具电机的能量转化
8	打点计时器	16	等势线的描绘	24	传感器的简单应用

三、《中学物理虚拟实验 1.0 for Windows》 操作使用说明

1. 进入

（1）打开计算机，单击桌面上的"高中物理仿真实验 V1.0"图标。

（2）阅读前言。

（3）翻页浏览，了解有哪些实验项目。

2. 进行实验

（以"测量电动势和内电阻"实验为例）

（1）找到要做的实验项目（见图 3.5.12）。

（2）双击进入实验界面（见图 3.5.13）。

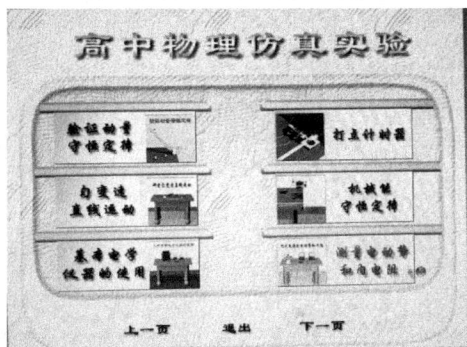

图 3.5.12   选择实验项目

图 3.5.13   实验界面

（3）在界面中右击显示出主菜单（见图 3.5.14）。

（4）单击"实验演示"，观看实验流程播放（见图 3.5.15）。

图 3.5.14 主菜单

图 3.5.15 单击"实验演示"

（5）演示播放完毕，回到第 3 步主界面。

（6）依次单击观看"实验目的""实验原理""实验器材""实验步骤""实验预习题"。

（7）单击"开始实验"，进行仿真实验操作（见图 3.5.16）。

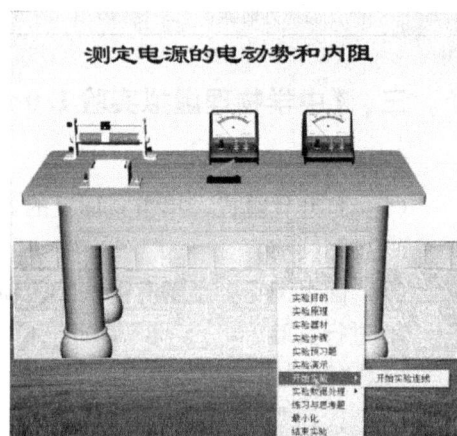

（8）依次单击"实验数据处理""练习与思考题"，完成实验数据处理和思考题。

（9）单击"结束实验"，回到实验项目页面（见图 3.5.17）。

（10）单击"退出"，结束实验（见图 3.5.18）。

图 3.5.16 单击"开始实验"

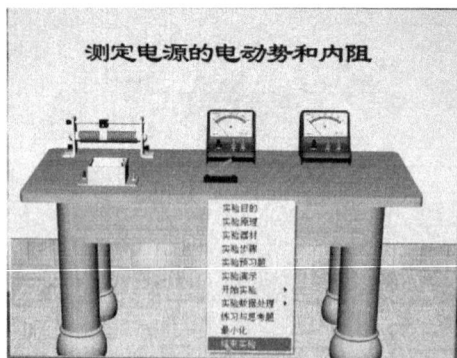

图 3.5.17 单击"结束实验"

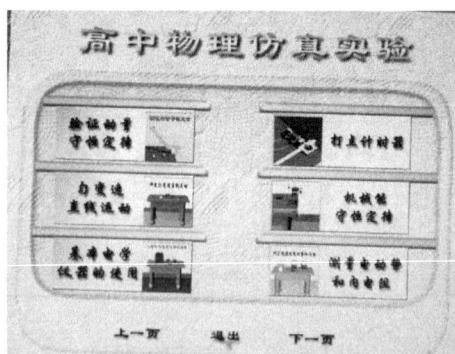

图 3.5.18 单击"退出"

第四篇
中学物理实验设计与仪器制作技能

第一章　物理实验设计与仪器制作理论基础

现代教育心理学家们主张在传授给学生知识、技能的同时，更要注重传授给学生学习的方法策略，即使学生学会学习。正如古人云：授人以鱼，不如授人以渔。学生只有掌握了获取信息、技能的方法策略，才能很好地掌握知识、运用知识。

虽然实验仪器生产厂家不少，但在各种特定的教学环境中有的仪器不一定完全适用，有些仪器若能稍加改进就会具有更多更好的教学功能。师生都参加物理实验与仪器的设计与制作工作是一项创造性活动，是搞好物理实验教学的好方式，它有利于学生理论联系实际能力、劳动观点和创造精神的培养，有利于学生智力和能力的增长。

教育的发展使各国物理教育工作者都十分重视自行设计和制作物理实验仪器。物理实验仪器的设计是在物理思想和教学思想指导下的创造性劳动，它以实验研究为基础。设计与制作物理实验仪器，需要了解有关物理实验设计与制作的理论知识，包括设计的目的、思想、原则、基本程序与思维方法等。

第一节　实验设计与仪器制作在物理教育中的重要作用

一、有助于培养学生的综合实践能力

实验设计与仪器制作要求根据一定的实验目的和要求，运用有关物理知识与实验技能，对实验仪器、装置进行改进或创新，是一项集理论性和实践性于一体的认识活动。它是以设计制作者独立进行为主的实践活动，在选题、取材、时间和空间上都比较具有灵活性，在相当大的程度上要求制作者独立完成，因而学生参与物理实验设计与仪器制作有利于培养其创造性思维能力、探索能力、归纳总结能力和实践动手能力；调动学习的主动性和积极性，开拓智力；提高他们综合运用已有知识提出问题、分析问题、处理问题的能力，敏锐的观察能力，严肃的科学态度，严密的科学思想和严谨的科学作风；提高科学素质，树立创新意识；是改革物理实验教学方式，提高教学质量和培养高素质复合型人才的有效途径，是适应新时代的需要。

二、降低实验成本，提高实验教学效果

条件稍差的学校教学实验仪器设备陈旧、老化，精度下降，功能单一，实验效果不明显，其性能和指标已不能满足实验教学的要求，阻碍了实验教学的发展，也妨碍了学生能力和素质的培养。所谓"千言万语说不清，一看实验即分明"，作为物理教师，为了满足教学改革而对实验仪器设备提出的新的要求，设计和研制合适的仪器设备，既满足了教学实验需要，又降低了实验成本，解决了物质需求与资金不足的矛盾。

三、拓宽实验教学内容

部分学生对物理学的基本概念和规律理解不透、掌握不牢，如果教师能以简代繁、以实代虚、以具体代抽象，设计出一些小实验，自制低成本实验仪器，让学生通过观察分析，归纳总结或验证物理定律和规律，则可以帮助学生加深对物理概念的理解，巩固已有知识。在课本原有实验的基础上，教师可以利用自己设计的小实验，来扩充原有的实验或补充新的实验内容，让学生进一步了解、掌握所学知识，从而达到丰富教学内容的效果。

四、提高学习物理的兴趣

低成本实验仪器很多是利用日常生活用品制作的，在我们周围有很多的饮料罐、矿泉水瓶等废弃物，稍加处理就可以变废为宝了。利用这些废品让学生自己动手制作一些简单有趣的实验仪器，这对启发学生的思维，培养他们善于观察、勤于思考的好习惯起到了重要的作用，极大地调动了学生学习物理的兴趣。

第二节　实验设计与仪器制作基本思维方法

一、嫁接法

嫁接法指在一般的仪器上配置一些先进的器件，从而使整套设备的性能大大提高。例如，激光瞄准器在枪械上的应用，数字计时器、图像传感器 CCD、计算机等在物理实验上的应用。

二、改进法

改进法就是在原仪器设计制造的基础上，对在实际使用过程中暴露出来的缺陷与不足进行改进，增强其性能，总体上并不做根本性的改动。例如，气垫导轨材料的改进（用异形铝合金代替圆筒形铸铝），既减轻了重量又不易变形。

三、组合法、分割法

组合法就是考虑到实验的方便和一些常用工具、仪器的通用性，把若干个相互联系的实验组合成一个系统，只需配上每个实验专用的仪器或某些巧妙的连接零件，就可以用一个系统做若干个实验。例如，力学、光学实验组合箱。

分割法就是把实验仪器的某些部件从整体上分离出来，进行一些特定的实验演示。它与组合法属于同一设计思想。例如，一个实验多种方法，一种仪器多种用途。

四、模拟法

在进行物理研究时，有时受客观条件的限制，无法对某些自然现象进行实验。此时我们人为地创造一定的条件和因素，使之与自然现象有一定的相似特征，从而在模拟的条件下进行实验，变无法为有法。例如，静电场等势线的描绘实验，直接描绘静电场的等势线是很困难的，由于静电场和直流电流场遵循相似的规律，所以我们用电流场来模拟静电场；又如我们用三棱镜对光的色散来模拟彩虹实验，都属于这种思维方法。

五、放大法

将难于测量的微小量通过一定的规律放大后再进行测量，这种处理方法为放大法。例如，油膜法测分子直径实验中，对于一滴油体积的测量方法；单摆测重力加速度实验中，单摆振动周期的测量方法；微小形变观察实验中的光杠杆原理等都属于这一思维方法。

六、比较法

在物理实验中，通过对一些物理现象或物理量的比较，从而达到异中求同或同中求异的目的。例如，进行光谱分析时，将某种未知物质的明线光谱或吸收光谱与元素的特征光谱进行比较、观察，异中求同，即可以鉴别物质或确定它的化学组成。

七、替代法

用一个标准的已知量替代被测量，并调整此标准量，使整个系统恢复到替代前的状态，则被测量等于标准量。替代法又叫等效法。例如，验证力的合成满足平行四边形法则的实验方法。

八、留迹法

有些物理过程是瞬息即逝的，我们需要将瞬息即逝的现象（位置、轨迹、图像等）记录下来研究。例如，用示波器观察交流电的波形；用打点计时器打点记录物体的位置和时间。

九、控制变量法

在实验中或实际问题中，常有多个因素在变化，造成规律不易表现出来，这时可以先控制一些物理量不变，依次研究某一个因素的影响和作用。例如，探究加速度与力、质量的关系。

十、转换法

也称间接测量法，它是把一些不容易直接观察到或不容易测量的物理量，采用间接的方法，借助于力、热、电、光等现象之间或物理量之间的必然联系，使观察或测量更容易、更明显些。例如，无法直接测定金属的电阻率，我们就转化为测定金属丝的直径、长度和电阻，由电阻定律来间接测量金属的电阻率。许多测量仪器也是根据转换的思想设计制作的，如温度计是把温度转化为测体积的大小，电流表和电压表把电流的大小和电压的高低转化为指针偏转角度的大小来显示。

十一、创新

综合运用以前所学的有关知识及掌握的实验技能，设计、研制具有现代化、智能化、电动化的实验仪器。

第三节　实验设计与仪器制作的基本程序

一、确定课题

根据物理教学的需要，教学的目的、内容、要求，了解现有仪器的使用情况、存在的问题，确定设计或改进实验仪器的课题。

二、收集资料

这主要指收集和查阅与本课题相关的资料，了解本实验的发展情况和相关实验的发展情况。

三、制订目标

通过收集课题资料，了解相关情况，进行动态分析，确定本实验设计或改进成果是否有价值，解决什么问题。策划本实验的突出特点、关键，确定设计实验仪器所要达到的制作要求，制订主攻目标。

四、总体构思

总体构思主要是指从理论上和思维上的构思工作，实验理论、设计思想的构思，整体设计方案的构思。确定主攻目标的途径和方法，建立设计仪器的整体模式或框架。

五、制订局部方案

对整体组成的各个部分进行分析，研究解决局部问题或攻破个别难点的途径与方法，其中包括实验关键、实验现象的体现，实验参量计算，仪器要达到的精度，所用材料要达到的要求等，设计实现各方面要求的最佳可行具体方案。

六、局部性制作与实验

对局部设计方案进行实施，按设计方案进行制作并实验，如果不成功返回上一步，寻找解决问题的新途径和方法，如果可行则进行下一步。

七、制订总体方案

将局部性实验整合、调整，制订出一个总体设计方案，从整体上对各个部分进行再设计。设计的仪器整体上应该体现美的艺术，构思要巧妙、布局要合理，重点观察现象要明显，使用重复性要好。

八、试制

根据总体设计方案，制作仪器。

九、调制与修改

对试制的仪器出现的问题进行修改和调制，力求达到设计要求，使设计制作的仪器更加合理、圆满。如果发现制作的仪器达不到设计要求，返回第四步重新考虑构思设计方案，确立实现主攻目标的途径和方法。如果仪器的改进效果显著，进行下一步。

十、评价与鉴定

该程序包括对制作仪器设计思想的评价、性能效果的评价、材料工艺的评价等。经过评价与鉴定的实验仪器，即可定型使用。

第二章　物理实验仪器制作基本技术

制作物理实验仪器需要掌握一定的机加工能力（主要是钳工技术）、木材加工能力（木工技术）、玻璃与塑料加工技术、电子技术以及表面的装饰与处理技术等。

第一节　钳　工　技　术

钳工要完成好本职工作，必须掌握好钳工的各项基本操作技能，包括划线、錾削、锉削、锯削、钻孔、攻螺纹和套螺纹、刮削、研磨以及基本测量技能和简单的热处理方法等。

一、常用工量具

1. 常用工量具的使用

（1）钳桌

用来安装台虎钳，放置工具和工件等，通常用厚实木料制成，有抽屉或柜子，还装有工作台灯。桌面高度约为 800～900mm，使装上台虎钳后，钳口高度恰好与肘齐平为宜。

（2）台虎钳

用来夹持工件，有固定式和回转式两种，回转式使用较为方便。在夹持工件的精加工表面时，为了防止夹伤工件表面，可用护口片（紫铜片或铝片）盖在钢钳口上再夹紧工件，规格以钳口的宽度表示，有 100mm、125mm、150mm 等。

（3）砂轮机

用来刃磨錾子、钻头和刮刀等刀具或其他工具，也可用于磨去工件或材料上的毛刺、锐边、氧化皮等。操作时，操作者不应站在砂轮的正对面，应站在砂轮的侧面或斜对面。

（4）钻床

用来对工件进行孔加工。分台式、立式、摇臂钻床等。

（5）手用工具

划线用的划针、划针盘、划规、样冲、划线平板；錾削用的锤子和各种錾子；锯削用的各种锉刀；锯削用的手锯和锯条；孔加工用的麻花钻、锥柄钻，各种锪钻和铰刀；攻螺纹和套螺纹用的丝锥、板牙和丝杠；刮削用的平面刮刀和曲面刮刀，各种扳手和旋具等。

（6）量具

钢直尺、刀口形直尺、内外卡钳、百分尺、游标卡尺、高度游标卡尺、螺旋测微计、90°角尺、万能角尺、水准仪等。

2. 加工前的基础工作

加工前的基础工作主要是划线，但划线前必须做好以下准备工作，否则无法进行划线或划出的线看不清楚。

（1）工件的清理

铸件上的浇口、冒口、披缝要去掉，粘在表面上的型砂要清除，锻件上的飞边、氧化皮要除掉。对中小毛坯最好用滚筒、喷砂、抛丸或酸洗来清理。

（2）工件的涂色

铸件和锻件毛坯上涂石灰水或电石糊，小的毛坯也可用粉笔涂色。

铝、铜等有色金属光坯上一般涂蓝油，也可涂墨汁。

不论涂哪一种涂料，都要涂得薄而均匀，才能保证划线的清晰。涂得厚了会脱皮，而且涂料不应对材料有侵蚀作用。

（3）划线

划线是用划线工具根据图纸或实物的尺寸，准确地在工件表面划出加工界限的一种操作。只需在一个平面上划线便能明确表示出加工界线的称为平面划线；需要在工件几个不同方向的表面同时划线才能明确表示出加工界线的称为立体划线。

划线前必须熟悉图纸，了解该零件的用途或与其他零配件的关系，分析零件的加工方法，确定加工余量，这样，才能在工件上划出准确的加工界线，划线后应严格检查，以免造成工件报废。

常用的划线工具有划针、划规、划针盘、高度尺、90°角尺、样冲、划线平板、V形铁、角铁等。

划线步骤：

平面划线：可以直接按几何作图方法划线，如图4.2.1所示。

立体划线：基本划线方法与平面划线相仿，只是高度尺寸的划线略有不同。图4.2.2为轴承座的立体划线图。

在划线前，保证高度尺寸为85mm，

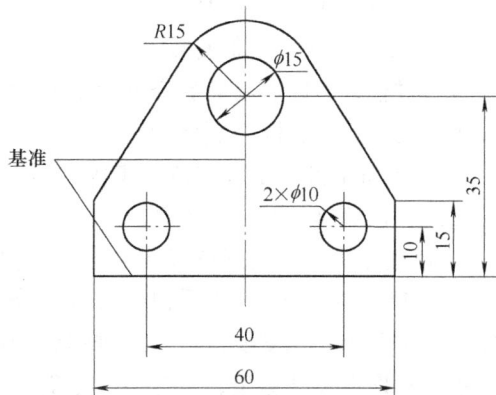

图 4.2.1 平面划线示意图

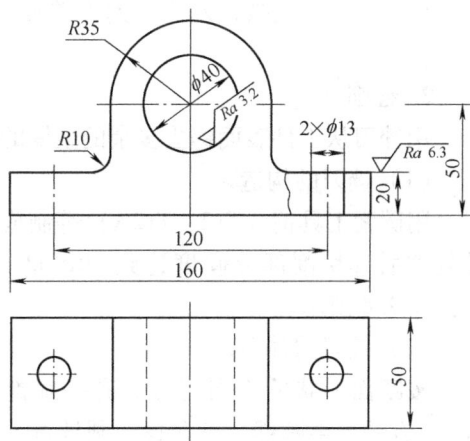

图 4.2.2 立体划线示意图

加工出底面，然后进行正式划线。

二、主要加工方法

钳工的加工方法很多，我们只能介绍几种主要的加工方法。

1. 锯、割

用手锯或机锯把金属材料分割开或在工件上锯槽，这种操作称为锯、割。钳工主要是用手锯操作。

（1）手锯的构造

手锯由锯弓和锯条组成，锯弓分为可调式和固定式两种，常用的为可调式，锯柄形状便于用力，并可安装长度不同的锯条，如图 4.2.3 所示。

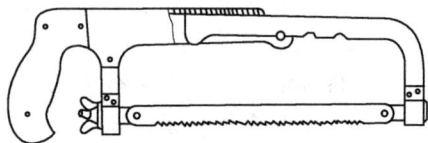

图 4.2.3　手锯构造示意图

（2）锯割步骤和方法

① 根据工件材料、厚度，选择合适的锯条。

② 安装锯条。锯条安装时，锯齿应向前，不能反装。锯条安装在锯弓上不能过紧或过松，否则容易将锯条折断，松紧程度以用手扳锯条时感觉硬实并且不会发生弯曲为适度，同时锯条的平面要与锯弓的平面平行。

③ 夹持工件。工件夹持要牢固，尽可能夹持在工件左边，伸出钳口的长度要尽量短，以免锯动时工件颤动。

④ 起锯。起锯的好坏直接决定锯割质量，无论从工件前端或后端起锯，起锯角均为15°左右，可用左手拇指按住锯条，起导向作用，先锯出一条槽，行程要短，压力要小，速度要慢。当起锯锯到槽深达 2~3mm 时，锯条已不会滑出槽外，左手拇指即可离开锯条，进行正常锯割。

⑤ 锯割方法。锯割时应使全部锯齿都能参加锯割，但注意不可使锯弓两端撞到工件。当工件快被锯断时，速度要慢，压力要轻，行程要短，并尽量用手扶住工件。

2. 锉削

用锉刀从工件表面锉去多余的金属的操作叫锉削。

（1）锉刀的构造

用碳素工具钢（T12，T12A）等制成，经热处理后其切削部分硬度达到 HRC62 以上，如图 4.2.4 所示。

（2）锉刀的种类

按断面形状的不同可分为齐头扁锉（平锉）、方锉、半圆锉、三角锉、圆锉等，另外

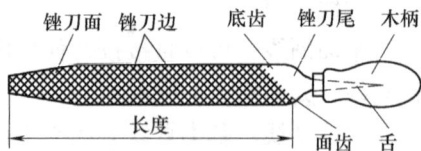

图 4.2.4　锉刀构造示意图

也可以锉刀每 10mm 长度上锉纹数量的多少将其区分为粗锉、细锉和油锉。粗锉为

12 齿，细锉为 13 ~ 30 齿，油锉为 30 ~ 60 齿。

锉刀的规格是用锉刀的长度、断面形状和齿纹的粗细来表示的。如 250mm 粗平锉，表示长度为 250mm，断面形状为长方形的粗齿锉刀。

（3）锉削方法

在台虎钳上锉削时，工件最好夹在台虎钳中部，工件不能伸出钳口太高，锉削面应保持水平。

平面锉削常用的有交叉锉削法、顺向锉削法、推锉法三种。

交叉锉削法：锉刀与工件成一定角度（约 50° ~ 60°），两个方向交叉进行，锉刀与工件接触面大，锉刀容易掌握平稳；并且在交叉锉削中能判断出锉削面高低不平的情况，容易边锉边修平整，但表面质量不高。

顺向锉削法：当平面已基本锉平后，向一个方向顺着锉使表面锉光。

推锉法：锉刀横放，双手分别握住锉刀两端，顺着工件推动锉削，其锉削量小，可以得到平整的加工表面和较细的表面粗糙度。

3. 钻孔

用钻头在实体材料上加工出孔的方法称为钻孔。

（1）工件的夹持

一般钻 8mm 以下的小孔，而工件又能用手握牢时，就用手拿住工件钻孔，工作比较方便，当孔将要钻穿时应特别小心，以防事故发生。有些长工件虽可用手握住，但最好在钻床台面上再用螺钉靠住工件，这样比较安全可靠。除此以外，钻孔时不能用手握住工件，必须采用下列方法来夹持工件：

用虎钳夹持　钻孔直径超过 8mm 或手不能握住的小工件钻孔时，必须用手虎钳或小型台虎钳夹持工件。

用 V 形块配以压板夹持　在圆柱形工件上钻孔时，要把工件放在 V 形块上并配以压板压牢，以免工件在钻孔时转动，如图 4.2.5 所示。

用搭压板夹持　钻大孔或不便用机用虎钳夹紧的工件可用压板、螺栓和垫铁把它固定在钻床工作台上。

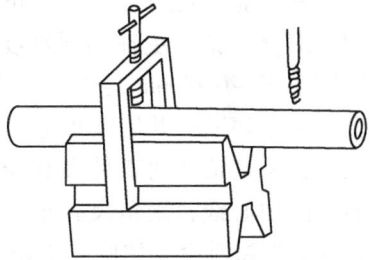

图 4.2.5　V 形块配压板夹持示意图

（2）一般工件的钻孔方法

钻孔前，先把孔中心的样冲眼打大一些，这样可使横刃预先落入样冲眼的锥坑中，钻孔时钻头就不易偏离中心。

钻孔时要使钻尖在垂直的两个方向上对准钻孔中心，先试钻一浅坑，如钻出的锥坑与所划的钻孔圆周线不同心，必须靠移动工件或钻床主轴予以纠正。如果偏离较多，则可用样冲或油槽錾在需要多钻去一些的部位錾几条槽，以减少此处的切削阻力而让钻头偏过来，达到纠正的目的。

当试钻达到同心要求时，即可把钻床主轴中心与工件钻孔中心正确地固定下来，继续钻孔。

通孔在将要钻穿时必须减少进给量。如果采用自动进给，则此时最好改换成手动进给。因为当钻心刚钻穿工件材料时，轴向阻力突然减小，钻床进给机构的间隙和弹性变形的突然恢复，将使钻头以很大的进给量自动切入，以致造成钻头折断或钻孔质量降低等现象。改用手动进给操作时，由于已注意减小了进给量，这种现象就可避免发生。

钻不通孔时，可按钻孔深度调整挡块，并通过测量实际尺寸来控制钻孔的深度。

钻深孔时，一般钻进深度达到直径的 3 倍时，钻头就要退出排屑。以后每钻进一定深度钻头就要退出排屑一次。要防止连续钻进而排屑又不畅的情况发生，以免钻头因切屑阻塞而扭断。

直径超过 30mm 的大孔可分两次钻削，先用 0.5 ~ 0.7 倍孔径的钻头钻孔，然后再用所需孔径的钻头扩孔。这样可减小扭矩和轴向阻力，以保护机床和提高钻孔质量。

（3）在圆柱形工件上钻孔的方法

常在轴类或套类等圆柱形工件上钻出与轴心线垂直并通过中心的孔。当钻孔中心与工件中心线的对称度要求较高时，可用一个定心工具，如图 4.2.6a 所示。钻孔前，先用百分表找正定心工具圆锥部分与钻床主轴的同轴度误差，其应在 0.01 ~ 0.02mm 之内。然后使圆锥部分与 V 形块贴合并用压板把 V 形块位置固定，再把钻孔的工件在其端面上划出所需的中心线，用角尺找正端面的中心线使其保持垂直，如图 4.2.6b 所示。换

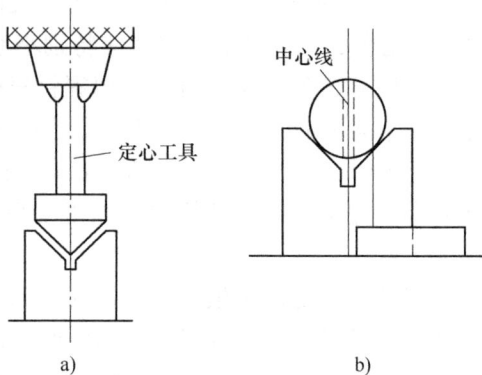

图 4.2.6　在圆柱形工件上钻孔示意图

上钻头并让钻尖对准钻孔中心后，把工件压紧。接着试钻一个浅坑，看中心位置是否正确，如有偏差，可借正工件再试钻。这样，钻孔中心与工件中心线的对称度误差可控制在 0.1mm 以内。

当对称精度要求不太高时，可不用定心工具。而利用钻头的顶尖来找正 V 形块的中心位置，然后再用角尺找正工件端面的中心线，并使钻尖对准钻孔中心，进行试钻和钻孔。

（4）钻半圆孔的方法

对需钻半圆孔的工件，若孔在工件的边缘，可把两个工件合起来钻；如只需一块工件，则可用一块相同材料与工件合在一起钻孔。

在钻壳体与其相配衬套之间的骑缝螺纹底孔时，由于两者材料一般都不相同，孔中心的样冲眼要打在略偏于硬材料的一边，以抵消因阻力小而引起的钻头向软材料方向偏移。

在钻骑缝螺纹底孔时，应尽量用短的钻头，以增强钻头刚度；钻头的横刃要尽量磨窄，以加强定心作用，减少偏斜现象。

4. 刮削

用刮刀在工件表面上刮去一层很薄的金属，这种工作称为刮削。

（1）刮削的方法和步骤

平面刮削：有单个平面刮削（如平板、工作台面等）和组合平面刮削（如 V 形导轨面、燕尾槽面等）两种。

平面刮削一般要经过粗刮、细刮、精刮和刮花。

粗刮是用粗刮刀在刮削面上均匀地铲去一层较厚的金属。粗刮可以采用连续推铲的方法，刀迹要连成长片。粗刮能很快地去除刀痕、锈斑或过多的余量。当粗刮到每 25mm×25mm 的方框内有 2～3 个研点时，即可转入细刮。

细刮是用细刮刀在刮削面上刮去稀疏的大块研点（俗称破点），目的是进一步改善不平现象。细刮时采用短刮法，刀痕宽而短，刀迹长度均为刀刃宽度。随着研点的增多，刀迹逐步缩短。每刮一遍时，须按同一方向刮削（一般要与平面的边成一定角度），刮第二遍时要交叉刮削，以消除原方向刀迹。在整个刮面上达到 12～15 点/（25mm×25mm）时细刮结束。

精刮就是用精刮刀更仔细地刮削研点（俗称摘点），目的是通过精刮增加研点，改善表面质量，使刮创面符合精度要求。精刮时采用点刮法（刀迹长度约为 5mm）。刮面越窄小，精度要求越高，刀迹越短。精刮时，更要注意压力要轻，提刀要快，在每个研点上只刮一刀，不要重复刮削，并始终交叉地进行刮削。当研点增加到 20 点/（25mm×25mm）以上时为止。注意交叉刀迹的大小应该一致，排列应该整齐，以增加刮削面的美观度。

刮花是在刮削面或机器外观表面上用刮刀刮出装饰性花纹。刮花的目的是使刮削面美观，并使滑动件之间造成良好的润滑条件。

（2）曲面刮削

有内圆柱面、内圆锥面和球面刮削等。

曲面刮削的原理和平面刮削一样，只是曲面刮削使用的刀具和掌握刀具的方法与平面刮削有所不同。

刮削曲面时，应根据其不同形状和不同的刮削要求，选择合适的刮刀和显点方法。一般是以标准轴（也称工艺轴）或与其配合的轴作为内曲面研点的校准工具。研合时将显示剂涂在轴的圆周面上，用轴在内曲面中旋转显示研点，然后根据研点进行刮削。

5. 錾削

錾削是用手锤打击錾子对金属工件进行切削加工的方法，主要用于不便于机械加工的场合。它的工作范围包括去除凸缘、毛刺、分割材料、凿油槽等。有时也用作较小平面的粗加工。

（1）錾子的切削部分及其角度

如图 4.2.7 所示，錾子切削部分的外形呈楔形，它有两个表面（前、后刀面）和一个刀刃。两个刀面的开度即为楔角 $\beta°$。楔角大，錾削阻力大。錾削碳素工具钢或铸铁等硬材料时，楔角取 $60° \sim 70°$；錾削一般碳素钢等中硬材料时，楔角取 $50° \sim 60°$；錾削铜和铝等软材料时，楔角取 $30° \sim 50°$。

后角 α_0 的作用是减小后刀面与切削表面之间的摩擦并使錾子容易切入工件，一般后角取

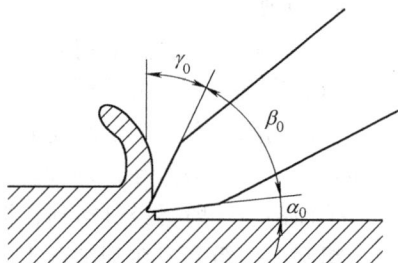

图 4.2.7　錾子切削部分示意图

$5° \sim 8°$。后角不能太大，否则会使錾子切入过深，錾削发生困难；后角也不能太小，否则容易滑出工件表面，不能顺利地切入。

前角 γ_0 的作用是使切屑易沿前刀面流动使切削轻快，前角大则切削省力。

（2）錾子的种类

扁錾：扁錾的切削部分扁平，切削刃较宽并略带圆弧，这是为了在平面上錾去微小的凸起部分时，切削刃的两边尖角不易损伤平面的两边。

尖錾：尖錾切削刃比较短，切削部分的两个侧面切削刃端向錾身逐渐狭小，这样可以避免在錾削油槽时錾子的两侧面被卡住，或增加錾削阻力和损坏沟槽侧面。

油槽錾：油槽錾的切削刃很短，呈圆弧形。为了能在对开式的内曲面上錾削油槽，其切削部分做成弯曲形状。

6. 焊接技术

焊接是将两块金属接头部分加热到熔化或半熔化状态，加压、不加压或填充其他金属，使之结合成一个整体的方法。焊接可分为以下几种。

（1）电焊

利用电能加热焊接件的焊接方法。

电弧焊：利用电极间或电极与焊件间所产生的电弧热量熔化金属进行焊接，有手工电弧焊、半自动电弧焊、自动电弧焊。

电渣焊：利用电流通过熔化的熔渣所产生的热量来熔化金属进行焊接，适用于焊接厚度较大（$50 \sim 80\text{mm}$）的工件。

接触焊：利用电流通过焊接时产生的高温，把接头处加热到半熔化状态，在一定压力下，使其结合成一个整体的方法。按其接头的形式又可分为点焊、对焊

和缝焊等。

（2）化学焊

利用化学能加热金属的焊接方法。

7. 铆

用铆钉连接两个或两个以上工件的操作称为铆接。

按铆接使用要求不同可分为如下两种。

活动铆接（铰链铆接）：它的结合部分可以相互转动，如钢丝钳、剪刀、划规等工具的铆接。

固定铆接：它所结合的部位是固定不动的。

按铆接方法不同，铆接还可分为如下三种。

冷铆：铆接时，铆钉不需加热，直接镦出铆合头。铆接的材料必须具有较高的塑性，直径在 8mm 以下的钢制铆钉都可以用冷铆方法铆接。

热铆：把整个铆钉加热到一定温度，然后再铆接。因铆钉受热后塑性好，容易成型，并且冷却后铆钉杆收缩，更加大了结合强度。热铆时要把铆钉孔直径放大 0.5 ~ 1mm，铆钉在热态时容易插入。直径大于 8mm 的钢铆钉多用热铆。

混合铆：在铆接时，只把铆钉的铆合头端部加热。对于细长的铆钉，采用这种方法可以避免铆接时铆钉杆的弯曲。

第二节　木 工 技 术

木工是一个古老的工种，可以说伴随着人类文明的诞生和发展而一直留传至今。木工作为一个工种，与人们生活联系极其密切。因为加工材料是木材，其来源既广阔，加工又容易，利用手工工具和简单机械，仅靠人力就能满足人们日常生活的需要，所以木工也是应用范围最广的工种之一。物理实验仪器制作中常用到的木工加工技术有划线、锯、制榫、凿眼、胶合等。

一、木工工量具

木工有一套专门的工量具。有些工量具可以和钳工等其他工种通用，如卷尺、直尺、钢丝钳等，但仍有一些专用工量具。

1. 钢卷尺

有大、小之分。大的钢卷尺长度为 5m、10m、15m、20m、30m、50m；小的钢卷尺长度为 1m、2m、3m，最小刻度为毫米。

2. 钢直尺

由不锈钢片制成，规格长度为 150mm、300mm、500mm、1000mm，精确度较高，最小刻度为 1mm。

3. 木折尺

用质地较好的薄木板制成，可以折叠，属于木工专用的量具。有四折、六折、八折。四折尺长度为50cm，六折和八折尺长度为1m，最小刻度为毫米。在反面刻出市尺的规格，可以对照使用，不必换算。

4. 角尺

有木制、钢制两种，由一厚一薄两直尺组成，薄尺垂直地镶嵌在厚尺的一端，形成一个直角形状。厚尺称尺柄，薄尺称尺翼，通常尺柄长15～20cm，没有刻度；尺翼长20～40cm，有刻度。主要用来画垂直线、平行线，检查平整和是否为直角等。

5. 三角尺

由一不易变形的三角尺镶嵌入一厚直尺中制成，三角尺边长为15～20cm，用来画45°线、垂线等。

6. 量角器

可以用来量取、测画出各种角度，通常用塑料制成，较大的也用五夹板制成。

7. 圆规

与常用圆规构造相似，只是圆规的两脚均为金属针，且两脚之间有螺栓固定，防止使用中半径发生变化，因为木料的阻力较大。

8. 画线工具

可以使用铅笔、木工铅笔等，也可用竹片制成，还要有墨斗。长线就使用墨斗，在木料上弹出墨线。

9. 锯

木工锯有很多种类，常用的是拐子锯（架锯）、弓锯、板锯等。拐子锯又可分为粗锯、中锯、细锯、曲线锯，可按不同用途选用不同规格，如图4.2.8所示。

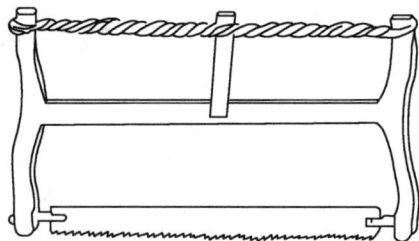

图4.2.8　木工锯示意图

10. 刨

刨分为平面刨（见图4.2.9）、圆刨、线刨等，均是把刨刀安装在木制刨身上制成，另外还有槽刨、裁口刨、滚刨、曲面刨等，除了滚刨（又称蝴蝶刨）是金属刨身外，其他种类都是木质刨身，常选用质地坚硬耐磨的木料制成刨身。一般用得最多的是平面刨，平面刨分为粗刨、中刨、细刨、合缝刨、拉刨等，用途各有不同，依次使用可以使木料表面达到既平直又光洁。

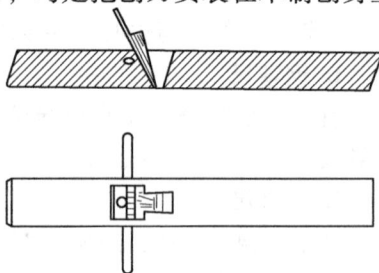

图4.2.9　平面刨示意图

11. 钻

木工钻又称牵钻，是木工专用的钻孔工

具，但需纯手工操作，钻孔直径通常在 6mm 以下。现在常用的是手电钻，代替了古老的牵钻，使用方便又省力。

12. 凿

如图 4.2.10 所示，用来打孔，主要用来打榫眼，有平凿、圆凿、斜凿等。平凿又分为宽刃、窄刃、扁铲等，圆凿也有内圆凿、外圆凿之分。

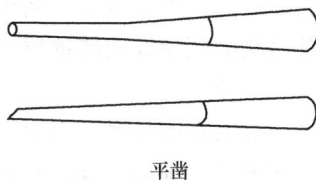

平凿

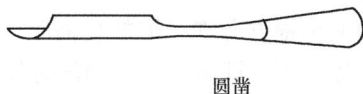

圆凿

图 4.2.10　凿子示意图

13. 锤、斧、锛

木工用锤又称羊角锤，如图 4.2.11 所示，可利用"羊角"起钉子和扭转钉子的方向。斧分为双面刃和单面刃，双面刃可向左、右两面砍劈，单面刃的斧只能砍劈一面。锛是制成锄头状的斧，主要用来处理大木料，较为省力。

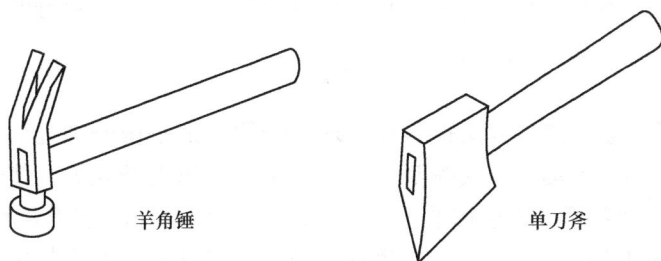

羊角锤　　　　　　　　单刀斧

图 4.2.11　羊角锤与斧

14. 辅助工具

辅助工具包括木锉、钳、扳手、旋凿等。木锉又分为扁、平、圆三种，用来修整木料表面。

二、木工主要技术

1. 格墨

格墨即指按设计图纸的要求，针对实际情况，在选好的木料上画出加工部位，也就是划线。要注意留出加工余量，尤其是在方料端部开榫孔时，所选木料要长一些，开孔时不至于打穿。而且木料的长出部分一定要在榫结合完成、牢固后再锯掉。

2. 锯

锯割木材时，用手向前推时锯齿切割木料，拉时并不切割木料，因此，提锯时要轻，并使锯齿略离开锯割面；送锯时要重，手、腕、肘、肩要同时着力，把锯送到头，不要只送一半，每次推送锯时，都要"吃"着料，锯锯不跑空。送锯时要顺劲，锯条与水平面的角度一般为 60°~70°（木料处于水平面内），一点一点把墨线吃掉，使锯条投影与墨线重合。如果是开榫，则有两种锯法：一种是锯榫头时留一半墨线宽度，凿眼时也留一半墨线宽度，拼装在一起就正好；另一种是开榫头时把墨线全部锯掉，凿眼时留出全部墨线，同样拼整平齐。

3. 刨

刨刀在刨身底部露出多少，是依不同的刨子有所不同的。粗刨刨刃露出底面一线即可；细刨与合缝刨就只能露出底面一纸厚；中刨则介于二者之间。刨削前先审视一下木料，再决定刨削方向，以避免糊槎。一般刨削表面时，由本料的树梢向树根方向刨；刨削里面时，由树根向树梢方向刨。不易分辨时，可先小心地试刨一下，即可知道。刨削时先刨突出部分，使大致平整后，再按要求通长刨削。

刨削时的姿势一般是木料放在人的右侧，左腿在前弯曲如弓，右腿在后蹬地绷直，两肩、两臂同时着力，双手用力前推，还要依靠腰部的力量，很有弹性地向前送，而且要一推到底，中途不能缓劲。推到端部时双手要把住刨身按原水平线继续推出，不能下落，否则木料端部就会低下。另外，刨身的方向要与所刨木料的轴线方向一致，不能歪斜。

4. 凿

凿的种类较多，使用方法也各异，现只介绍一般平凿开榫孔的工艺。开榫孔时，把木料放在木工桌上，人侧身坐在木料上，露出需开孔处，使开孔处距左大腿约 15cm，左手持凿，握住凿的木柄部分，垂直对准划出的榫孔墨线，如不合适，可以以凿的刃口两端为支点，左右晃动使凿移到榫孔处，右手持锤或斧，握在木柄的中部偏前端（近锤头或斧的一端），木柄尾部支在右大腿根部，使锤头或斧头朝上。当左手晃动平凿到达凿孔位置时，停住不动，凿身垂直，右手持锤自上至下猛击凿尾，注意使锤面与凿柄垂直。一至二下后，拨出凿子，向前移动 1cm 左右（视木材的硬度而定），在移动时，右手持锤始终支撑在右大腿根部。移动到位后，右手持锤再次垂直猛击凿尾，由于平凿的刃口平面端在身体一侧，斜面端在身体外侧，使平凿在垂直向下的同时，沿斜面有一个移动，从而把二次凿进形成的三角形断块挤出木料，在需开榫孔处留出一个三角形凹坑。逐次重复，就可开出一个完整的长方形榫孔。为了使榫孔正反面都光滑完整，开孔过程要正反面进行，即均开半孔深，不能单方向打穿。开好的孔均要用扁铲等进行修整，使其规整。另外要注意的是，凿眼和钻孔时，木料下面都要垫放一定厚度的木块。

5. 劈

用斧砍劈木材时，应注意木材的纹路，从顺槎的方向砍劈。如果需要砍劈的部分较宽、较长，则需预先在砍劈位置处隔一段距离（10~15cm）砍一缺口（不可深达墨线）。然后再由上往下沿墨线砍劈，但不能砍到墨线，要留出刨削余量。

6. 木工机械简介

在专业化的木材加工厂里，早已配备了各种各样的木工机械，包括锯、刨、铣等，但都是一些大型的生产性的机械。近年来不断开发出手用的、手提式的微型木工机械，如手电刨、手电锯、砂光机、微型木工组合机床等，大大减轻了木工的劳动强度。虽然与手工工具外形完全不同，但工艺过程却基本一样，操作也极方便。

三、木工加工工序

木器生产的一般工序为配料、刨料、划线、打榫眼、制榫、拼板、净面、零部件安装、整体装配及外形装饰等。

1. 配料

根据设计产品所需部件的尺寸，在毛料上划线，确定每根毛料的大小长短。常言道"长木匠，短铁匠"，木器加工要留有适当的加工余量，还要尽可能避开木节、疤眼、裂纹、变质等缺陷，注意木料颜色及木纹的搭配。

2. 刨料

将配好的木料按部件先后依次刨好，要求平直、方正。应先刨相邻两面，待量好尺寸后再刨其余两面，这样才能保证加工出的每根料的截面尺寸一致。

3. 划线

划线是较准确地确定每个部件的长短、榫眼的位置、连接方式，并考虑木材的应力分布情况，采用最佳结构形式在木料上划出合理的加工线。

4. 打榫眼

料端打榫眼一定要注意留出余量，榫眼要凿得方正，不能倾斜、歪扭、破裂。

5. 制榫

制榫的要求是横木纹方向不能过紧，否则会把料挤裂，顺木纹方向可稍紧，以用锤能轻轻敲入为宜。半榫应比榫眼深稍短，通榫应超出木料 5mm。

6. 拼板

拼板要求不倾斜，整个板面不翘曲，拼接平直，结合严密紧凑，正面颜色一致，木纹柔和。

7. 起槽、净面

在装拼前要起好槽、拼装后，将没有刨到的黑线用细刨刨净，使料、板及组装后的接缝处光洁并且符合要求。

8. 零部件安装

安装时先将榫头倒梭，检查眼的深浅与榫的长短是否一致，再检查板与槽的深浅是否合适，放在槽内不能过紧。榫与眼相接时可涂适量白乳胶，垫上木块用锤敲入，用角尺校正好使榫料与眼料垂直。

9. 整体装配

将各部件按一定顺序装配起来，注意各部件面与面是否垂直，接合是否严密等。

10. 外形装饰

对装配好的成品，整体进行美化加工，包括外形面磨光，倒角、圆角、助线等。

第三节 玻璃加工技术

一、玻璃的性质

按玻璃的成分分类，大致可以分为硅酸盐玻璃（石英玻璃、钠钙硅玻璃）、硼酸玻璃（化学仪器玻璃、光学玻璃）、磷酸玻璃（光学玻璃、半导体玻璃）和铅玻璃（光学玻璃、半导体玻璃）。

二、玻璃制品的加工

这里介绍的只是有关把玻璃制品作为原料的再加工方法。

（一）玻璃的冷加工

1. 切割

切割是利用玻璃的脆性和残余应力，在切割处加一刻痕，造成应力集中，使之易于断裂。

（1）切割工具

通常切割的玻璃有平板玻璃及玻璃管材，切割使用的工具有玻璃刀、三角锉，辅助工具有尺规、钢丝钳、砂轮片等。

（2）平板玻璃的切割

将玻璃板放在较平的桌面上，量好所需裁切的尺寸，左手压住放在玻璃板上的直尺，右手持玻璃刀紧靠直尺，让刀尖接触玻璃板，刀柄略微倾斜如同握钢笔写字一样，微微用力压在玻璃板上，如图 4.2.12 所示，紧靠直尺迅速而均匀地单向划切，便可得到一条平直且深浅一致的刀痕。然后将玻璃板移至桌边，使刀痕与桌边对

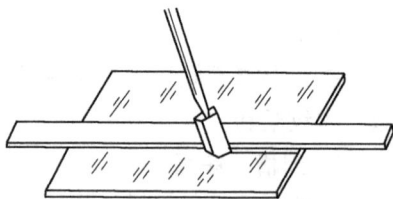

图 4.2.12 平板玻璃的切割

齐，用力迅速地向下扳伸出桌面的部分，玻璃即沿刀痕处断裂。对于较厚的玻璃板，可以反转过来在划痕的反面再划割一刀。还可以在划割后，于刻痕处用电热丝加热，再用水使受热处急冷，产生很大的局部应力，从而完成切割。

（3）玻璃管的切割

直径在20mm以下的细玻璃管，可以直接用三角锉切割。其方法是将细玻璃管放在桌子边缘，用三角锉的棱刃紧压在玻璃管的截断处，用力向前推，使锉痕达管周的四分之一后，用大拇指抵住锉痕的反面，其余各指按住玻璃管，如图4.2.13所示，两手稍用力折拉，玻璃管就会从锉痕处断开。为了安全常用布包住玻璃管，同时尽可能远离眼睛，以免玻璃碎片伤人。

图4.2.13 玻璃管的切割

切割粗玻璃管（直径在20mm以上，包括玻璃瓶）时，首先将要切断处用锉刀锉一圈细痕。用电阻丝沿细痕环绕一周（交叉处要进行绝缘处理，最好用旧电容器内拆出的云母片绝缘，这种材料既绝缘又耐热），如图4.2.14所示。用调压器给电阻丝

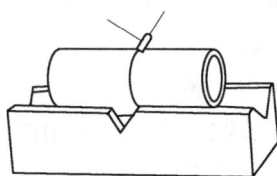

图4.2.14 粗玻璃管切割

供电，由低到高调整输出电压，待电阻丝红热一分钟左右断开电源，并迅速在细痕处滴上冷水，玻璃管就会沿细痕处断开。

除上述方法外，还可以用蘸有酒精或煤油的棉线在锉痕处环绕一周，点燃棉线，火熄灭后，用冷水冷却，玻璃管也能沿锉痕断开，但效果不如电阻丝加热法。

2. 钻孔

仪器玻璃制品、光学玻璃制品上常常需要钻孔。钻孔的方法有研磨钻孔、钻床钻孔、冲击钻孔、超声波钻孔等。

研磨钻孔 取长100mm，直径与要钻的孔径相同的黄铜管或薄铁管一根，在一端开几道5mm深、1~2mm宽的槽，作为钻头，如图4.2.15所示。把钻头安装在钻床（或台钻）的钻卡上，在钻头槽内抹上加水后的金刚砂浆，把被钻玻璃板用石蜡加少许松香的混合液粘在另一块辅助用的玻璃板（或厚木板）上，放在工作台上面，便可开机钻孔。钻孔时压力不要过大，以防压碎玻璃；钻一会儿后应提起钻头，将溢出的金刚砂浆再抹到钻头槽内，再次开机。如此反复，直到玻璃板钻透为止。

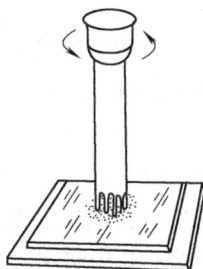

图4.2.15 玻璃钻孔

钻床钻孔 用碳化钨或硬质合金钻头钻孔，操作与一般金属钻孔相似。孔径范围为3~15mm，钻孔速度比金属慢，要用水、轻油、松节油冷却。

超声波钻孔 利用超声波发生器使加工工具发生振幅为20~50μm、频率为16~30kHz的振动，在振动工具和玻璃之间注入含有磨料的加工液，可使玻璃穿孔。

冲击钻孔 利用电磁振荡器使钻孔凿子连续冲击玻璃表面而形成孔。如将150W的电磁振荡器通上100V的电压，使硬质合金材料制成的凿子每分钟转2000转左右，给玻璃面以每分钟6000次的冲击，只要10s的时间就可钻得直径2mm、

深 5mm 的小孔。

（二）玻璃制品的热加工

玻璃制品的热加工原理与热成形的原理相似，主要是利用玻璃黏度随温度升高而减小和玻璃导热系数较小的性质，采取局部加热的方法，在需要加工的地方用火焰等方法加热，使之局部达到软化甚至熔化、流动，从而进行切割、钻孔、焊接、变形等加工。利用玻璃的表面张力大，会使玻璃表面趋向圆滑的性质，可将玻璃制品进行封口处理，火抛光。

1. 工具

（1）酒精灯

在吹玻璃时也可用酒精灯，但酒精灯的温度较低，为了提高酒精灯的温度，可以从两方面着手。一是尽量加粗灯芯，二是在灯焰上加一铁沙罩。铁沙罩的直径约为 35mm，它的高度约低于火焰 35mm，沙罩的下底呈波纹形状，以便于通气。

（2）喷灯

喷灯是烧熔玻璃的加工工具。若实验室没有现成的，可自制。制作方法是：取一有盖的金属筒，在上、下底部钻孔，其下底孔径与待插入的铜质中空管直径相同，上底孔径为中空管直径与二倍灯芯直径之和。为便于将灯芯捆扎在铜质中空管的管壁上，取一长度较金属圆筒高度稍长的铜质中空管，其下端与金属筒下底孔焊接密封，并用穿插有尖嘴玻璃管的橡胶塞将中空管的下管口封闭，如图 4.2.16 所示。使用时，灯芯应能上下移动，尖嘴玻璃管的高度应可调节，玻璃管与可调节气流量的气源连接，其目的是使火焰大小可控。

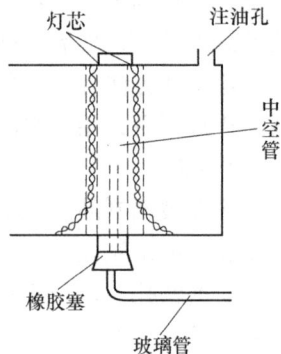

图 4.2.16　制作喷灯示意图

玻璃的热加工主要是靠喷灯的火焰加热来完成，因此对火焰结构的了解是非常必要的，火焰形状通常为圆锥形，因颜色及燃烧的强弱可分为四层，如图 4.2.17 所示，A 最低层，蒸气与氧化碳接触，呈暗蓝色，不燃烧；B 中暗层，蒸气正被烘蒸，因不与空气混合也不燃烧；C 光亮层，亦称燃烧层；D 外层，成一圆锥形外壳，包裹整个火焰，此层完全燃烧。温度最高点即在 C、D 层的交接处。若通以压缩空气（指玻璃工用喷灯），则此火焰的形状及高温点即发生变化。

火焰大致可分为烟焰、粗焰和锋焰三种。

烟焰：图 4.2.17 所示是燃料过盛而氧气不足形成的普通火焰。它的温度较低，只能用以预热、烘烤或渐渐冷却已制玻璃制品。

粗焰：又称扫帚火头，如图 4.2.18 所示。火焰甚宽，比烟焰燃烧完全，温度不是很高，主要用以对工件较大部分同时均匀加热。

锋焰：又称尖头火，如图 4.2.19 所示。它是一种温度极高、形状尖细的火焰，氧气充足，燃烧完全，给气压力越高，火焰越尖锐，并发出刺刺的声音。它只在加热工件上需要高温的某一小部分时使用。

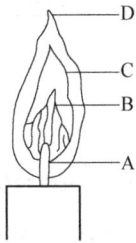

图 4.2.17   烟焰

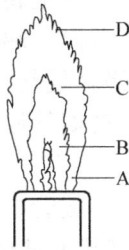

图 4.2.18   粗焰

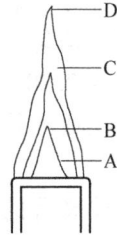

图 4.2.19   锋焰

了解火焰的性质，恰当地用以加热工件，是顺利地完成作业最重要的一环。因此在操作过程中应该很好地掌握它。同时还应注意，在点燃喷灯时，不要大开燃料活门，让液体燃料大量喷出，否则不但浪费燃料，而且容易引起事故。

2. 加工技术

热加工的主要方法有烧口、火抛光、火焰切割或钻孔、真空成形等。

（1）烧口

玻璃在冷加工中切割后断口处会有尖锐、锋利的边缘，虽然也可以用砂轮、油石等进行打磨甚至可以用平锉、圆锉等锉削去锐变钝，但表面总不如火焰加工来得光滑。当然，火焰加工的缺点是形状不易控制而且尺寸不易精确。其方法是用集中的高温火焰将断口处局部加热，使玻璃达到熔融状态，依靠其自身的表面张力收缩成圆滑的形状，冷却后就得到圆滑、光洁的断口。

（2）火抛光

火抛光是利用火焰把玻璃表面的微裂纹、折纹、波纹消除掉的方法。它是用尖锐的喷灯"蓝"火焰把玻璃表面加热至熔化但不发生变形的状态。

（3）火焰切割或钻孔

方法类似钢板气割或气钻孔，也是用高速的火焰局部加热。直到该处达到熔化、流动的状态，这时用高速气流将熔化的玻璃吹去，就可切开玻璃或把玻璃"吹"开成孔洞。所使用的工具必须要用氧—煤气或氢—氧等高温喷射火焰。

（4）激光切割与钻孔

激光能使物体局部产生 10 000℃以上的高温，所以也可用于玻璃的切割与钻孔。其特点是准确、卫生、效率高，而且不存在切割工具的磨损问题。

（5）真空成形

这是制造精密内径玻璃管的方法。该方法是把要校正管径的玻璃管一端熔封，然后放入一根精密准确加工的金属管芯棒，另一端与真空系统相连。然后抽真空，同时将玻璃管缓慢而均匀地加热，直到玻璃管与金属芯棒紧密贴附。冷却后由于金属芯棒收缩较大而极易取出，从而得到精密内径的玻璃管。所用的芯棒要根据玻璃成分及软化点来选择。

（6）玻璃管拉细

将玻璃管待拉细的部分放在粗焰上不停地转动，等四周都均匀红软时，离开火焰缓缓向两端拉伸，如图 4.2.20 所示，同时仍继续绕轴旋转。总之，应使拉成细管的管径均匀，并与玻璃管原先的轴线对称。

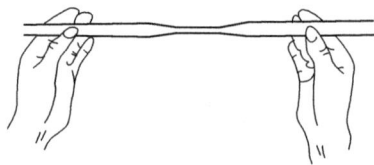

图 4.2.20　玻璃管拉细

若要将玻璃管的一端拉细，可先把一端管口附近照上述方法热软化，然后用另一段红热的玻璃管与它接触后粘住（或用镊子夹住）再拉。

（7）玻璃管的弯曲

弯曲和拉伸玻璃管的步骤在开始时几乎完全相同，只是弯曲一般不必将玻璃烧得太软，只要加热到玻璃管刚刚开始软化，而且具有相当的韧性（不会自动变形）就够了。

管壁厚而管径较细的玻璃管可以在低温的火焰上，随着管壁的软化轻轻用力折弯，如图 4.2.21 所示。管壁薄的玻璃管一开始软化，就应该立即离开火焰。握住一端使另一端自行向下弯曲。弯曲薄而粗的玻璃管时，由于四周温度不能始终保持均匀，因此常常发生凹凸不平的折叠现象。这些缺陷可以

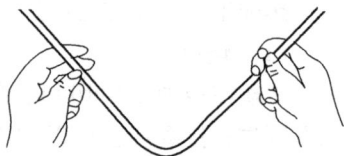

图 4.2.21　玻璃管弯曲

用锋焰的尖端对准它加高温，使它彻底熔化后自行收缩以及一端吹气（另一端预先封闭），一次又一次地反复局部加以校正。

（8）玻璃管封口

如图 4.2.22 所示，玻璃管底先要经过拉细工序，然后用锋焰在适当的位置上四周烧一圈，细径便在加热处收缩。继续加热并不断旋转玻璃管，细管便完全封闭。细径收缩而形成一粒红热的玻璃球，可用别的细玻璃棒粘去（也可用镊子拉掉）。将玻璃管的这个封闭端再加热至微红时离开火焰，从另一端吹一点气，便能形成均匀的圆形管底。要是希望将管底做成平底，可以先吹圆后，再用石墨板压平。

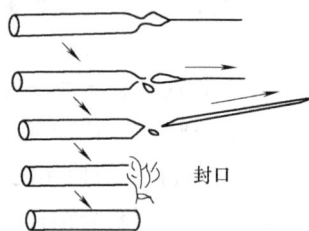

封口

图 4.2.22　玻璃管封口

（9）玻璃管吹泡

吹泡应选用壁厚合适的玻璃管。若在玻璃管的一端吹泡应先将此端封口；若需在玻璃管某处吹泡则需用胶塞将一管口封闭，然后均匀加热待吹泡部位，烧至红软后离开火焰，由开口端吹气，则原红软部位便可突出形成玻璃泡，待吹成所需大小的玻璃泡时停止吹气。

3. 玻璃的焊接

玻璃的焊接主要应用于玻璃管之间的连接，有管径相等的玻璃管焊接和不同管径的玻璃管之间的焊接。焊接又分为对接、侧接、斜接等。

对接：管径相同时，较容易，只要将要焊接的两根管子端部同时加热到熔化状态（要注意不能变形更不能流挂）时，相互接触使之成为一体，然后在较低温度的火焰上整形。自始至终均应注意加热均匀。管径不同的玻璃管对接时，要把管径较大的玻璃管一端先在火焰上拉成较细的、与另一根玻璃管直径相同的玻璃管，然后再用管径相同的对接方法进行对接。

侧接和斜接：侧接是指两根玻璃管焊接成垂直状，斜接是指有一定角度的焊接，特征都是把一根玻璃管的一端焊接在另一根玻璃管的侧面。焊接方法是先要把一根玻璃管的管侧预定焊接处加热，开出一个接口，其大小与要侧接或斜接的玻璃管外径相似，然后把两根玻璃管按需要焊接。要注意接口处保持光滑、没有漏孔。

焊接后的焊接处均需缓慢冷却，以消除掉较大的内应力。

4. 玻璃的粘接

玻璃的粘接比较简单，可以用各种适合粘接玻璃的各类粘接剂直接进行粘接。粘接前，通常都要对粘接处进行清洁处理，不仅要除掉各种脏物，还要除去可能粘有的油污等，有时还要进行磨毛处理，用金刚砂打磨成毛玻璃状。用玻璃板进行直角式粘接时，为了提高粘接强度，有时要在粘接处内角上加粘一条玻璃条。

第四节　塑料加工技术

塑料是以合成的或天然的高分子化合物为基本成分，在加工过程中可塑制成型，而产品最后能保持形状不变的材料。多数塑料以合成树脂为基本原料，另外再添加辅助物料为填料，以及增塑剂、染料、稳定剂等，但是塑料的名称总是取自聚合物的名称。

一、塑料的分类

塑料的品种很多，而且每个品种还有各种不同的牌号。分类的方法也很多，有以塑料的受热行为分类的，可分为热固性塑料和热塑性塑料两大类；有以塑料的使用特点分类的，可分为通用塑料、工程塑料和特种塑料；有以其成分的性质分类的，可分为纤维素塑料、蛋白质塑料、合成树脂塑料等。

1. 热固性塑料的性质

以热固性聚合物为基本成分的塑料称为热固性塑料。热固性聚合物加热到一定的温度后发生化学反应，引起分子间的粘接或交联，硬化或聚合（或固化），从而形成热固性塑料，它能保持稳定状态，即使再加热也不能使其回复到初始状态。

所以"热固"就是用来描述这种由于热量的加入而使它变成可使用的、稳定的固体状态的性质的。

通常热固性聚合物与填料、增强物等混合成模塑混合物，通过模塑方法制成成品。

热固性塑料是一种化学不溶解的高分子材料。

热固性塑料具有刚度大、耐热好、尺寸稳定性好、加工性能好、耐腐蚀性好和价格低等优点，因此被广泛采用。

2. 热塑性塑料的性质

以热塑性聚合物为基本成分的塑料称为热塑性塑料。热塑性聚合物在室温下是固体状态，受热软化，达到熔点变为黏性液体，冷却到熔点以下时，黏性液体重新凝固。如果循环地进行加热和冷却，熔融和凝固现象就会反复出现。

热塑性塑料具有质轻（密度为 $0.83 \sim 2.20 \mathrm{g/cm^3}$）、比强度高、电绝缘性能好、化学稳定性好、耐磨、润滑性能好、着色性好、生产效率高、原料来源充足、加工简单等优点，已成为材料发展的重要方向。其缺点是耐热性差、热膨胀系数较大、尺寸稳定性差等，在载荷作用下也容易变形、易老化。

二、塑料制品的加工

塑料制品是指由工厂生产出来的供应市场需要的各种塑料材料、成品等，这里介绍的就是对这类制品的加工方法。

1. 塑料制品的冷加工

塑料作为固体材料，不论是热固性塑料还是热塑性塑料，一般说来，其强度都与木材相近，比钢铁等材料的强度小得多。所以，冷加工时，可以采用与钢铁、木材相同的锯、割、钻、刨、锉等方法，其加工注意事项也差不多。热固性塑料由于不能采用热加工方法，更多的是采用冷加工方法。

2. 塑料制品的热加工

塑料制品的热加工主要是指利用热塑性塑料熔融、凝固特性，采用加热的方法使热塑性塑料变形，成为需要的形状、大小等。

热加工所用的设备除了工厂化的专用设备外，一般的非专门化的实验室等均可采用较为简单的设备及自制的一些简单工具。如普通的电炉、电烙铁、电吹风等电加热工具就很实用。也可以采用其他加热方法，但不宜采用有明火的加热工具如酒精喷灯等。不论何种加热方式，均应特别注意塑料燃烧。

电炉加热加工　将一只 1000W 的电炉放在工作台上，注意被加工的塑料材料及其他易燃材料均要放在安全处，最好与电炉间有阻燃材料隔开。另用一三脚铁架，铁架放置在电炉上部，铁架上放一张 $20 \sim 40$ 目左右的金属丝网，使金属丝网正好在电炉上空，金属丝网和电炉之间的距离应该可以调节，以确定最佳位置。需要加工的热塑性塑料材料就放在金属丝网上加热，应不断翻动以使其受热均匀。

当材料呈现软化状态时，及时取下，用双手和工具进行各种加工，冷却定形。这种加工可以重复进行，直到最后满意为止。

　　电炉丝加工　取一段长约 30～50cm 的电炉丝，拉直后，串接在一台调压变压器两端，调压变压器选用 1kVA 的即可。另外，在电炉丝的一端系一 0.5～2kg 的重物，另一端固定在一根绝缘棒的一端，绝缘棒长约 50cm，可以用手握持，其姿态恰如钓鱼杆的握持方法。使用时接通电源，调节调压变压器，使电压逐渐升高，到电炉丝变红为止。待加工的塑料材料上预先画好图样，把加热着的电炉丝与塑料接触，一经接触，塑料立刻熔融、气化，电炉丝的接触部分也由红变黑而冷却，此时，握持绝缘棒的手不停地使电炉丝上下运动，犹如钢丝锯的锯割手法。这种方法主要用来加工板材，尤其对一些由复杂曲线组成的图案形特别方便，光洁度也很好，加工强度也比用钢丝锯小，节省体力。

3. 塑料的焊接

　　塑料的焊接也是利用热塑性塑料的熔融凝固特性。其方法是把要焊接的两件塑料的待焊接处加热熔化，在凝固前使二者接合在一起，冷却后即可成为一体。

　　按加热方式的不同，塑料焊接有超声波焊接、振动焊接、旋转焊接、热熔焊接、磁热焊接和热风焊接等。

　　适合于一般非专门化实验室的主要就是热熔焊接，因为这种焊接可以使用很简单的工具进行，其工具主要就是一薄形加热板，其面积按具体情况可以有大有小。使用时把加热板插入待焊接的两个热塑性塑料的接合部位，由于加热板的作用可使两个接合面上部分塑料同时局部熔融，因此迅速而及时地移去加热板，对接合面处加一恒定压力，待其冷却凝固后再撤去压力（几秒至几十秒即可）即完成焊接。如使用经过改制的，专用于塑料焊接的电烙铁，就更方便。有时也可用塑料焊条进行焊接。

4. 塑料的粘接

　　粘接是将黏结剂涂在两个待连接件的表面后，使二者牢固地接合在一起的一种方法。粘接工艺可以用于连接同品种塑料件，也可以用于连接不同品种的塑料件，或用于连接塑料件与非塑料件。

　　粘接工艺中主要使用黏结剂（又称黏合剂、胶黏剂等）。黏结剂有液状、膏状、粉状、胶泥状、薄膜等多种形式。粘接的方法也因选择的黏结剂组分的不同而不同。

　　大多数热塑性塑料能溶解于某些化学溶剂，所以可以利用这一性质，选择适当的溶剂，涂在两塑料件的待粘接部位，使塑料产生局部溶解，然后加压。等溶剂挥发后，局部溶解的塑料恢复固化，即成一体。这种方法通常用在同种类塑料间，注意点是保证粘接表面清洁，而保持一定压力也是至关重要的，因为在溶剂挥发前，粘接处的强度很低。

　　如果把与被粘接塑料同类的聚合物预先溶解于溶剂中，配成胶状溶液后再涂于粘接表面，加压、固化一段时间后就可实现粘接。如把有机玻璃溶于氯仿（三氯甲烷），就可制成专用于粘接有机玻璃的黏结剂了。

热固化塑料由于固化后不溶于溶剂，可使用反应型黏结剂，典型的就是环氧树脂。使用时需要在环氧树脂中加入适量的固化剂，它才能成为良好的黏结剂。其工序与其他粘接过程相似，也要经过加压固定。

第五节　表面的装饰与处理技术

物理实验仪器在加工、制作完成后，要进行一定程度的表面处理，才能算最后的成品。表面处理并不是盲目的、任意的，而要针对仪器的性能、用途、与其他仪器的配合情况等来进行。表面处理的方式大致可分为三类：热处理、涂装和复合。表面处理的目的也可分为三个：提高物理、化学性能；延长使用寿命；美观、醒目。这三个目的经常是同时要求的，因为任何材料在空气中都会受到氧化作用或一种复合的风化作用，从而降低各种性能指标、形状尺寸和使用寿命，使零件报废损坏。

由于热处理和复合工艺通常都要用到专门设备，需要在专业工厂中进行加工，故不详为介绍，可以参考有关专业资料，这里仅就涂装工艺进行一些基本知识介绍，主要介绍木材表面的油漆工艺以及金属表面的防锈措施。

涂装在各种材料上都可以采用，主要过程基本是在材料表面采用刷、喷、浸等方法覆上一层漆膜等树脂类薄膜，薄膜可以有各种颜色（包括透明色）。这样，材料表面与空气等介质就可隔离开来，达到保护材料、延长零部件使用寿命的目的。当然，由于色彩丰富，某些色彩又被赋予特殊意义，所以涂装是必不可少的一道工艺。

一、工具的使用与维护

油漆工艺，尤其是刷涂工艺的工具主要有两种。

1. 刮刀

刮刀分软性和硬性两种。软性刮刀有弹性，用于调漆和批嵌腻子、油灰用；硬性刮刀无弹性，用于除漆层、进行表面处理等。

2. 漆刷

漆刷可分为硬毛刷（油漆刷）和软毛刷（排笔）两种，涂刷磁漆、调和漆时，由于漆的黏度大，应选用硬毛刷。刷虫胶漆、硝基清漆（蜡克），因其黏度小、干燥快，应选用软毛刷。

刮刀和漆刷使用前都要选择干净的或要清除杂物，刮刀刀口要平整无缺口，漆刷的刷毛齐整、不掉毛。用过一段时间后，刷毛会磨得长短不齐，就不应再用。排笔也一样，由于排笔的笔尖是羊毛制成的，更易磨损和掉毛、断毛，所以每次使用后，要用松香水或香蕉水洗净。如果相隔不长时间还要继续再用，可把漆刷手柄朝上，毛朝下浸在干净的水中，水面以刚浸没刷毛根部为宜。下次使用时，直接取出、沥干水分即可。

二、涂装技术

透明涂装有普通清漆涂装、泡力水（虫胶液）涂装、蜡克涂装和聚酯类涂装等。

1. 普通清漆涂装

通常可分为两道工序：第一道工序先用水老粉打底，在需要着色的地方都要涂到，使老粉与颜色嵌入木纹，趁水、粉未干时，用竹花（也可用刨花、干净纱头、旧布等）把木材表面的老粉、颜色擦清、擦匀，要注意边角等处，应该把木纹擦出，尤其要使木纹连续而不要中断。对于松木等吸水性强的木材，水老粉要稀一些，操作时更为方便。干透后，用羊毛排笔涂刷一道虫胶漆，以保护渗入木纹里的老粉。至于底层颜色的配制，以栗壳色和黄钠色为例，栗壳色：在88.8%的水老粉中加铁红1.33%，墨粉5.33%，哈巴粉4.4%；黄钠色：96%的水老粉中加哈巴粉2.9%，黑粉0.14%，铁红0.29%。

第二道工序按预定的颜色要求调配水色。水色是将水溶性颜料（黑钠粉、晶红、墨粉等）在容器中用开水溶解，冷却后涂于木器表面，用硬毛排刷（较宽的油漆刷）刷匀。此时，可利用不同的水色来调整木材表面原有的不同色泽，使之一致、自然，有整体感。为保证色彩达到预期目的，要用同样材料的小木板先试涂刷一下，作为试样，这样可以想像到木器涂装后的情形，尤其是真实的色彩效果。如果发现问题可及时调整色泽的配方。水色干透后，刷两道虫胶漆。每刷一道漆干透后，用旧细砂纸轻轻打磨，除去粘在表面的排笔毛、虫胶液气泡及其他杂质等。最后涂一至两道清漆，即可明亮如镜了。

有时较为简易，在水色干透后直接涂刷清漆（油质清漆和醇质清漆）二至三道，虽然效果差一些，但简便得多。涂刷清漆要注意，必须要等前一道漆膜干透后，才能涂刷后一道漆，否则漆膜会起皱纹。另外要注意的是，打磨漆膜时，一定要用旧砂纸或极细的砂纸，仍要顺着木纹方向打磨。涂刷最后，可以涂二至五道虫胶漆，以进行罩光。

2. 泡力水涂装

泡力水是虫胶清漆的俗名。泡力水涂装工序与普通清漆相同，只是使用的是虫胶清漆。虫胶清漆是紫胶虫的分泌物经精制后溶于乙醇而制成的，所以涂刷后干燥迅速。每遍涂刷后均要用旧砂纸轻轻打磨一次，打磨方法与普通清漆涂装相同。用软毛的排笔蘸虫胶液时要适量，防止发生流挂现象。

3. 蜡克涂装

蜡克也叫作硝基清漆，需要用香蕉水稀释后使用，通常用喷枪喷涂，但也可以刷涂或揩涂。制作蜡克时，先进行普通清漆涂装，最后罩光时用蜡克，其工序是在做好清漆并干透后，用排笔刷一至二遍稀释过的蜡克液（蜡克液:香蕉水 = 1:1.5），然后用棉花团代替排笔，蘸上蜡克在木材表面打圆圈揩抹十至二十遍，平放四小时以上后，再用320~400号砂纸加肥皂水磨去蜡克上的细粒，并将不平的地方磨平。如此要重复三遍，最后用绒布或干净纱丝蘸砂蜡用力擦，使漆膜有点发热（不要太热，否则要起泡），一直擦到表面无雾光为止。再用擦汽车用的上光蜡擦（抛光），进一步使表面平滑。

4. 调和漆涂装

调和漆是指已调和好可以直接使用的油漆，有各种颜色，也可以把调和漆相互配合调制出新的颜色来。使用自行调配的色漆时，最好按用量多少一次性调配出，才能保持色调一致。涂刷工序是先用木砂纸把底面砂光、去灰。用猪血老粉腻子把钉眼等嵌平干透后用砂纸打平，再用腻子全批一遍。干后砂光，再刷一遍熟猪血加水（以刷得开为准）。干后砂光去灰，刷灰漆。灰漆配方为立德粉57%、清漆15%、鱼油10%、炼液3%、松香水15%。要求漆白色，可直接用糙白漆或调和白漆涂刷；要求其他颜色，可用糙白漆加少许所要求颜色的调和漆打底，干后砂光去灰，再涂刷相应颜色的调和漆。

其他形式的涂装如喷涂、烘烤、电泳等均要用到专门设备，不深入介绍。

三、金属表面处理

机械精饰是金属表面处理前的必要准备工艺，无论是铭牌，还是装饰件都不可缺少这一工艺。目的是去除工件表面氧化层、油污脏物及加工时留下的缺陷，使表面达到预定的要求，如镜面、砂面、高光等效果。常用的方法有磨光、抛光、砂面处理等。

1. 磨光

磨光的目的在于去除金属工件表面的毛刺、氧化层、腐蚀痕、砂眼及气孔等，使工件表面平整、光滑，这一工艺适用于一切金属。其方法是将金刚砂或硅藻土用皮骨胶粘在布制磨轮上，磨轮以一定的转速转动并与被磨光件接触，直到被磨光件达到质量要求为止。应该注意的是，磨轮的硬度及转速应根据工件的性质来选择。若工件的硬度高、形状简单，应选用较硬的磨轮，转速亦需高些；反之，工件较软、形状较复杂时，为了防止变形，应选择较软的磨轮，转速则取低些。

磨光后的工件表面应平整光亮，棱角清晰、匀称。钢铁件应为光亮的银灰色；铜件为光亮的玫瑰红色；铜合金件为光亮的铜合金本色。

2. 抛光

抛光一般是在磨光的基础上进行的，用以进一步清除被加工金属件表面上的细微不平，使其具有镜面般的光泽。其方法是采用弹性较好的抛光布轮上涂以抛光膏来平整工件表面微小的凹凸。抛光膏由抛光粉和黏结剂调制而成。常用的抛光膏有以下几种。

白抛光膏：主要成分有硬脂酸、石蜡、油脂、抛光用石灰等。适用于抛光镍、铝、铜及其合金、胶木、塑料、有机玻璃等。白抛光膏在空气中容易风化变质，故不能长期存放。

绿抛光膏：主要成分有硬脂酸、脂肪酸、氧化铬、氧化铝及白泥等。适用于抛光铬、不锈钢、硬质合金等。

红抛光膏：主要成分有硬脂酸、脂肪酸、油脂、松香、氧化铁、长石粉等。适用于钢铁工件的磨后上光。

如实验室不具备机械抛光条件，亦可采用手工抛光。其方法是用纱布或纱头蘸少许抛光膏用力按在被抛光部件上，并反复擦拭，亦可达到抛光效果。

第三章 实验设计与仪器制作案例展示

案例1 模拟观察"海市蜃楼"现象

一、实验目的

1. 观看光在渐变折射率溶液中的弯曲传播现象。
2. 理解"海市蜃楼"现象的物理原理。
3. 用实验再现生活中的自然现象。

二、实验器材

100mL 的烧杯 2 个、橡皮圈、食盐、纯净水、激光、搅拌棒、酒精灯、三角支架及石棉网、纱布、透明胶布、红色纸、不锈钢片、不透明纸片、无水酒精等。

三、实验装置图（见图 4.3.1）

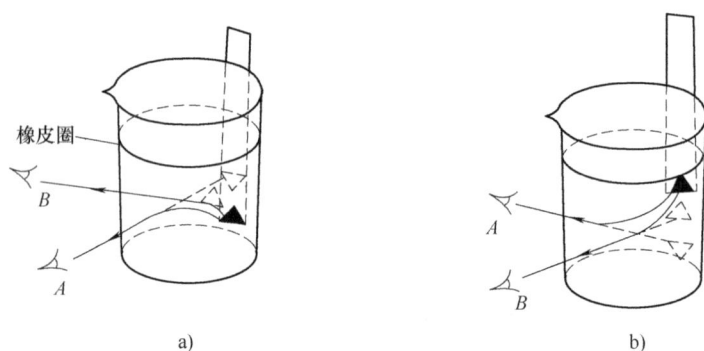

a)

b)

图 4.3.1 实验装置图

四、实验原理

夏天，在气压恒定的海平面上，空气密度随高度增加而减小，对光的折射率也随之减小，从而形成具有折射率梯度的空气层，当光线通过此空气层时，将发生偏折。

如图 4.3.2 所示，设一束从远处景物 a 发出的光线以入射角 i 由折射率为 n 处

射入空气层，由折射定律有

$$n\sin i = n_1\sin i_1$$

$$n_1\sin i_1 = n_2\sin r$$

联立式①、式②可得

$$\sin r = \frac{n}{n_2}\sin i$$

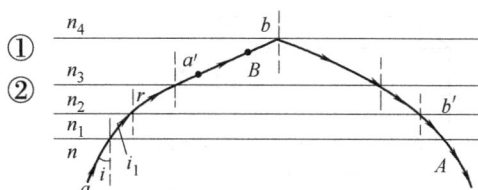

图 4.3.2　实验原理图

可见，当 i、n 为定值时，由于 $n > n_2$，所以 $r > i$，从下层空气进入上层空气的入射角不断增大，当增大到由某两层空气的折射率决定的临界角时，就会发生全反射，如图 4.3.2 所示。当人眼在 A 处逆着光线 Ab' 观察时，可以看到经全反射形成的倒立的虚像。当人眼在 B 处逆着光线 Ba' 观察时，可以看到经折射形成的正立的虚像。

五、实验步骤

1. 制作景物

用红色纸剪一等腰三角形，用透明胶布将此三角形贴在不锈钢片一端，尖角向上。

2. 制备过饱和食盐溶液

烧杯中加入食盐和纯净水后用酒精灯加热，并用搅拌棒搅拌，再加食盐，保持杯中有少量食盐未溶解，直到沸腾后再继续加热约 1 分钟。

3. 模拟观察海洋上的"海市蜃楼"现象

（1）制备具有折射率梯度的扩散层

待食盐溶液冷却后，倒入玻璃杯至一半处，然后将被纯净水浸湿的纱布盖在食盐溶液表面上，再用另一烧杯沿器壁周围的纱布往容器中注水至容器口，最后将纱布缓慢拉出水面外（不要引起水晃动），便可以看到明显的食盐溶液与水的分界面，形成具有折射率梯度的扩散层溶液（折射率从下到上逐渐变小）。

（2）观察光路

将不透明的纸片中间剪去一个箭头"↑"，然后用透明胶布将此纸片贴在容器右侧外界面扩散层处（见图 4.3.3a）。让激光斜向上射入容器壁照亮箭头，调节激光的入射角 i'，当 i' 较大时，激光束在扩散层内发生弯曲，然后射向水中，在水中沿折线传播再经过左边器壁折射出来，可用白屏在左边器壁外接收到正立的箭头像，如图 4.3.3b 所示；当 i' 较小时，激光束在扩散层内发生全反射，弯曲成弧状，经过左边器壁折射出来，用白屏在左边器壁外接收到倒立的箭头像，如图 4.3.3c 所示。

（3）模拟实验观察

将景物轻轻地放在烧杯右边外侧液体扩散层处，用橡皮圈在杯口固定。从杯左边扩散层下方壁外 A 处斜向上往杯内观察，上下微调人眼或景物，可看到倒立的景物像，这就是由于下层的折射率大于上层的折射率而产生的全反射现象；从

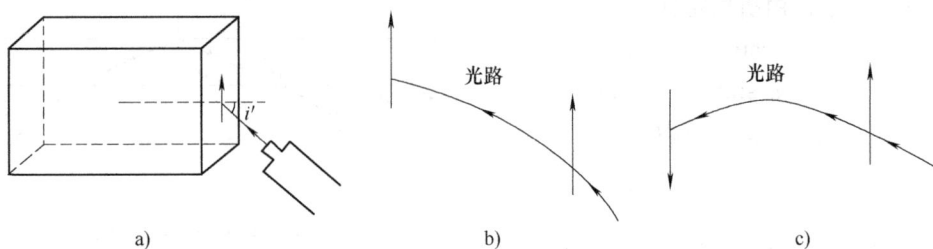

图 4.3.3 观察光路图

杯左边扩散层上方壁外 B 处斜向下往杯内观察，可看到正立的景物像，这就是由于折射率不同产生的折射现象，如图 4.3.1a 所示。

4. 模拟沙漠上的"海市蜃楼"现象

（1）制备具有折射率梯度的扩散层

倒入纯净水至烧杯容积的一半处，然后将被无水酒精浸湿的纱布盖在杯中水面上（刚接触），再沿杯壁周围的纱布往杯中慢慢地倒入无水酒精至杯口，最后轻轻地将纱布提出杯外。

（2）观察光路

同上观察方法，可看到与上述弯曲方向相反的光路。

（3）模拟实验观察

将景物轻轻地放在烧杯右边外侧液体扩散层处，用橡皮圈将其在杯口固定。当从杯左边扩散层上方壁外 A 处斜向下往杯内观察时，上下微调人眼或景物，可看到倒立的景物像，这就是由于上层的折射率大于下层的折射率而产生的全反射现象；从杯左边扩散层下方壁外 B 处斜向上往杯内观察，可看到正立的景物像，这也是由于折射率不同而产生的折射现象，如图 4.3.1b 所示。

六、实验结论

实验验证了光线在扩散层内发生弯曲的现象，以及经扩散层全反射形成的倒立的像和经折射形成的正立的像。由此说明，"'海市蜃楼'是由光的折射产生的一种现象"和"'海市蜃楼'是由光在密度分布不均匀的空气中传播时产生的全反射现象"说法都是正确的。观察到的景物是正立的还是倒立的，只不过是观察的位置不同而已：若人在较高处，逆着弯曲的折射光线看去，可看到经折射形成的悬在空中的正立的虚像；若人在较低处，逆着弯曲的反射光线看去，可看到经全反射形成的悬在空中的倒立的虚像。

七、创新点

根据"海市蜃楼"现象形成的物理原理，用液体中的现象模拟大气中的自然现象，体现了物理知识与生活、自然的紧密联系。

案例 2　制作水火箭

一、实验目的

演示动量守恒和反冲运动现象。

二、实验器材

600mL 的可乐瓶 3 个、胶塞 1 个、自行车气门嘴及气门芯 1 套、万能胶 1 瓶、钓鱼杆的外包装塑料壳 1 个、辅助用高压气枪 1 个、蒸汽熨斗 1 个、剪刀 1 把等。

三、实验装置图（见图 4.3.4）

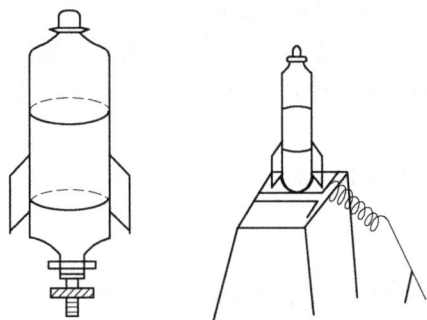

图 4.3.4　实验装置图

四、制作步骤

截取如图 4.3.5a 所示的胶塞一段，中心钻一直径 8mm 的孔，将自行车气门嘴从胶塞小的一头往大的一头塞过去，然后装上气门芯。

用剪刀将钓鱼杆的外包装塑料壳剪开并用蒸汽熨斗熨平，再剪成如图 4.3.5b 所示的箭翼。

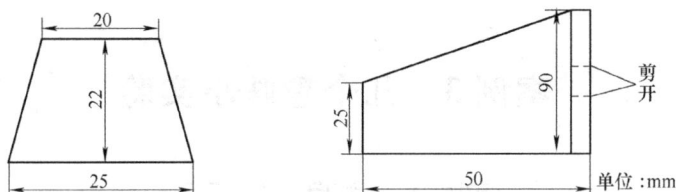

图 4.3.5　胶塞和箭翼制作示意图

将一个可乐瓶剪掉头尾，留中间 100mm 左右，然后将另两个可乐瓶的瓶底相对，从剪掉头尾的可乐瓶身两端向中间用力，使瓶底相连接，如图 4.3.6a 所示。

最后用万能胶将三个箭翼在三等分圆周的位置，粘贴在下面一个可乐瓶上，并把装上气门芯的胶塞塞在下面一个可乐瓶瓶口上，水火箭就制成了，如图 4.3.6b 所示。

五、实验原理

水火箭打入一定量的大气后，箭体内加在瓶塞上的压强大于外界空气的压强，从而活塞被向下冲开。水火箭和瓶塞组成的系统在忽略重力情况下，竖直方向上动量守恒，水火箭箭体因反冲而升空。

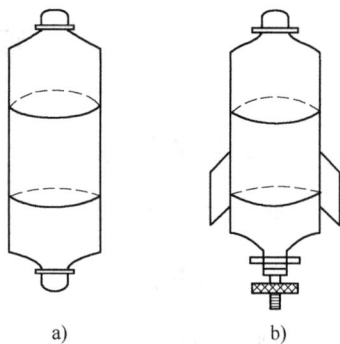

a)   b)

图 4.3.6　箭体制作示意图

六、实验步骤

1. 发射架（需另做）放在水平地面上，向水火箭下面的可乐瓶中注入 200mL 的水，塞紧发射用塞，瓶口向下固定在发射架上。

2. 打气筒的夹子夹在气门嘴上，向水火箭打入一定量的大气（水面冒泡时开始计时，连续打 12 次）。

3. 手捏自行车把手释放水火箭。

七、注意事项

1. 向水火箭打气不宜过大，以防超出箭体承受能力而发生爆炸。

2. 将剪掉的可乐瓶头罩在水火箭上面一个可乐瓶上，以防水火箭着地时损坏。

3. 喷嘴及充气口要保证密封，以防漏气漏水。

4. 为保证安全，使用多次后，水火箭下面一个可乐瓶要更换。

八、特点

1. 进行创新实验设计与仪器制作，培养学生的动手能力和创新精神。

2. 学生学习了解航天技术中的基础物理知识，体现物理知识与现代科学技术的关系。

案例 3　几个趣味小实验

实验 1　翻跟头的猴子

一、实验目的

演示能量的转化。

二、实验器材

木板、小钢珠、彩纸、小猴子图片、塑料薄膜、双面胶等。

三、实验装置图（见图 4.3.7）

图 4.3.7 实验装置图

四、实验原理

小猴子圆柱形壳体放在斜面轨道上，壳体内小钢珠向下滚动，在这一过程中，小钢珠的重力势能减少，动能增大。当钢珠滚至壳体另一端时，撞击壳体，使壳体翻转。若钢珠与壳体碰撞后使壳体绕下端翻转，则钢珠的动能转化为壳体的转动动能。当壳体翻转角超过180°时，小球又开始向下滚动，重复上述过程。

五、实验步骤

1. 用木板做成一个斜面，如图 4.3.8 所示。
2. 制作小猴子圆柱形壳体。

将彩纸剪成长方形后，卷成一个圆筒，圆筒的大小应使得小钢珠刚好能在里面自由运动；再用塑料薄膜将圆筒两端封住，使用双面胶粘好；最后将两个小猴子图片贴在圆筒壳体上即可。如图 4.3.9 所示。

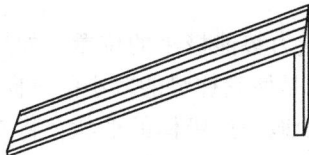

图 4.3.8 斜面

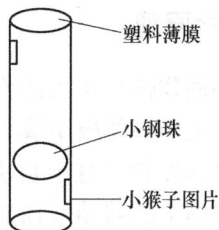

图 4.3.9 圆柱形壳体示意图

3. 将小猴子圆柱形壳体放在斜面轨道上端，放手后就可以看到小猴子翻跟头了。

六、注意事项

若壳体不翻转，则可调节斜面的倾角。

实验2 向上滚动的双圆锥

一、实验目的

1. 学生通过观察与思考双圆锥体沿斜面轨道上滚的现象，加深了解在重力场中物体总是以降低重心、趋于稳定的规律运动。

2. 说明物体具有从势能高的位置向势能低的位置运动的趋势，同时说明物体势能和动能的相互转换。

二、实验器材

双圆锥，斜双杠轨道。

三、实验装置图 （见图4.3.10）

图4.3.10 实验装置图

四、实验原理

自由运动的物体在重力的作用下总是平衡在重力势能极小的位置。如果物体不是处于重力场中势能极小值状态，重力的作用总是使它往势能减小的方向运动。本实验演示锥体在斜双杠上自由滚动的现象，巧妙地利用锥体的形状，将支撑点在锥体轴线方向上的移动（横向）对锥体质心的影响同斜双杠的倾斜（纵向）对锥体质心的影响结合起来，当横向作用占主导时，表现为出人意料的纵向反常运动，即锥体会自动滚向斜双杠较高的一端，具体分析如下。

随遇平衡（锥体质心保持水平）时锥体的位置如图4.3.11所示。AA'端较高，但AA'处两横杆向外侧倾斜，较高的支撑有使锥体质心上移的趋势，而支撑点较宽又使锥体因其中间粗两端细而使质心有向下移动的趋势，两种趋势互相抵消可使锥体在图4.3.11a所示任何位置都处于随遇平衡状态。如果此时使AA'稍变宽或使BB'稍变窄，会使锥体在AA'端比在BB'端时质心位置更低，它将总往AA'端（高端）滚动。从B端向A端看，视图如图4.3.12所示。

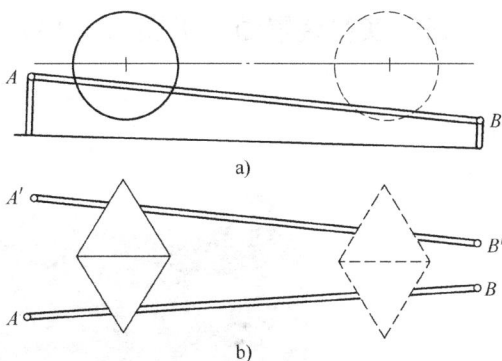

图4.3.11 随遇平衡锥体的位置示意图

AA'端处于高宽端，BB'端处于低窄端，若支撑点与锥面相切位置如图4.3.12所示，则当锥体滚动时，质心在水平面内运动，锥体处于随遇平衡状态。设BB'端固定，AA'端宽度一定，

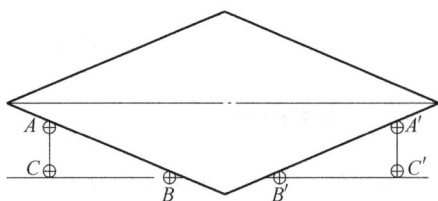

图4.3.12 从B端向A端看的视图

只调节其高度，则AA'端的锥体质心下降，将会出现由随遇平衡状态上滚的现象。

五、实验步骤

把双圆锥体放在V字形轨道的低端（即闭口端），松手后锥体便会自动地滚上这个斜坡，到达高端（即开口端）后停止。

六、注意事项

1. 本实验装置高低宽窄布局要合适，使AA'端比随遇平衡位置略低，锥体能自动滚动即可。

2. 锥体启动时位置要正（即锥体骑在轨道上且使其轴线垂直于两轨道的角平分线的状态），防止它滚动时摔下来造成变形或损坏。

实验3 导光水柱

一、实验目的

演示水柱的弯曲导光现象，了解光导纤维的工作原理。

二、实验器材

羽毛球筒，手电筒，直径比羽毛球筒略小的透明玻璃水杯，铜丝，塑料泡沫板等。

三、实验装置图（见图 4.3.13）

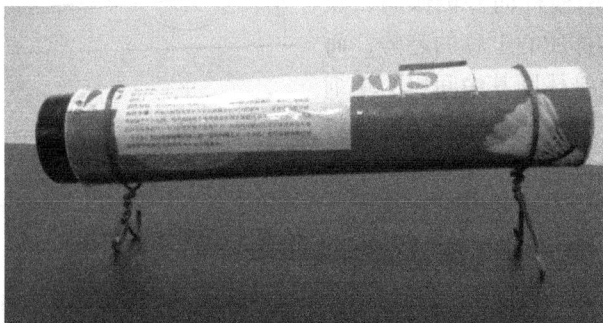

图 4.3.13　实验装置图

四、实验原理

当光从光密介质射入光疏介质时，一般在界面上将发生反射和折射，根据折射定律，折射角总是大于入射角。当入射角增大到一定程度时，将发生全反射现象。当介质成细丝状，光以一个恰当的入射角由一端入射时，就会在光密介质里面连续不断地发生全反射，最后从另一端射出，导光水柱就是根据这一原理制成的。将泡沫板削成直径与羽毛球筒直径等同的两个圆，并且中间挖空使其刚好能卡入手电筒，用此泡沫将手电筒固定在羽毛球筒内，再在对着手电筒开关处的羽毛球筒上开一个口以便控制手电筒开关。用两段铜丝在羽毛球筒两端各做一个支架，然后在透明玻璃杯的盖上同一直径两端各开一个小孔，最后将玻璃杯以底部对着手电筒灯头的方向塞入羽毛球筒内，如图 4.3.15 所示。光纤也是根据这一原理制成的。每根光纤都是由内芯、外层和保护层组成的，内芯折射率很大，外层则较小，光在光纤中传播时在内外层界面发生全反射，从而不断改变方向，使光束沿光纤传播。

五、实验步骤

1. 打开玻璃杯盖，装入 5/6 的水，盖好盖子，并使孔在正下方。

2. 打开手电筒开关，光束在流动的水柱中沿曲线传播，若水中有小气泡或悬浮的小灰尘颗粒时，则从侧面可以看到光在水柱中的传播情况，也可看到水流落地的地方产生一个光圈。

六、注意事项

演示完毕，要倒掉杯中剩余的水。

附　　录

附录 A　国际单位制基本单位

量的名称	单位名称	单位符号
长度	米	m
质量	千克（公斤）	kg
时间	秒	s
电流	安［培］	A
热力学温度	开［尔文］	K
物质的量	摩［尔］	mol
发光强度	坎［德拉］	cd

注：1. 圆括号中的名称是它前面名称的同义词，下同。

2. 无方括号的量的名称与单位名称均为全称。方括号中的字在不引起混淆、误解的情况下，可以省略。去掉方括号中的字即为其名称的简称，下同。

3. 除特殊指明外，表中符号均指我国法定计量单位中所规定的符号以及国际符号，下同。

附录 B　构成十进制单位的词头和符号

因数	词头名称	词头符号	因数	词头名称	词头符号
10^{24}	尧［它］	Y	10^{-1}	分	d
10^{21}	泽［它］	Z	10^{-2}	厘	c
10^{18}	艾［可萨］	E	10^{-3}	毫	m
10^{15}	拍［它］	P	10^{-6}	微	μ
10^{12}	太［拍］	T	10^{-9}	纳［诺］	n
10^{9}	吉［咖］	G	10^{-12}	皮［可］	p
10^{6}	兆	M	10^{-15}	飞［母托］	f
10^{3}	千	k	10^{-18}	阿［托］	a
10^{2}	百	h	10^{-21}	仄［普托］	z
10^{1}	十	da	10^{-24}	幺［科托］	y

附录 C 具有专门名称的 SI 导出单位

量的名称	单位名称	单位符号	用 SI 单位表示式
频率	赫[兹]	Hz	s^{-1}
力，重力	牛[顿]	N	$kg \cdot m \cdot s^{-2}$
压强，应力	帕[斯卡]	Pa	$N \cdot m^{-2}$
能[量]，功，热量	焦[耳]	J	$N \cdot m^2$
功率，辐射通量	瓦[特]	W	$J \cdot s^{-1}$
电荷[量]	库[仑]	C	$A \cdot s$
电压，电动势，电位	伏[特]	V	$W \cdot A^{-1}$
电容	法[拉]	F	$C \cdot V^{-1}$
电阻	欧[姆]	Ω	$V \cdot A^{-1}$
电导	西[门子]	S	$A \cdot V^{-1}$
磁通[量]	韦[伯]	Wb	$V \cdot s$
磁通[量]密度，磁感应强度	特[斯拉]	T	$Wb \cdot m^{-2}$
电感	亨[利]	H	$Wb \cdot A^{-1}$
摄氏温度	摄氏度	℃	
光通量	流[明]	lm	$cd \cdot sr$
[光]照度	勒[克斯]	lx	$lm \cdot m^{-2}$
[放射性]活度	贝可[勒尔]	Bq	s^{-1}
吸收剂量	戈[瑞]	Gy	$J \cdot kg^{-1}$
剂量当量	希[沃特]	Sv	$J \cdot kg^{-1}$

附录 D 国家选定的非 SI 单位

量的名称	单位名称	单位符号	换算关系和说明
时间	分 [小]时 天（日）	min h d	$1min = 60s$ $1h = 3600s$ $1d = 24h = 86\ 400s$
旋转速度	转每分	r/min	$1r \cdot min^{-1} = (1/60)\ r \cdot s^{-1}$
长度	海里	n mile	$1n\ mile = 1852m$（只用于航程）
质量	吨 原子质量单位	t u	$1t = 10^3 kg$ $1u \approx 1.660\ 565\ 5 \times 10^{-27} kg$
体积	升	L，(1)	$1L = 1dm^3 = 10^{-3} m^3$
能	电子伏特	eV	$1eV = 1.602\ 189\ 2 \times 10^{-19} J$
级差	分贝	dB	
面积	公顷	hm^2	$1hm^2 = 10\ 000m^2$

附录 E　常用物理常数表

名　　　称	符号	数　　值	单位符号
真空中的光速	c	$2.997\ 924\ 58 \times 10^8$	$m \cdot s^{-1}$
电子［静］质量	m_e	$9.109\ 389\ 7 \times 10^{-31}$	kg
基本电荷	e	$1.602\ 177\ 33 \times 10^{-19}$	C
普朗克常量	h	$6.626\ 075\ 5 \times 10^{-34}$	$J \cdot s$
阿伏伽德罗常数	N_A	$6.022\ 136\ 7 \times 10^{23}$	mol^{-1}
原子质量单位	u	$1.660\ 565\ 5 \times 10^{-27}$	kg
摩尔气体常数	R	$8.314\ 510$	$J \cdot mol^{-1} \cdot K^{-1}$
氢原子的里德伯常数	R_H	$1.096\ 776 \times 10^7$	m^{-1}
玻耳兹曼常数	k	$1.380\ 662 \times 10^{-23}$	$J \cdot K^{-1}$
标准大气压	p_0	$101\ 325$	Pa
冰点的绝对温度	T_0	273.16	K
标准状态下干燥空气的密度	$\rho_{空气}$	1.293	$kg \cdot m^{-3}$
标准状态下水银的密度	$\rho_{水银}$	$13\ 595.04$	$kg \cdot m^{-3}$
水在4℃时的密度	$\rho_{水}$	999.973	$kg \cdot m^{-3}$
标准状态下理想气体的摩尔体积	V_m	$22.413\ 83 \times 10^{-3}$	$m^3 \cdot mol^{-1}$
真空介电常数	ε_0	$8.854\ 188 \times 10^{-12}$	$F \cdot m^{-1}$
真空的磁导率	μ_0	$1.256\ 637\ 1 \times 10^{-6}$	$H \cdot m^{-1}$
冰的熔解热	$\lambda_{冰}$	$333\ 464.8$	$J \cdot kg^{-1}$
水在100℃时的汽化热	$L_{水}$	$2\ 255\ 176$	$J \cdot kg^{-1}$
水的比热容	$c_{水}$	$4\ 184$	$J \cdot kg^{-1} \cdot K^{-1}$

附录 F　某些物质中的声速（$m \cdot s^{-1}$）

物质名称	声　速	物质名称	声　速
空气（0℃）	331.45[①]	水（0℃）	1482.9
一氧化碳（0℃）	337.1	酒精（20℃）	1168
二氧化碳（0℃）	259.0	铝[②]	5000
氧气（0℃）	317.2	铜	3750
氩气（0℃）	319	不锈钢	5000
氢气（0℃）	1279.5	金	2030
氮气（0℃）	337	银	2680

① 干燥空气中的声速与温度的关系为 $v = 331.45 + 0.54t$（m/s）；

② 固体中的声速为棒内纵波速度。

附录 G 我国某些城市的重力加速度（m·s^{-2}）

地 名	纬度（北）	重力加速度	地 名	纬度（北）	重力加速度
北京	39°56′	9.801 22	宜昌	30°42′	9.793 12
张家口	40°48′	9.799 85	武汉	30°33′	9.793 59
烟台	40°04′	9.801 12	安庆	30°31′	9.793 57
天津	39°09′	9.800 94	黄山	30°18′	9.793 48
太原	37°47′	9.796 84	杭州	30°16′	9.793 00
济南	36°41′	9.798 58	重庆	29°34′	9.791 52
郑州	34°45′	9.796 65	南昌	28°40′	9.792 08
徐州	34°18′	9.796 64	长沙	28°12′	9.791 63
南京	32°04′	9.794 42	福州	26°06′	9.791 44
合肥	31°52′	9.794 73	厦门	24°27′	9.799 17
上海	31°12′	9.794 36	广州	23°06′	9.788 31

附录 H 20℃时常用固体和液体的密度

物 质	密度 ρ/kg·m^{-3}	物 质	密度 ρ/kg·m^{-3}
铝	2698.9	水晶玻璃	2900～3000
钢	8960	窗玻璃	2400～2700
铁	7874	冰（0℃）	880～920
银	10500	甲醇	792
金	19320	乙醇	789.4
钨	19300	乙醚	714
铂	21450	汽车用汽油	710～720
铅	11350	弗利昂－12	1329
锡	7298	氟氯烷－12	
水银	13 546.2	变压器油	840～890
铜	7600～7900	甘油（0℃）	1260
石英	2500～2800	蜂蜜	1435

附录 I　某些金属 20℃时的电阻率和温度系数

名　称	电阻率 $\rho_0/\mu\Omega\cdot cm$	温度系数 $\alpha/\times10^{-4}\cdot℃^{-1}$
银	1.60	40
铜	1.72	43
金	2.40	40
铝	2.80	42
钨	5.50	48
锌	5.90	42
铁	9.80	60
铅	20.5	37
黄铜	8.00	10
康铜	47.0～51.0	0.1～0.4
铜锰镍合金	34.0～100.0	0.2～0.3
镍铬合金	98.0～110.0	0.3～0.4

附录 J　某些玻璃的折射率和色散率

名　称	牌　号	折射率 n_0	平均色散 n_f-n_c	平均色散率 $(n_c-1)/(n_f-n_c)$
冕玻璃	K_5	1.5100	0.00805	63.4
轻冕玻璃	OK_3	1.4874	0.00696	70.0
钡冕玻璃	BaK_3	1.5461	0.00871	62.8
重冕玻璃	ZK_7	1.6130	0.01012	60.6
轻火石玻璃	QF_2	1.5608	0.01195	46.8
火石玻璃	F_4	1.6199	0.01706	36.3
钡火石玻璃	BaF_6	1.6076	0.01318	46.1
	ZF_1	1.6475	0.01912	33.9
重火石玻璃	ZF_6	1.7550	0.02743	27.5

参 考 文 献

［1］陈晓莉，王培吉．普通物理实验：上［M］．重庆：西南师范大学出版社，2011.

［2］类维平．物理实验教学技能［M］．哈尔滨：东北林业大学出版社，2004.

［3］李春密．中学物理教学法实验研究［M］．天津：天津教育出版社，2004.

［4］蔡铁权．科学实验教学与研究［M］．上海：华东师范大学出版社，2008.

［5］张海龙．课改十年中学物理实验教学研究回顾与展望［OL］．中国人民大学书报资料中心．
　　http：//www. pep. com. cn/gzwl/jszx/ztts/2011hybd/2z/ 201202/ t20120223_ 1102970. htm.

［6］彭振中．应用数字化实验平台优化高中物理实验教学的研究［D］．重庆：西南大
　　学，2014.